마르크스의 가치론

현대 자본주의의 정치경제학

리타, 루카스, 줄리아에게

마르크스의 가치론

현대 자본주의의 정치경제학

알프레두 사드-필류 지음 | 전희상 옮김

책갈피

마르크스의 가치론
현대 자본주의의 정치경제학

지은이 l 알프레두 사드-필류
옮긴이 l 전희상
펴낸곳 l 도서출판 책갈피
주소 l 서울 중구 필동2가 106-6 2층(100-272)
등록 l 1992년 2월 14일(제18-29호)
전화 l (02) 2265-6354
팩스 l (02) 2265-6395
전자우편 l bookmarx@naver.com

첫 번째 찍은 날 2011년 2월 21일
두 번째 찍은 날 2012년 3월 26일

값 15,000원

ISBN 978-89-7966-081-4 93320
잘못된 책은 바꿔 드립니다.

차례

The Value of Marx

차례

약어

TCC 자본의 기술적 구성(Technical Composition of Capital)

OCC 자본의 유기적 구성(Organic Composition of Capital)

VCC 자본의 가치 구성(Value Composition of Capital)

RSNLT 사회적으로 필요한 재생산 노동시간(Reproduction Socially Necessary Labour Time)

MEL 노동의 화폐 등가물(Monetary Equivalent of Labour)

QTM 화폐수량설(Quantity Theory of Money)

IBC 이자 낳는 자본(Interest Bearing Capital)

일러두기

1. 인명과 지명 등의 외래어는 외래어 표기법에 맞춰 표기했다.

2. 본문에서 [ ]는 옮긴이가 우리말로 옮기는 과정에서 독자들의 이해를 돕고 문맥을 매끄럽게 하기 위해 덧붙인 것이다. 단, 인용문에서는 옮긴이 첨가와 지은이 첨가를 구분하기 위해 [─ 지은이]라는 표기를 두었다. 옮긴이의 더 자세한 설명은 해당 쪽 맨 아래에 각주로 달아 놓았다.

3. 본문에서는 사람, 단체, 책 등의 영문을 대부분 표기하지 않았다. '찾아보기'와 '후주', '참고 문헌'을 참조하기 바란다.

4. 이 책에서 자주 인용되는 국역 ≪자본론≫ 1권은 김수행 교수가 번역해 비봉출판사에서 출판한 제2개역판, 2권은 제1개역판, 3권은 제1개역판을 가리킨다. 광범한 인용을 허락해 준 비봉출판사에 감사드린다.

5. 2006년에 발간한 ≪마르크스의 자본론≫(공저, 책갈피)에서는 지은이 이름을 알프레도 사드-필호로 표기했으나, 본 도서에서는 지은이가 브라질 출신임을 감안해 외래어 표기법에 맞춰 알프레두 사드-필류로 표기했다. 2012년에 발간할 ≪마르크스의 자본론≫ 개정판(5판)부터는 표기법을 통일하려 한다.

감사의 말

크리스 아서, 파레쉬 차토파디아야, 닉 호스테틀러, 코스타스 라파비트사스, 마이클 페렐만, 알레한드로 라모스마르티네스, 마리아 드 루르드 몰로, 존 로젠탈, 시메온 스콧, 데이비드 스펜서, 존 윅스 등 이 책의 다양한 초고를 읽고 의견을 준 분들에게 감사드린다. 특히 앤드류 브라운과 벤 파인의 소중한 지원과 상세한 의견이 이 책의 모든 부분을 개선하는 데 도움이 되었다.

사회주의 경제학자 회의는 ≪자본과 계급≫ 50호(1993년 여름) 127~146쪽에 실린 "자본의 구성에 대한 마르크스의 분석에 관한 소고(A Note on Marx's Analysis of the Composition of Capital)"와 같은 저널 63호(1997년 가을) 115~136쪽에 실린 "가치의 생산가격으로의 전형에 관한 대안적 해석(An Alternative Reading of the Transformation of Values into Prices of Production)"을 재수록하는 데 동의해 주었다.

베르소와 로렌스 앤 위샤트는 각각 ≪자본론≫과 ≪잉여가치학설사≫에서 광범위한 인용을 허용해 주었다. 이에 감사드린다.

한국어판에 부쳐

≪마르크스의 가치론≫의 한국어판 출간을 기쁘게 생각한다.

지구적 수준에서 일어나고 있는 극적인 변화의 맥락에서 자본주의의 장기적 변천 과정을 해석하고자 하는 좌파 진영의 노력이 한국을 비롯해 여러 곳에서 계속되고 있다. 이 책은 여기에 작은 보탬이 되고자 한다. 그러나 이 책에서 나는 전면적 실증 분석을 제공하기보다는 가치론의 기본 원리들에 초점을 맞춘다. 이 기본 원리들을 일관된 방식으로 전개하고 적절한 국면의 적절한 역사적 요소들을 포괄하는 것을 통해, 이러한 전통에 기반을 둔 연구는 현재의 구조 속의 긴장의 지점들 ― 여기서 정치적 압력은 가장 효과적으로 사회의 진보적 변화를 지원할 수 있다 ― 을 식별하는 데 도움을 줄 수 있을 것이다.

마르크스주의 가치론은 계급, 착취, 경쟁, 그리고 직접적으로는 명확히 드러나지 않는 여타의 많은 구조들과 과정들에 대한 통합적 설명을 제공한다. 마르크스주의 이론에는 상당한 잠재력이 있지만, 다른 모든 이론들이 그렇듯이 마르크스주의 이론이 진리에 대한 무매개적이거나 특권적인 접근 수단을 가지고 있는 것은 아니며, 한국이나 다른 지역의 당면 문제에 준비된 해답을 제시하지도 않는다. 마르크스주의적 분석은 연구를 위한 하나의 길잡이이며, 우리는 또한 이것이 행동이나 실천을 위한 길잡이를 제시해 줄 것을 기대한다. 그러나 마르크스주의적 분석이 그 자체로 새로운 것을 건설할 수 있는 충분한 수단인 것은 아니다.

《마르크스의 가치론》은 가치 범주들이 마르크스주의 정치경제학을 단단하고 엄밀하게 유기적으로 구성하고 있다고 주장한다. 이 범주들은 자본주의의 여러 측면들 사이의 연관을 끄집어내는 데 필수적 역할을 한다. 그러나 가치는 단순한 개념이 아니며, 이 책에서 살펴본 바와 같이 가치분석은 마르크스를 지지하는 견해와 반대하는 견해 모두에서 치열하게 논의되어 왔다. 또한 마르크스가 실제로 의미한 것이 무엇인지에 대한 서로 다른 해석들을 둘러싸고 논쟁이 있었다. 《마르크스의 가치론》은 마르크스에 대한 여러 영미권의 해석과는 달리, 가치론이 투하노동의 양으로서의 가치의 개념에 바탕을 두고 있지 않다고 주장한다. 오히려, 가치분석은 정치경제학을 다음과 같은 기본적 개념들과 연관시킨다. 즉, 자본가계급과 노동자계급이 생산에 의해 분할된다는 것. 이 분할은 분배에 대한 고려 이전에 이루어진다는 것. 축적은 자본주의에 반드시 필요하다는 것. 축적이 이루어지는 역사적으로 특수한 방법과 과정들이 존재한다는 것.

가치분석은 마르크스주의 정치경제학에 총체성과 분석력을 제공하며, 다른 이론들이 분석에 어려움을 겪는 자본주의의 체계적 특징들을 특히 생산과 사회의 광범위한 역사적 발전 과정과의 관련 속에서 설명할 수 있게 해 준다. 또한 가치론을 점점 더 복잡한 분석 수준에서 정교화하면 부문, 생산성, 분파 — 산업자본, 상업자본, 이자 낳는 자본(IBC) — 에 의한 자본가계급의 분화, 그리고 이와 동일한 요인들, 숙련도, 고용 여부, 성, 인종, 국적 등에 의한 노동계급의 분화를 포괄할 수 있다. 자본-노동 관계가 구체적 현실에 대한 직접적 지식을 제공하지는 않기 때문에 이러한 방식으로 분석을 (점점 더 복잡한 수준으로) 전개해 나가는 것은 필수적이다. 그렇지만 자본주의의 근본적 계급 관계는 다른 비경제적 문제들, 특히 정치적 형태, 이데올로기의 형태, 사회경제적 형태, 국가 형태 — 이 형태들을 통해 자본주의적 과정들이 이루어진다 — 를 검토할 수 있는 필수적 기반을 제공한다.

신자유주의가 큰 영향을 미치는 사회에서, 그리고 역사적으로 특수한 조건 아래에서 작업하고 있는 마르크스주의자들에게 주어진 도전은 단지 변화하고 있는 자본주의의 외형을 자신들이 속한 개별 국가나 지역 수준에서 분석하는 것만이 아니다. 이 도전은 또한 체계로서의 자본주의에 대항하는 마르크스주의의 풍부한 투쟁의 전통에 근거하는데, 이는 지역화된 투쟁을 노동계급의 행동에 기반을 둔 일반적 변화의 프로그램과 연결시키기 위한 것이다. 가치분석에 따르면, 한국이나 한국과 비슷한 '발전' 수준에 있는 국가들에서 인구의 대부분은 노동계급이다. 노동계급은 자본주의적 착취에 대한 저항에 즉각적 이해관계를 가지고 있으며 잠재적으로 집단적 행동을 통해 자본주의적 착취를 끝장낼 수 있는 힘을 가지고 있는 유일한 사회적 집단이다. 만약 ≪마르크스의 가치론≫이 이러한 목표를 부각하는 데 조그마한 공헌이라도 할 수 있다면, 여기에 이 책의 가치가 있을 것이다.

런던에서
알프레두 사드-필류

머리말

마르크스 사후 100년이 지났는데도 그의 저작들은 여전히 전 세계적
으로 관심을 끌고 있다.[1] 소련 블록의 붕괴 이후, 마르크스 저작의 독
자층이 점차 감소할 것이라는 억측이 있었지만, 마르크스의 삶과 저
작은 여전히 사회과학자들, 노동 운동가들, 반자본주의 운동이나 환
경운동 활동가들 등 많은 이들의 주목을 받고 있다. 나는 대학에서
마르크스에 대한 관심이 되살아나는 것을 목격하는 행운을 누렸다.
마르크스의 저작을 다루는 과목들에 대한 학생들의 수요는 때로 굉장
해서, 수강 정원을 초과하는 수업들이 생겨났고 활발한 토론이 이어
졌다. 사회과학 전반에 걸친 몇몇 걸출한 저작들의 출판과 마르크스
주의적 논문들을 싣는 저널들의 지속적 성공에서 볼 수 있듯이 마르
크스주의 학문의 수준 역시 상당히 발전해 왔다.

 이러한 성공은 그것만으로도 큰 의미가 있지만, 30여 년 전이나
가깝게는 20여 년 전의 마르크스주의 학문의 역동성과 영향력과는 현

격한 차이가 있다. 오늘날에는 (비록 시들해지고 있기는 하지만) '시장' 이데올로기와 공허한 '세계화' 담론이 불평등과 착취를 더욱 깊이 은폐한다. 이러한 전환과 더불어 정부 정책의 변화, 그중에서도 교육과 연구에 대한 재정 보조의 제한은 학문적 관심과 학생의 선택권에 상당한 영향을 끼쳐 왔다. 마르크스주의적 주제에 대한 학문적 관심을 더 높이기 위해 할 수 있는 일들이 많기는 하지만, 더 의미 있고 지속적인 성취는 대학 너머의 사회운동의 성공에 달려 있는 듯하다. 대중운동은 다음과 같은 이유에서 분명 긴급히 필요하다. 남아 있는 사회 안전망의 침식을 막고, 권력과 소득의 지구적 분배를 개선하며, 금융 세력과 '유일 초강대국'의 영향력을 축소시키기 위해, 더 광범위하게는, 급격한 환경 파괴에 직면한 지구에서 생명의 가능성을 보존해야 하기 때문이다. 대중운동이 일반적으로는 학문의 다양성, 그리고 특수하게는 마르크스주의 연구에 미치는 긍정적 영향을 과소평가해서는 안 된다.

칼 마르크스는 오늘날의 긴급한 문제들에 대하여 준비된 해답을 제시하지는 않는다. 그렇지만 마르크스의 저작들은 자본주의의 내적 원리와 이 경제 시스템의 여러 측면들 간의 연관에 대하여 굉장히 통찰력 있는 설명을 제시하며, 좋든 나쁘든 자본주의의 상당한 잠재력을 보여 준다. 이러한 관점에서 마르크스의 저작은 우리 시대의 문제점들과 이들에 대한 가능한 해결책들의 한계를 조명해 준다.

마르크스에 대해서는 세 가지 비판이 제시되어 왔다. 마르크스의 저작이 일관되지 못하고, 옳지 않으며, 또한 시대에 뒤떨어졌다는 것이다. 이 책은 비일관성에 대한 몇 가지 비판을 검토하고, 분석의 범위 내에서 이러한 비판들을 물리친다. 두 번째 종류의 비판은 지면 제약과 방법의 문제 때문에 직접 다루지는 않는다. 그러나 나는 많은 사람들에게 영향을 끼치는 중요한 문제들에 대하여 마르크스의 저작에 바탕을 둔 분석들이 흥미로운 답변을 제공하며 이 책이 향후 연구를 위한 단서를 제공한다고 생각한다. 마지막으로, 마르크스의 저작이 19세기에 씌었기 때문에 시대에 뒤떨어졌다는 주장은 바보 같은 것이다. 내가 알고 있기로는, 아무도 마르크스와 동시대 인물인 찰스 다윈이나 뉴턴, 또는 마르크스보다 몇 세기 이전 시대의 사람인 아리스토텔레스나 성서의 선지자들에 대하여 비슷한 주장을 할 정도로 어리석지 않다. 몇몇 그룹들이 이러한 주장을 받아들였는데, 이것은 로널드 믹의 다음과 같은 언급이 옳았음을 보여 준다.

마르크스를 연구할 때, 학자들은 흔히 학문적 기준을 느슨하게 적용하는 것이 허용된다고 보는 것 같다. 그들 스스로 이 기준을 다른 경제학자들의 연구에 적용하기에는 상당히 부적합하다고 간주할 정도이다.[2]

마르크스의 자본주의 분석에 대한 거부보다 더 이해하기 힘든 것은, 예컨대 언론이나 정치권에서 가격, 생활수준, 국제경쟁력의 규정에 있어 노동생산성의 중요성을 논의할 때, 노동가치론의 타당성을 암묵적으로 인정한다는 것이다.[3] 그러나 이와 관련해 마르크스의 이름은 언제나 무시된다.[4]

이 책은 마르크스주의 정치경제학의 특정 주제들을 비판적으로 검토하고, 이를 더욱 발전시켜 나간다.[5] 이 책은 두 가지 쟁점을 상세하게 다룬다. 첫째는 자본주의에서의 경제적 재생산의 본질적 측면들과 관련된 것으로, 무엇을 어떻게 생산하는지의 문제, 그리고 이 생산양식 근저의 사회적 구조들, 특히 착취 구조들을 포함한다. 둘째, 마르크스주의 이론이 신고전파, 케인스학파, 제도학파 등 다른 학파들의 경우 분석에 어려움을 겪는 자본주의의 중요한 특징들을 설명할 수 있음을 보인다. 화폐의 필요성과 기원, 기술 발전과 노동생산성의 증대, 노동강도와 노동시간을 둘러싼 갈등, 임금노동 계급의 증대, 불균등 발전·경기순환·위기의 필연성, 그리고 노동자들의 궁핍화 — 생활수준의 하락 때문이 아니라 노동자들의 '필요'와 그들이 구매할 수 있는 것 사이의 증대하는 괴리에서 발생하며 종종 부채와 과로로 이어진다 — 를 예로 들 수 있다.

가치는 마르크스의 자본주의 비판에 있어 필수적이다. 가치는 단순한 개념이 아니며, 상당히 다양한 방식으로 해석되어 왔다. "마르크스주의 경제학의 거의 모든 논쟁은 근본적으로는 가치론의 본질과 위상에 대한 논쟁이다."[6]

이 책은 가치론에 대한 한 해석을 발전시키는데, 이 해석은 다양한 연구 성과, 특히 벤 파인과 존 윅스의 연구에 기반을 둔 것이다.[7] 이 해석은 루카치가 말한 의미에서 정통적이다. 즉, 마르크스의 방법을 엄밀히 따르지만, 마르크스의 모든 낙서까지도 옳다거나 [어떤 이론과 관련된] 마르크스의 침묵이 반대를 의미한다고 가정하지는 않는다. 헬러가 올바르게 지적하였듯이,

마르크스에 관한 어떠한 해석에 대해서도 이와 '모순되는' 마르크스의 언급들을 [마르크스의 저작으로부터] 찾아낼 수 있다. …… 내가 관심을 갖는 것은 그의 사상의 주요 경향(들)이다.[8]

가치론의 주요 목적은 자본주의에서의 노동과 착취의 관계를 해명하는 것이다.

가치론은 착취 경험의 파편화를 넘어서는 방식으로 자본주의적 착취를 분석할 수 있도록 해 준다. …… 가치론은 자본주의적 착취를 끊임없이 변화하는 모순적이고 위기로 가득 찬 과정으로 이해할 수 있도록 한다. …… [또한 ― 지은이] 가치론은 착취를 중단시키기 위한 행동의 가능성을 착취 과정의 작동 방식에 대한 우리의 지식의 한 부분으로 만든다.[9]

생산수단의 자본주의적 독점, 임금 관계의 일반화, 상품 교환의 확산에 근거해, 가치론은 자본주의적 축적의 구조와 동학에 대한 중요한 결론들에 도달하는데, 이는 계급, 갈등, 가격, 분배, 신용, 금융 등에 대한 내용을 포함한다. 비록 여기서 다루지는 않지만, 이러한 결론들은 실증 연구에 대한 유용한 지침을 제공하며 정책 결정에 영향을 미칠 수 있다. 다른 분야들 역시 충분하게 다루지 못한다. 이 책은 이자 낳는 자본, 이윤율의 저하 경향, 공황론과 같은 가치론의 중요한 측면들을 다루지 않으며, 착취의 비경제적 형태에 대한 분석을 제공하지 않는다. 그리고 가치분석에 관한 많은 중요한 연구 성과들을 검토하지 않는다.

이러한 한계에도 불구하고, 이 책은 세 가지 주요 목적을 달성한다. 첫째, 마르크스의 가치론에 기반을 둔 분석들이 설득력 있게 전개될 수 있으며, 현대 자본주의의 중요한 특징들을 설명할 수 있음을 보인다. 둘째, 마르크스주의 가치론의 지난 반세기 동안의 궤적을 비판적으로 평가하며, 가치론이 점점 정교해지고 유연해졌으며 사회과학 전반에 걸친 연구 성과들을 이전보다 더욱 잘 반영하게 되었음을 보여 준다. 셋째, 이 책은 아래 기술된 가치론의 여러 분야들의 발전에 기여한다.

이 책은 여덟 장으로 구성된다. 1장에서는 마르크스의 분석의 방법론적 원칙들, 그리고 그의 자본주의 비판과 이 방법론적 원칙들의 관계를 설명한다. 이 장의 내용은 소련의 철학자인 일리옌코프의 '유물론적 변증법(materialist dialectics)'의 영향을 받았다. 유물론적 변증법은 마르크스의 방법의 본질적 원칙들과 그의 가치분석의 주요 특징들을 설명하며, 마르크스에 대한 최근의 헤겔적 해석인 '새변증법'의 비판을 위한 출발점을 제공한다.

2장에서는 마르크스의 가치론에 대한 두 가지 해석, 즉 '투하노동' 관점 — '전통적 마르크스주의'와 스라파적 접근 — 과 가치형태론 — 루빈류의 이론들과 '신해석' — 을 비판적으로 검토한다. 이 이론들은 지난 반세기 동안 발전해 온 가장 잘 알려진 가치분석들이며, 자본주의에 대한 이해를 높이는 데 상당히 기여하였다. 그러나 이러한 해석들은 몇 가지 이유에서 불충분하다. 전통적 마르크스주의의 단점들은 이론의 정체와 분열로 이어졌다. 스라파적 분석은 가치와 자본을 잘못 해석하며 신고전파 경제학의 결함을 답습하는데, 예를 들면 화폐와 경제동학(economic dynamics)을 제대로 설명하지 못한다. 1970년대 초기에 루빈적 전통은 가치론 논쟁을 새롭고 훨씬 더 생산적인 수준으로 탈바꿈시켰다. 그러나 루빈적 전통은 가치관계에만 초점을 맞추어 때로 자본과 자본주의에 대한 분석을 사상하는 결과를 가져왔는데, 이는 루빈적 전통의 유용성을 떨어뜨리며 종종 잘못된 결론으로 이어진다. 마지막으로 신해석은 거시 경제정책에 대한 발본적 비판의 발전에 상당한 공헌을 하였다. 그렇지만 이 해석에는 상당한 이론적 결함이 있는데, 특히 다양한 추상 수준에 속하는 현상들을 서로 뒤섞는 경향이 있으며 가치분석을 구조화하고 가치분석의 고유한 설명력을 가능하게 하는 매개들을 무시한다는 것을 지적할 수 있다.

3장에서는 이 책에서 전개된 가치분석을 개괄한다. 여기서는 가치론이 자본주의에서 사회적 재생산을 규율하는 경제적 과정들과 경제적 관계들에 우선 초점을 맞춘다는 것을 보인다. 이 책의 가치분석은 분업에서 출발한다. 이 토대 위에서 착취 관계들이 정의되며, 이어서 자본과 자본주의적 착취가 도입된다. 이 장에서는 한편으로는 자본이 생산관계이며, 이 생산관계에서 노동력과 노동 생산물, 좀 더 일반적으로는 재화와 서비스가 상품이 된다는 것을 보인다. 다른 한편으로 자본은 착취의 계급 관계인데, 이는 자본가들이 노동계급으로 하여금 자신들이 소비하거나 소유하는 것보다 더 많이 생산하도록 강제할 수 있는 능력, 그리고 자본가에 의한 잉여의 통제로 정의된다. 이러한 환경에서 노동 생산물은 일반적으로 가치형태를 취하며, 경제적 착취는 잉여가치의 착취에 바탕을 둔다. 이러한 관점에서 분석할 때, 가치론은 계급 이론이며, 더 특수하게는 **착취**의 이론이다. 가치 개념이 유용한 이유는 무엇보다 가치가 자본주의의 착취 관계들을 표현하기 때문이며, 자발적 시장 교환에도 불구하고 착취 관계들을 설명할 수 있기 때문이다.

4장에서는 잉여가치를 노동자가 생산한 가치와 노동력 가치(노동자에게 임금으로 지출된다)의 차이로 설명한다. 달리 표현하면, 잉여가치는 사회적 가치생산물 중 자본가들에게 전유되는 부분이다. 3장에서 제시된 자본의 개념화에서와 같이 이러한 용어들은 단순히 개별적 생활필수품, 임금이나 이윤의 합계가 아니라, 계급 관계들에 의해 정의되는 **총계치**로서 분석된다. 이 장에서는 또한 노동력 가치에 대한 번들 접근과 몫 접근을 개괄하며, 이 이론들이 여러 측면에서 보완되어야 함을 지적한다. 그리고 노동력 가치는 재화의 양이나 화폐의 양이 아니라, 가치량, 즉 노동계급이 생활필수품을 생산하는 데 드는 추상적 노동시간이라는 대안적 이론을 제시한다. 이 가치는 총계 수준에서 자본가계급과 노동계급 사이의 교환, 그리고 생산에서 수행되는 노동과 착취에 의해 규정된다.

5장에서는 가치와 가격의 관계를 노동의 정규화, 동기화, 동질화라는 개념을 통해 검토한다. 이 장에서는 생산물이 취하는 가치형태는 노동의 사회적 분업에 기인하며, 가치 창조는 생산관계들과 사회의 생산능력에 의해 규정되는 사회적 과정이라는 점을 보인다. 노동의 정규화, 동기화, 동질화에 대한 분석은 강화된 노동과 숙련노동의 가치생산능력, 비숙련화, 부문 내 경쟁, 그리고 기계의 사용과 기술의 변화를 해명하며, 또한 가격, 경제적 재생산과 위기에 있어 이들의 중요성을 해명한다. 마지막으로, 이 장은 수요와 공급이 일치하지 않을 때의 가치와 가격의 의미와 의의를 다룬다.

6장에서는 마르크스의 기술적 구성(TCC), 유기적 구성(OCC), 가치 구성(VCC)을 포함하는 자본의 구성 개념을 다룬다. 비록 자본의 구성이 마르크스의 가치-가격 관계, 기술의 변화, 이윤율의 저하 경향과 여타 과정들에 대한 분석에서 중요한 구실을 하지만, 이 장에서는 TCC, OCC, VCC가 단지 피상적으로 그리고 일반적으로 잘못 이해되어 왔음을 보인다. TCC의 개념은 간단하다. TCC는 물적 투입물과 이를 산출물로 변형하기 위해 필요한 살아 있는 노동 사이의 물리적 비율이다. OCC와 VCC는 좀 더 이해하기 어려운데, 이들을 두 가지 상황 — 정태적 상황과 동태적 상황 — 에서 서로 비교, 대조해 볼 수 있다. 정태적 상황에서는 이들을 단위 시간 동안 생산적으로 소비된 불변자본의 가치(VCC)와 같은 시간 동안 처리된 생산수단의 양(TCC와 OCC)으로 나눠 볼 수 있다. 동태적 상황에서는 OCC는 단위 시간 동안 기술적으로 필요한 불변자본의 **사전적** 평가치인 반면, VCC는 생산의 마지막 단계에서 소비된 유동불변자본과 가변자본의 새로운 가치 사이의 **사후적** 비율이다. 정태적 상황은 마르크스의 가치의 생산가격으로의 전형을 조명하며, 동태적 상황은 이윤율의 저하 경향의 분석에 유용한데, 여기서 자본축적은 기술 변화와 동시에 일어난다.

7장에서는 마르크스주의 정치경제학의 가장 말썽 많은 쟁점 중 하나인 가치의 생산가격으로의 전형을 분석한다. 기존의 연구 성과들은 종종 전형 '문제'를 부문 간 경쟁하에서의 가격의 결정으로 설명해 왔다. 그러나 이러한 신고전파적 관점은 잘못된 것이다. 마르크스는 자신의 전형 과정을 통해 우선적으로 경제 전체에 걸쳐 자본, 노동, 잉여가치의 분배를 설명하는 것에 관심을 둔다. 이를 위해서는 좀 더 복잡한 형태의 가치가 필요한데, 이를 마르크스는 생산가격이라고 부른다. 달리 표현하면, 전형은 본질적으로 가치의 형태 변화이며, 스라파적 [전형] 과정들은 분석의 범위를 뒤섞는다는 점에서 부적절하다. 이 장에서 제시하는 관점은, 마르크스의 전형을 올바르게 이해한다면 여기에는 아무런 '문제'도 없으며, 그의 분석에 일관성이 있음을 보여 준다. 마르크스의 이론은 가격의 의미와 의의를 설명한다는 점에서 매우 유용하다. 가격벡터의 계산은 이러한 맥락에서는 이론의 한 요소에 불과하다.

마지막으로, 8장에서는 화폐, 신용, 인플레이션 이론에 대한 마르크스주의와 그 밖의 다른 급진적 연구 성과들을 비판적으로 검토하며, 이를 통해 앞서 전개한 가치분석을 요약 제시한다. 마르크스의 화폐론은 종종 단지 상품으로부터 화폐의 도출이라는 측면에서만 중요한 것처럼 다루어져 왔다. 이 장은 이러한 관점은 생산적이지 않으며, 화폐론이 불환지폐와 인플레이션을 해명하는 등 중요한 방식으로 발전할 수 있음을 보여 준다. 불환지폐는 마르크스의 접근법이 내재적으로 일관되어 있으며 현대 자본주의의 중요한 측면들을 포괄할 수 있음을 보여 준다는 점에서 중요하다. 인플레이션은 오늘날 중요한 문제이며, 이를 분석하는 것은 이론적으로, 또한 정치적으로 중요하다.

이와 같은 이론의 응용 사례는 마르크스주의 정치경제학의 생명력과 현재적 타당성을 증명하며, 분석적·비판적 정책 수단으로서 마르크스주의 정치경제학의 잠재적 유용성을 보여 준다.

1장
유물론적 변증법

마르크스의 방법, 특히 《자본론》의 방법을 요약하는 것은 어렵다. 마르크스의 방법에 대한 해석들이 서로 현저히 다른 것은 마르크스 이론의 역할과 목적을 보는 관점의 다양성, 그리고 출판된 마르크스 저작들의 범위와 불완전성 때문이다.[1] 이러한 방법론에 관한 논쟁들은 마르크스주의 정치경제학의 발전에 중요한 구실을 하였다. 그러나 만약 마르크스가 자신의 방법론을 좀 더 명확히 기술하였다면, 이러한 논쟁들이 그렇게 광범위한 영향을 미치고 또 그렇게 중요한 문제로 발전하지는 못하였을 것이다. 《자본론》 1권 2판 후기에서 마르크스는 "《자본론》에 적용된 방법이 거의 이해되지 않고 있다는 것은 그것에 대한 상호 모순적인 해석을 봐도 알 수 있다"[2]고 결론지었다. 그런데도 마르크스는 자신의 방법을 완전히 설명하지 않았다.

방법에 대한 마르크스의 언급이 적은 것은 적어도 세 가지 측면에서 설명할 수 있다. 토니 스미스에 따르면,[3] 마르크스는 《자본론》의 방법을 중요하게 생각하지 않았는데, 이는 그가 자신의 노동계급 독자들이 좀 더 이해하기 쉽게 쓰기를 원하였으며, "이 점이 나[마르크스]에게는 가장 중요한 관심사"[4]였기 때문이다. 《자본론》이 "[《정치경제학 비판을 위하여》보다는 ─ 지은이] 좀 더 대중적이며 방법은 좀 더 숨겨질 것"[5]이라는 마르크스의 언급은 이러한 가정을 뒷받침한다. 《자본론》의 복잡성과 매력적 서술 형태를 찾고자 하는 마르크스의 의도 사이의 긴장 때문에 마르크스가 《자본론》의 방법론적 측면을 경시하게 되었다는 스미스의 추측에는 일리가 있다. 그러나 이러한 설명은 불충분하다. 마르크스는 단지 자신의 저작의 호소력을 높이기 위해 그 "수준을 낮추지"는 않겠다고 반복해서 언급하였기 때문이다.

내가 사용하고 있는 분석 방법은 지금까지 경제문제에 적용된 적이 없기 때문에 첫 몇 장은 읽기가 대단히 힘듭니다. …… 이것은 하나의 불리한 점입니다만 나로서는 어찌할 수가 없습니다. 다만 진리를 갈망하는 독자들에게 처음부터 이 사실을 알려 주고 그들에게 미리 경고할 수 있을 뿐입니다. 학문에는 지름길이 없습니다. 오직 피로를 두려워하지 않고 학문의 가파른 오솔길을 기어 올라가는 사람만이 학문의 빛나는 정상에 도달할 수 있습니다.[6]

크리스 아서는 이를 달리 설명한다. 그는 마르크스가 자신의 방법을 한 번도 적절히 설명하지 않은 이유는 마르크스 스스로도 자신의 방법에 대해서, 특히 자신의 방법과 헤겔의 방법 사이의 관계에 대해서 명확하게 알지 못했기 때문이라고 주장한다.

> 나는 마르크스 자신이 헤겔의 논리학의 중요성에 관해 혼란스러워했다는 결론을 내렸다. 따라서 나는 [마르크스의] 자본 비판을 마르크스가 하였던 것보다 더 일관되고 분명하게 …… **재구성**하는 것이 필요하다고 생각한다.[7]

여기서 다룰 수는 없지만 아서의 주장은 중요한 함의를 가질 수 있다.[8] 그러나 주장의 근거를 다른 방식으로 해석하는 것도 가능하다. 이 장에서는 마르크스가 자신의 방법의 의미와 의의를 알고 있었으며, 단순히 자신의 저작의 호소력을 높이기 위해 방법의 중요성을 경시하지는 않았다고 주장한다. 마르크스가 상세한 설명을 제시하지 않은 이유는, 몇 가지 예를 제외하면, 그의 저작이 본질적으로 방법론(이나 심지어 철학)에 대한 것이 아니기 때문이다. 마르크스의 저작은 오히려 자본주의와 자본주의의 옹호론자들에 대한 **비판**이다. 그의 저작에서 방법은 일반적으로 중요한 구실을 하지만 부차적이며, 일반적으로 논지 속에 녹아들어 있다.[9] 마르크스의 저작들과 이후의 논쟁들에 비추어, 이 장에서는 마르크스의 방법론적 원칙들을 확인하고 이 원칙들이 마르크스의 자본주의 분석과 어떻게 관련되어 있는지를 밝힌다.

이 장은 세 절로 구성되어 있다. 1절에서는 마르크스가 ≪자본론≫에서 사용한 방법에 대한 '유물론적 변증법적' 해석의 원칙들을 요약, 제시하며 마르크스의 저작에 대한 이 해석의 의의를 검토한다. 2절에서는 마르크스에 대한 최근의 헤겔적 해석인 '새변증법'을 분석한다. 3절에서는 이 장의 결론을 제시한다.

1.1 실재적 추상과 관념적 일반화

레닌은 다음과 같은 유명한 주장을 하였다.

> 마르크스는 [헤겔의] 《논리학》 같은 저술을 남기지는 않았지만, 《자본론》을 통해 [자신의] **논리학**을 남겼다. …… 《자본론》에서 마르크스는 논리학, 변증법, 유물론적 인식이론을 어떤 한 학문에 적용하였는데 …… 이것은 헤겔에게서 유용한 것을 모두 채택해 더욱 발전시킨 것이다.[10]

이 절은 소련의 철학자인 일리옌코프의 '유물론적 변증법'[11]에 비추어 레닌의 주장을 더욱 발전시킨다. 유물론적 변증법은 다음을 가정한다. 첫째, 《자본론》에서 분석하는 구체(concrete) ― 자본주의 경제 ― 가 총체이며, 서로 조건 짓는 사물이나 현상들로 구성되는 이 유기적 체계가 그것의 부분들이나 계기들을 규정한다고 가정한다.[12] 둘째, 사고 속에서 구체를 재구성하기 위해서는 분석이 구체의 구조를 반영해야 한다. 다른 말로 표현하면, 분석은 그 부분들이 아닌 총체에서 시작되어야 한다.

대조적으로, 형식논리학 등의 형이상학적 접근법은 구체를 존재론적으로 독립적인 요소들이 단지 외부적으로 그리고 다소 우발적으로 결합한 덩어리라고 본다.[13] 형이상학적 접근법은 일반적으로 관념적 일반화에 근거한다. 로크, 칸트, 밀의 전통에 있는 철학자들에게는 관념적 일반화가 개념의 전개에서 유일하게 정당한 과정이다.[14] 관념적 일반화에서는 분석에 필요한 어떤 관계들이나 공통된 속성들을 무작위로 선택한다. 경제학의 경우, '노동', '수요', '시장'이나 '효용'을 예로 들 수 있다.

관념적 일반화는 식별(identification)과 분류(classification)와 같은 필수적 작업에 이용되기 때문에 과학적 분석에 반드시 필요하다. 그러나 다음의 세 가지 이유 때문에 거의 설명력을 갖지 못한다. 첫째, 관념적 일반화는 동어반복적이다. 관념적 일반화는 모든 것에 존재하는 어떤 요소들을 식별해 내는데, 이는 오직 이러한 속성들을 갖는 것들만이 분석에 포함되기 때문이다. 둘째, 관념적 일반화는 그 대상에 대하여 외부적이다. 관념적 일반화는 객관적 사실이나 단순한 주관적 공상만을 표현할 수 있는데, 이 둘을 구별하는 것은 어렵다. 셋째, 관념적 일반화가 식별해 내는 속성들은 그 복잡도의 수준이 현저히 다를 수 있으며, 또한 관심의 대상이 되는 현상의 상당히 다양한 측면들을 표현할 수 있는데, 이 경우 이 속성들과 구체 사이의 관계는 불명료한 상태로 남는다.[15] 이러한 한계 때문에 관념적 일반화를 통해 도달한 결론에는 일반적 타당성이 결여되어 있다.

만약 분석이 [관념적 일반화] 대신에 실재적이거나 구체적인 추상에 기반을 둔다면 이러한 불충분성을 극복할 수 있다.[16] 스피노자는 이러한 접근법의 대강을 최초로 제시하였는데, 그는 "삼단논법의 형식적 규칙에 의해 사물의 속성을 연역해 내는 것"이 아니라 "실제의 보편적 원인에서 특수한 속성들을 연역해 낼 것"을 주장하였다.[17] 헤겔은 스피노자의 통찰을 더욱 발전시켰다. 헤겔은 관조를 통해서 진리를 포착할 수는 없으며, 진리의 이해는 오직 [구체에 대한] 감각적 관조로부터 구체에 대한 추상적 표현 ― 개념 ― 으로 나아가는 방식을 통해서만 가능하다고 주장했다(1.2절을 보라). 마르크스는 이러한 접근법을 수정해서 자신의 가치론과 여타 이론들에 적용하였다.

관념적 일반화는 관찰자가 선택한 외부적 관계들에 기반을 두지만, 실재적 추상(real abstractions)은 물질적 실재에 기반을 두고 있으며 특수자들(particulars)의 **본질**을 포함하는 구체적 보편자들(concrete universals)을 드러낸다. 매우 간단하게 표현하면, 관념적 일반화에 바탕한 연구는 구체의 어떠한 특징으로부터도 출발할 수 있다. 이와 대조적으로 유물론적 변증법은 가장 중요한 특징을 선택하고, 본질을 기반으로 하여 다른 특징들을 체계적으로 재구성한다.[18] 본질은 특수자의 객관적으로 가장 일반적인 특징이거나 특수자의 '합법칙적 내적 구조'다. 달리 표현하면, 본질은 특수자의 논리적·역사적으로 규정적인 (determinant) 특징들로 구성되며, 특수자의 내적 관계들의 핵심이다.[19] 따라서 본질은, 첫째, 사고 속에 구체를 재구성함에 있어 필요한 기본 매개들(moments)을 제공하는 논리적 범주이다. 둘째, 본질은 특수자가 발생하는 (단지 이론적이거나 관념적인 것이 아닌) 실제의 원천이다. 셋째, 본질은 역사적 결과이다.[20] 본질은 규칙의 예외로서 발생하며, 역사적 과정들 ― 이 과정들은 오직 구체적으로만 분석할 수 있다 ― 을 통해 점차 이전의 구체적 보편자들을 대체해 새로운 현상들의 본질이 된다(아래의 추상노동, 가치, 자본의 예를 보라).[21]

이것은 본질이 언제나 현상의 배후나 하부에 놓여 있는 별도의 존재라는 것을 의미하지는 않는다. 이러한 경우 본질을 식별하기 위해서는 적어도 이론적으로 특수자에 대응할 수 있는 어떤 것을 발견하기 위해 현상의 '베일을 벗기'거나 '꿰뚫어 보는 것'이 필요하다. 오히려 본질은 일반적으로 단지 현상 속에서 그리고 현상을 통해서만 존재하며, 현상은 단순히 본질의 현시 형태(form of manifestation)가 아니라 무엇보다 그것의 존재 양식(mode of existence)이다.[22] 예를 들면, 사과, 자두, 오렌지의 본질인 구체적인 '과일'은 존재하지 않는다. 단지 개별적 과일들만이 존재하며, 그들의 본질, 즉 공통의 생물학적 · 역사적 특징들은 분석에 의해서 해명되는 것이다.

요약하면, 유물론적 변증법이 구체를 검토하는 것은 현실을 규정하는 물질적 구조들, 특히 연구 대상이 되는 현상들의 본질과 현상들 사이의 매개들을 식별해 내기 위한 것이다. 본질과 본질의 전개에 대한 체계적 분석은 특수자들 사이의 연관을 해명해 주며, 이 관계들을 표현하는 개념들 ― 이 개념들은 사고 속에 구체를 재구성함에 있어 필수적이다[23] ― 을 도입할 수 있게 해 준다. 결과적으로 이러한 과정을 상세히 표현하면 다음과 같다.

총체에 이르는 매개들의 서로 교차하는 장(場). 여기서는 어떠한 요소도 그 자체로 성립하지 못한다. …… 총체화 이론은 규정적 [실재적 ― 지은이] 추상의 개념을 요구한다. 이러한 개념 없이는, '모든 유기적 총체'의 경우처럼 '서로 다른 계기들(moments)' 간에 발생하는 '상호 작용'의 개념은 …… 진부함으로 귀결된다. 모든 것은 다른 모든 것에 어떻게든 영향을 미친다. …… 총체의 핵심을 파악하기 위해서는 용어들이 다른 용어들을 어떻게 형성/재형성하며 구성/재구성하는지, 또한 용어의 존재 양식이 어떻게 다른 용어가 될 수 있는지를 남김없이 이해해야 한다. 이렇게 논리적으로 더 설득력 있는 개념화가 총체와 '변증법'을 단순한 상호 작용이라는 애매한 개념에서 구해 낸다.[24]

유물론적 변증법 그리고 유물론적 변증법과 형식논리학의 차이를 설명해 주는 세 가지 예를 간단히 살펴보자. 첫 번째 예에서는 자본주의에서 추상노동이 노동의 본질이라는 주장을 구체화한다. 두 번째 예에서는 왜 추상노동이 가치의 실체인지를 보인다. 세 번째 예에서는 화폐, 가치, 자본 사이의 관계를 해명한다(2장과 3장을 보라).

추상노동

노동은 주어진 자연적·사회적 조건을 미리 정해진 방식에 의해 변형하기 위해서 인간의 능력을 합목적적으로 소비하는 것이다(3.1절을 보라). 따라서 노동은 사회와 사회를 둘러싼 환경 사이의 신진대사를 매개한다.[25] 이 '생리적' 정의는 모든 종류의 구체노동으로부터 관념적 일반화를 통해 도출된다. 이것은 간단하고 때로 적합한 정의이지만, 두 가지 측면에서 불충분하다. 첫째, 이러한 정의는 지나치게 일반적이다. 합목적적인 인간 능력의 사용이 모두 노동으로 간주되는 것은 아니다. 개인과 가정의 부양과 재생산, 여가와 자기표현, 예술과 관련된 활동들을 예로 들 수 있다. 둘째, 이러한 초역사적 정의는 분석적 측면에서 생산적이지 못하다. 현실을 분석해 보면, 예컨대 요리, 디자인, 경영, 개인적 서비스와 같은 종류의 노동들은 작업 과정이나 환경의 측면에서 시간과 장소에 따라 상당히 다양한 방식으로 이루어질 수 있다. 그러나 노동의 생리학적 정의를 체계적으로 전개하는 방식으로는 인간 노동의 이러한 중요한 특징들을 설명할 수 없다.

자본주의에서 노동의 의미와 의의에 대한 분석은 그 본질인 **추상노동**에서 출발해야 더 생산적일 수 있다. 추상노동은 잉여가치의 생산에 직접 참여하는 임금노동자들이 수행하는 노동으로 단순하게 정의할 수 있다(3.2절을 보라). 추상노동은 자본주의에서의 노동의 본질인데, 이는 다음의 세 가지 이유 때문이다. 첫째, 잉여가치를 생산하기 위한 임금노동의 고용은 자본주의적 관계에서 전형적으로 나타나며, 자본주의적 관계를 정의한다. 둘째, 자본주의의 확산은 점점 비자본주의적 생산을 밀어낸다. 비임금 형태의 노동은 주변부로 밀려나고 있으며, 임금노동자의 고용은 잉여가치의 생산을 조건으로 하게 된다.[26] 셋째, 추상노동의 체계적 분석은 자본주의의 구조들과 사회관계들을 해명하는 범주들의 도입을 가능하게 하며, 이것이 ≪자본론≫ 전체의 지침이 된다.

자본주의에서 노동은 일반적으로 이중의 규정을 갖는다. 노동은 구체적이며 동시에 추상적이다. 구체노동으로서 노동은 변형 활동이다. 추상노동으로서 노동은 특수한 사회적 형태(social form)에 포섭되거나, 사회적 형태의 내부에서 그리고 그것을 통해서만 존재한다. 추상노동이 구체노동보다 중요한데, 이는 예컨대 구체노동의 수행이 일반적으로 산출물에 대한 필요보다는 잉여가치의 추출을 위한 것이기 때문이다.

위의 예는 유물론적 변증법의 네 가지 중요한 특징을 강조한다. 첫째, 실재적 추상은 분석 대상인 현상의 본질을 드러내지만, 본질은 모든 특수자에서 드러나지 않을 수도 있다.[27] 어떤 노동에 대해서는 지불이 이루어지지 않고(예컨대 자발적 노동), 노동자가 무보수로 잉여가치를 생산하기도 하며(예컨대 사기업에서 하청을 받은 죄수들), 어떤 임금노동자들은 잉여가치를 생산하지 않는다(예컨대 공무원). 그럼에도 불구하고 추상노동은 자본주의에서의 노동의 본질이다.

둘째, 관념적 일반화와는 대조적으로, 실재적 추상을 통해 규정된 개념들의 의미와 의의를 연구를 통해 의문의 여지가 없는 수준으로 밝혀낼 수는 없다. 달리 표현하면, (실재적 추상에 바탕을 둔) 유물론적 변증법과 (관념적 일반화에 바탕을 둔) 형식논리학은 과학적 분석의 상호 배제적 출발점이다.

셋째, 만약 그 논리적·역사적 한계를 벗어나는 경우, 유물론적 변증법은 그 타당성을 잃을 수 있다.[28] 예컨대, 자본주의에서의 노동의 지위를 여타의 생산양식에서의 노동의 지위와 직접적으로 비교할 수는 없다. 《자본론》에서 마르크스는 자본주의의 사회적·경제적 재생산의 구조들과 과정들을 다룬다. 《자본론》의 단지 일부분에서만 다른 생산양식들이 언급되며, 마르크스의 분석이 아무 문제 없이 다른 생산양식들도 포괄한다고 가정할 수는 없다.[29]

넷째, 유물론적 변증법적 분석들에 대한 타당성 검증은 세 가지 단계를 포함한다. 개념들의 의미와 의의, 그리고 논리적·역사적 연구를 통한 개념들 간의 내적 관계에 대한 규정. '합법칙적 내적 구조'

에 명백히 모순되는 현상들에 대한 해명. 구체와 그것의 이론적 표현의 상응 여부에 대한 검증.[30]

가치

가치분석은 마르크스에게 매우 중요하며, 가치의 의미와 타당성은 상당한 논쟁의 주제가 되어 왔다.[31] 이 예에서는 마르크스의 가치의 실체로서 추상노동을 다룬다. 마르크스의 주장에 대하여 오스트리아의 경제학자 오이겐 폰 뵘바베르크가 유명한 비판을 하였는데, 그에 따르면 마르크스는

> 배제를 [통해 ─ 지은이] …… 교환가치의 특징인 '공통 요소'를 [도출한다.] …… [그러나 ─ 지은이] 그는 처음부터 자신의 연구 분야를 …… 자연의 선물에 대립되는 노동 생산물로 제한한다. …… 교환가치의 근저에 놓여 있는 공통 요소를 찾기 위해 교환 가능한 재화를 노동 생산물이 아니라고 해서 제외하는 것은 …… 방법상 커다란 오류다.[32]

뵘바베르크는 가치의 실체를 규정할 때 관념적 일반화와 형식논리학의 규칙을 적용해야 한다고 가정한다.[33] 그러나, 이러한 비판은 타당하지 않다. 마르크스의 분석은 일정한 양을 갖는 임의의 두 상품의 교환($xA=yB$, 여기서는 노동을 세 번째이거나 공통의 요소로 간주한다)에서 출발하지 않으며, 형식논리학의 규칙들을 따르지도 않는다.[34] 반대로 마르크스의 분석은 실재적 추상에 바탕을 두고 있으며 유물론적 변증법에 근거한다.

추상노동이 가치의 실체라는 주장에는 세 가지 근거가 있다. 첫째, 위에서 주장한 바와 같이, 노동은 사회적·경제적 재생산의 초역사적 조건이다. 둘째, 추상노동은 노동의 특유하게 자본주의적인 형태이며, 추상노동이 구체노동에 대하여 지배적이다. 셋째, 가치(혹은 상품) 관계는 자본주의에서의 인간관계의 일반적 형태이며, 이 생산양식에서 가치관계는 사회적·경제적 재생산을 매개한다.[35] 자본주의는 가치관계들의 일반화를 통해 역사적으로 발전해 왔는데, 이러한 가치관계들로는 자본가계급에 의한 생산수단의 독점화, 임금노동을 통한 상품생산의 확산, 상품 교환의 증가, 생산의 이윤 추구에의 종속을 들 수 있다. 이러한 가치관계들이 역사적으로 추상노동의 지배를 확립하였고, 역으로 추상노동의 확산이 인간관계들의 상품화와 이윤을 위한 생산을 강화하였다.[36] 논리적으로, 추상노동에 기반한 마르크스의 가치분석의 체계적 전개는 다양한 수준의 복잡도를 갖는 현실의 몇 가지 중요한 측면들 — 자본관계, 잉여가치, 경쟁, 노동과 노동 생산물의 분배, 비노동 생산물 형태의 상품(예컨대, 처녀지와 오염권), 이자 낳는 자본 등 — 을 설명할 수 있다.[37]

자본

C—M—C'(C : 상품, M : 화폐, C' : 또 다른 상품)로 대표되는 마르크스의 단순상품유통에 대한 설명으로부터 M—C—M'(M : 화폐, C : 상품, M' : 더 많은 화폐)으로 대표되는 자본의 순환으로의 이행은 종종 순수하게 논리적인 과정으로 이해된다. 예를 들면, 패트릭 머레이는 다음과 같이 주장한다.

단순상품유통에서 …… 화폐가 화폐로서 남고자 한다면 유통을 회피하는 것 외에 다른 선택이 없을 것이다. …… 만약 화폐가 유통으로부터의 단절을 통해 자신을 보존할 수 없다면, 바로 유통 과정을 통해자신을 보존해야 한다. 화폐 그 자체(money as such)가 자본으로서의 화폐(money as capital)로 이행하면서 바로 이것을 달성한다. …… 유통의 위험으로부터 퇴장해 안전한 화폐는 언제나 일정하고 유한한 양으로서 존재하는데, 이 사실은 보편적 부의 담지자로서의 화폐의 논리적 규정과 모순된다. …… 반면에 자본은 자신을 가치 증식 과정 — 화폐가 유통을 통해 자신을 증식해 그 양적 장벽을 넘어서는 과정 — 으로 규정함으로써 화폐 그 자체의 정체(停滯)의 모순을 해결한다.[38]

헤겔의 변증법에 입각한 머레이의 관점은 잘못된 가정에 근거한 것이고, 잘못된 결론으로 이어지며, 또한 옳지 않다(1.2절을 보라). 이 관점은 잘못된 가정에 근거한 것인데, 화폐와 자본의 개념을 순수한 논리적 필요에 의해 어떤 방법으로든 스스로를 역사적으로 실현하는 자동적인(self-acting) 주체로 가정하기 때문이다. 이 관점은 잘못된 결론으로 이어지는데, 머레이가 상품 · 화폐 · 자본이 존재하는 사회적 · 경제적 · 역사적 맥락을 간과하고 이에 따라 인간 행위자(human agency)를 불명료하게 하고 폄하하기 때문이다. 마지막으로 머레이의 관점은 옳지 않은데, 화폐가 질적으로 일반적이라는 사실을 화폐가 양적으로 무한해야 한다는 가정과 혼동하기 때문이다.[39]

≪자본론≫ 1권 4장에서 마르크스는 상품 개념에서 자본 개념을,

또는 단순상품유통에서 자본순환을 '도출'하지 않는다. 마르크스는 상품유통이 체계적으로 가치를 더할 수 없다는 것을 명확히 보이기 위해 C—M—C, M—C—M, M—C—M' 순환을 단지 대조해 보여 줄 뿐이다. 이 경우 교환이나 '양도이윤'은 잉여가치의 원천이 될 수 없다. 달리 표현하면, 어떤 이들이 자신들의 고객에게 손해를 입히는 방식으로 이윤을 얻을 수도 있지만, 이것이 모든 판매자들에게 가능한 것은 아니며, '양도이윤'은 자본주의의 사회적 · 경제적 재생산을 설명할 수 없다. 이러한 결론은 오로지 자본가계급의 임금노동자에 대한 체계적 착취에 의해서만 자본의 가치 증식을 설명할 수 있다는 마르크스의 주장을 뒷받침한다(4.1절을 보라).[40] 요컨대, 마르크스의 이론은 개념의 전개에 바탕을 둔 것이 아니다. 마르크스는 유물론적 변증법을 다음의 연구를 위해 사용한다.

> 실재하는 사실, 즉 자본주의적 유통에 투입된 화폐가 그 모든 변태들을 거쳐서 이익 — 잉여가치 — 을 가져온다는 사실. 이후 우리는 이러한 사실을 가능하게 하는 조건들을 밝히기 위해 되돌아가야 한다.[41]

유물론적 변증법의 원칙들을 요약해 보자. 이 접근법은 현상(구체적 현실을 구성하는 특수자들)이 공통의 본질들에 의해 규정되며, 일반적으로 그 존재 양식이라고 가정한다. 본질과 현상의 관계는 다양한 복잡도의 수준에서 작동하는 사회구조, 법률, 경향, 반경향, 우발성 등의 다양한 매개들을 통해 규정된다. 구체의 이론적 해석은 본질에서 출발해 단계적으로 총체 내 각 부분의 의미와 의의를 확립하는 매개들을 드러내야 한다. 여기에 더해 역사적 연구는 구체의 (단지 개념적인 것이 아닌) 실재하는 구조들과 모순들 — 이들의 전개가 물적 실재를 형성한다 — 을 식별하도록 도와준다.[42] 이러한 체계적 과정을 통해 실재의 재구성 — 이것은 현상들의 실재적 접합의 관념적 표현이다 — 이 가능하다.[43]

형식논리학이 서로 연관되어 있지만 존재론적으로 독립된 개념들을 마치 레고 블록처럼 이용해 이론을 구성하는 것과 달리, 유물론적 변증법을 따르는 이론들은 통합된 총체이다. 이것은 자본주의가 유기적 체계라는 점 때문에 매력적이다.[44] 그러나, 이러한 접근법은 새로운 개념들의 도입을 복잡하게 만든다. 단지 새로운 범주들을 추가하여 더는 '적합'하지 않은 범주들을 대체하는 것은 이제 가능하지 않다. 새로운 개념들은 이미 존재하는 범주들로부터 전개되어야 하며, 새로운 범주의 도입은 종종 이전의 범주들의 지양이나 정교화로 이어진다.[45] 엥겔스는 다음과 같이 언급하였다.

마르크스에게서 영원히 타당한 고정된 틀에 박힌 정의를 찾는 겠은 옳지 않다 — 지은이]. 사물들과 그들의 상호 관계가 고정적이지 않고 가변적이라고 파악하는 경우에는 그것들의 정신적 표상, 즉 개념도 또한 변화와 변형을 받게 된다는 것, 그리고 사물들과 그들의 상호 관계는 경직된 정의 안에 틀어박혀서는 안 되며 그들의 역사적 또는 논리적 형성 과정에 따라 전개되어야 한다는 것은 두말할 필요조차 없다.[46]

더 구체적으로, 아서는 다음과 같이 말한다.

변증법적 논증에서 개념의 의미는 변화를 겪는데, 이는 전체 그림에서 어떤 요소의 중요성을 처음부터 고정적으로 정의할 수 없기 …… 때문이다. 체계의 서술이 좀 더 복잡하고 구체적인 관계들로 나아감에 따라 개념의 최초 정의는 이에 맞추어 변화하며 — 때때로 개념의 새롭고 더 광범위한 적용 가능성이 드러나기도 하지만 — 보통 더 명확해진다. 이와 같이 대상의 진리에 점점 더 가까워지는 과정에서 변증법적 방법은 지금까지 전유해 왔던 요소들의 근본적 재구성에 열려 있다.[47]

요컨대, 각기 다른 추상 수준의 개념들이 변증법적 이론들에서는 필수적으로 함께 존재한다. 분석의 진행은 새로운 개념의 도입, 그리고 기존의 개념들의 더 복잡한 수준에서의 정교화와 재생산을 포함한다. 결과적으로, 마르크스의 개념들의 의미와 의의는 분석의 수준에 의존한다.[48]

개념의 비교적 단순한 형태가 더 복잡한 형태에 의해 지양되는 두 가지 예를 살펴보자. 첫째, 마르크스의 상품 개념은 전자본주의적 생산과 자본주의적 생산에 있어 변화한다(3.2절을 보라).

자본주의적 생산에서 등장하는 상품은 자본주의적 생산의 출발점인 요소로서의 상품과는 다르다. 우리는 더는 개별 상품, 개별 생산물을 다루지 않는다. 개별 상품, 개별 생산물은 단지 현실의 생산물로서뿐만 아니라 상품으로서, 그리고 실재적·개념적으로 총생산의 부분으로서 나타난다. 각각의 개별 상품은 자본과 자본이 창조한 잉여가치의 일정 부분을 표현한다.[49]

둘째, 마르크스의 상업자본의 도입은 생산가격과 일반 이윤율의 개념을 변화시킨다(7장을 보라).

상업자본은 총자본 중 자기가 차지하는 비율에 비례해 일반적 이윤율의 형성에 참가한다. …… 이리하여 우리는 생산가격의 더 정확하고 엄격한 정의를 얻게 된다. 생산가격은 여전히 상품의 비용 …… 더하기 이것에 대한 평균이윤과 같은 상품 가격이지만, 이 평균이윤은 이제 다르게 결정된다. 평균이윤은 …… 총생산자본과 상업자본의 합계에 의해 결정된다. …… 생산가격은 …… 상품의 진정한 생산가격보다 작다. 또는 상품 전체를 고찰하면, 산업자본가 계급이 그것을 판매하는 가격은 그것의 가치보다 작다. …… 앞으로는 지금 전개된 더 엄밀한 의미로 '생산가격'이라는 표현을 사용할 것이다.[50]

1.2 마르크스, 헤겔, '새변증법'

마르크스의 방법에 대한 헤겔적 해석인 '새변증법(new dialectics)'이 최근 학자들의 관심을 끌어 왔다.[51] 이 절은 이 해석을 1.1절에서 제시한 유물론적 변증법에 비추어 비판적으로 검토한다.

새변증법은 하나의 학파라기보다는 마르크스의 저작의 해석에 대한 특정한 헤겔적 관점이다. 이 접근법은 레닌의 경구에 근거를 둔다.

헤겔의 ≪논리학≫ 전체를 면밀히 연구하고 이해하지 않고서 마르크스의 ≪자본론≫, 특히 제1장을 완전히 이해하는 것은 불가능하다. 결과적으로, 반세기가 지났지만 어떤 마르크스주의자도 마르크스를 제대로 이해하지 못하였다![52]

새변증법은 두 가지 원칙에 바탕하고 있다. 첫째, 헤겔과 마르크스는 비슷한 방법을 공유했다. 그렇지만 이들의 방법이 일치하지 않는 경우에 있어서는 마르크스의 저작을 헤겔적 관점에서 재구성해야 한다.[53] 둘째, ≪자본론≫은 범주들의 유기적 체계이거나, 혹은 그렇게 구성되어야 한다. 이러한 체계에서 서술은 최초 범주에서 시작하거나

가장 단순하고 가장 추상적인 범주, 이로부터 이론의 남은 범주들이 도출되는 범주에서 시작한다. [이것은 — 지은이] 대상에 내재하는 가장 추상적이고 단순한 규정이어야 한다.[54]

최초 범주의 모순들과 불충분성의 체계적 전개는 점점 복잡해지는 분석 수준에서 다른 개념들과 범주들을 체계 내부로 객관적으로 '끌어들인다.' 모든 개념들이나 범주들은 이러한 과정을 통해 도출되어야 하며, 연구의 구조, 각 개념의 구실, 개념들 간의 관계와 관련된 외부적 가정에 있어서는, 언젠가는 이 가정의 근거가 제시되어야 한다.[55] 달리 표현하면, 서술은 순수하게 논리적 기준에 의해 구조화되어야 하며, 그 구성은 범주의 연쇄에 의해 규정된다.

일반적으로 서술은 추상적 규정이 구체적 규정으로 전개되는 과정에서의 [추상적 규정의] 점진적 초월에 대한 서술, 즉 구체화(concretiza-tion)에 대한 서술이다. 서술은 모순을 극복하고 이전의 추상적 규정에 더 구체적인 근거들(grounds) — 존재 조건들 — 을 제시함으로써 진행된다.[56]

이러한 과정의 반복은 사고 속에서 구체의 재구성으로 이어진다.

검토해야 하는 모든 존재 조건들을 전개된 범주들의 전체 체계를 통해 해명할 수 있을 때 서술은 종료된다. 형태들은 이러한 조건들을 자신의 내부로 편입하며, 또한 스스로의 힘으로 이들을 생산한다. …… 이렇게 근거를 갖춘 총체는 자기 완결적인 것으로 평가된다.[57]

새변증법은 구체의 역사적 발전이 사고 속에서의 구체의 재구성에 기여한다는 점을 부정하는데, 이러한 입장에 있어 서술 양식과 구체의 역사적 전개 사이의 차이는 별 의미가 없다.[58] 따라서, 새변증법은 ≪자본론≫에서 자본주의의 역사를 다루는 부분들은 단순히 예시로 제시된 것이라고 주장한다. 이들이 범주 분석의 구체화에 도움이 될 수는 있지만, 이 저작에서 본질적 구실을 하지는 않는다는 것이다.

이 접근법은 우아하고 매력적이다. 그리고 1.1절에서 살펴본 바와 같이 마르크스는 ≪자본론≫과 여타의 저작에서 비슷한 방식을 채택하였다. 그러나 새변증법이 마르크스 저작의 구조와 내용에 대한 분석에 많은 기여를 하였다 하더라도 이 이론에는 네 가지 약점이 있는

데, 이 때문에 마르크스의 방법에 대한 이 해석은 불충분하며 종종 잘못된 결론으로 이어질 수 있다.

필연성

새변증법은 서로 다른 두 개념으로부터의 이론적 전개가 반드시 완전히 다른 결과를 가져오며, 이 중 적어도 하나는 분석적으로 받아들일 수 없다는 것을 보여 주지 못한다. ≪자본론≫의 맥락에서는, 만약 상품이 아닌 또 다른 개념으로부터의 이론적 전개가 마찬가지로 사고 속에서 자본주의의 재구성으로 이어진다면, 이 책의 출발점으로 상품을 선택할 아무런 내재적 이유가 없다. 이 경우, ≪자본론≫이 체계적인 변증법적 도출의 산물이라는 가정에 의문이 생긴다.[59]

충분성

올바른 출발점의 선택과 범주의 체계적 도출이 구체의 재구성에 **충분하다는** 주장은 입증되지 않았다. 이러한 난점을 다음과 같이 표현할 수 있다. 만약 비교적 추상적인 어떤 개념, 예컨대 '올바른' 출발점의 전개가 분석에 필수적인 개념의 도입으로 이어지지 않거나, 서술이 논리적 구조 내부에서는 도출될 수 없는 사회적이고 역사적인 요소의 주기적 도입을 필요로 한다면, 새변증법의 핵심적 주장들 중 일부는 상당한 타격을 받을 것이다. 새변증법의 이러한 한계를 세 가지 예를 통해 설명할 수 있다. 첫째, ≪자본론≫ 1권의 1장에 제시된 가치형태들로부터 현대의 불환지폐의 일반화를 순수하게 논리적으로 도출하는 것은 **불가능하다**(8.2절을 보라). 둘째, 적어도 [국가론에 있어 기능주의(functionalism)와 환원주의(reductionism)를 배제하는 경우, 국가 도출 논쟁은 상품의 모순으로부터 도출되는 엄격히 논리적인 구조 내에서 자본주의 국가를 개념화하는 것이 불가능하다는 것을 보여 주었다.[60] 셋째, 순수하게 자본의 논리의 분석을 통해 경제에 대한 국가 개입의 (변화하는) 한계를 해명하는 것은 불가능하다.

구조와 맥락

추상적 범주에서 상대적으로 구체적인 범주들을 도출하는 방식만으로 구체를 재구성하려는 시도에는 한계가 있다. 체계적 분석이 맥락에 독립적인 반면 구체는 한편으로는 구조와 경향에 의해 규정되며 다른 한편으로는 행위자·반경향·맥락·우발성에 의해 규정되기 때문이다.[61] 경향들은 체계의 구조에서 체계적으로 발생하지만, 반경향은 추상의 어떤 수준에서도 발생할 수 있으며 어떤 수준에 있는 범주이든 그 의미를 변경할 수 있다.[62] 따라서 위에 제시한 비판들이 옳지 않고 새변증법이 자본주의의 구조적 규정들을 포착해 낼 수 있다고 하더라도, 새변증법은 구체의 역사적 규정을 간과하기 때문에 반경향들, 그리고 반경향들과 경향들이 상호 작용하는 맥락을 해명할 수 없다.[63] 이러한 해명은 범주의 체계 외부로부터 역사적 재료를 주기적으로 투입하는 것을 통해서만 가능한데, 일반적으로 새변증법은 이를 꺼리거나 수행할 수 없다. 결과적으로, 새변증법은 대체로 실증 분석에 도움을 줄 만큼 정밀하게 자본주의의 구조를 설명하지는 못한다.[64]

관념론

새변증법은 구체를 규정함에 있어 물질적 구조보다는 논리적 개념에 우선적으로 초점을 맞춘다는 점에서 관념적이다. 이러한 헤겔적 접근은 "논리적인 것을 실체화하거나, 결국은 같은 것인데, 경험적인 것을 논리화"하기 때문에 분석적으로 불합리하며 잘못된 결론으로 이어질 수 있다.[65]

≪자본론≫을 서로 얽혀 있는 '변증법적 삼단논법들'의 연속적 연쇄로 '재구성'하려는 시도가 일부에서 유행하고 있다. 이는 마치 ≪자본론≫의 논증이 그 논증 자체에서는 명확히 발견될 수 없는 어떤 '논리'에 호소하지 않고는 불완전하거나 불충분한 것처럼 간주하는 것이다. 또한 마치 마르크스의 분석이 분석에 적절한 개념의 배열 — 이는 특정한 연구 대상을 파악하기 위한 요구 사항들에 의해 규정된다 — 이 아니라, 이 '논리'의 요구 사항들에 따라 규정되는 개념의 배열을 부득이 따라야 하는 것처럼 간주하는 것이다. 이러한 시도들은 미리 주어진 요소들을 그러한 방식으로 형식적으로 배열한다는 점에서 지적으로 빈곤하다. 역설적이게도 바로 이 때문에 …… 마르크스는 처음부터 헤겔의 철학을 명확히 거부하였다.[66]

헤겔은 변증법의 창시자 중 한 명이며, 마르크스는 "[자신이 — 지은이] 이 위대한 사상가의 제자라고 공언하였다."[67] 그러나 마르크스는 헤겔에 탄복하기도 하였지만 또한 상당히 비판적이기도 하였다.

나의 변증법적 방법은 그 근본에서 헤겔의 그것과 다를 뿐 아니라 정반대다. 헤겔에게는 그가 이념(Idea)이라는 명칭하에 자립적인 주체로까지 전환시키고 있는 사고 과정이 현실 세계의 창조자이고, 현실 세계는 이념의 외부 현상에 지나지 않는다. 나에게는, 반대로, 관념적인 것은 물질적인 것이 인간의 두뇌에 반영되어 사고의 형태로 변형된 것에 지나지 않는다. …… 헤겔에게는 변증법이 거꾸로 서 있다. 신비한 껍질 속에 들어 있는 합리적인 알맹이를 찾아내기 위해서는 그것을 바로 세워야 한다.[68]

헤겔의 시스템은 관념적인데, 첫째, 헤겔에게는 개념이 물질적 환경이나 구체의 실재적 관계들과 무관하게 독립적으로 존재하기 때문이다. 특히 구체적 보편자는

'외부적 실재'의 영역이 아니라, 단지 개념으로서, 순수 사고의 에테르로서만 …… 존재한다. 이 때문에 …… 헤겔은 유물론이 철학이 될 수 없다고 생각하였다(왜냐하면 철학은 보편자의 과학이며, [헤겔에게 – 지은이] 보편자는 오로지 사고일 뿐이기 때문이다).[69]

둘째, 헤겔은 "구체는 결국 …… 사고의 산물"이라고 믿는다.[70] 이와 대조적으로, 유물론적 변증법에서는 개념의 도출이 실제로 존재하는 본질들, 개념들, 매개들의 식별을 수반하는데, 이는 정신 속에 물질적 현실의 규정의 구조들을 재구성하기 위한 것이다(1.1절을 보라).

이론적 추상의 과정은 반드시 역사적 지식에 기초를 둬야 하며, 역사적 경험을 해명하고 분석할 수 있는 능력을 갖춘 경우에만 정당화될 수 있다.[71]

결론적으로 마르크스의 방법은 개념의 도출에 기반을 둔 것이 아니다. 예를 들어 마르크스는 다음과 같이 분명히 언급하였다.

나는 '개념들'에서 출발하지 않으며, 따라서 '가치의 개념'에서 출발하지 않는다. …… 나의 출발점은 현대사회에서 노동 생산물이 그 자신을 나타내는 가장 단순한 사회적 형태, 즉 '상품'이다. 이를 나는 우선 그것이 현상하는 형태에서 분석한다. 여기서 나는 상품이 한편으로 그 자연적 형태로는 사용의 대상, 즉 '사용가치'이며, 다른 한편으로는 교환가치의 담지자라는 것, 그리고 이러한 관점에서는 그 자체로 '교환가치'라는 것을 발견한다. 더 분석해 보면, 교환가치는 단지 어떤 '표현 형태', 즉 상품에 포함된 가치를 드러내는 특정한 독립적 방식일 뿐이다. 그리고 나서 나는 가치에 대한 분석을 시작한다.[72]

순수한 개념적 추론은 분석가의 머릿속에서 성립하는 관계들이 반드시 실재 세계에서도 성립해야만 하는 이유를 해명할 수 없다는 점에서 한계가 있다. 더 광범위하게는, 새변증법은 불충분하며 잘못된 결론으로 이어질 수 있다. 왜냐하면 구체는 역사 속에서 존재하며 그 우발성은 [다른 무엇으로] 환원 불가능함에도 불구하고 새변증법은 순수하게 개념들을 통해 현실을 재구성하려 하기 때문이다. 구체는 단지 역사적 분석이 서술의 방법 내부에 속할 때에만 이론적으로 분석할 수 있는 것이다. 새변증법은 이러한 연관을 회피하기 때문에 개념적 필연의 현시가 아닌 다른 방식으로는 구체를 설명할 수 없다.[73] 달리 표현하면, 새변증법의 가장 중요한 단점은 단순한 개념들의 모순들로부터 복잡한 개념들을 도출해야 한다는 조건이 마르크스의 방법의 가장 중요한 특징이 아닐뿐더러 유일한 특징도 아니라는 점을 이해하지 못한 것이다. 반대로 무엇보다 중요한 것은 분석을 더 풍부하고 견고하게 하며 구체를 [사고 속에] 더욱 잘 재구성하기 위해 새로운 개념들과 새로운 재료를 왜, 어떻게, 그리고 언제 분석에 투입할 것인지와 관련되어 있다.

새변증법은 마르크스의 방법과 그 저작의 내용을 이해하는 데 상당히 공헌하였지만, 이 관점은 구체의 풍부함이나 《자본론》의 풍부함을 포착해 내기에는 불충분하다.

1.3 결론

이 장에서는 유물론적 변증법의 원칙들에 근거하여 《자본론》과 기타 저작에서 마르크스가 사용한 방법에 대한 해석을 제시하였다. 이 접근법은 변증법을 사용하는데, 이는 구체의 본질적 특징들과 그 실재적 모순들을 파악하고 구체와 역사적 변화의 잠재적 원천들을 해명하기 위한 것이다. 유물론적 변증법은 역사와 논리를 분리할 수 없다는 사실을 받아들인다. 이는 경험주의로의 후퇴가 아니라 오히려 실재가 개념들로 환원될 수 없다는 사실에서 도출되는 결론이다. 이러한 관점은 헤겔적 대안인 새변증법과는 대조적인데, 새변증법은 마르크스의 방법을 일련의 — 이것을 변증법이라고 볼 수 있다면 — 기계적 변증법의 사고 과정으로 해석하며, 여기서 사고 과정의 운동은 구체를 규정하는 실재적 구조와는 대부분 독립적인 것으로 나타난다.

그러나 마르크스의 방법은 무엇보다 유연한 연구 도구이며, 이것이 새변증법의 난해한 영역에 존재하는 것은 아니다. 스콧은 다음과 같이 올바르게 비판한다.

> 형식논리학에 대한 연구에서와 같이 [마르크스의 방법을 — 지은이] 몇 개의 규칙으로 [환원하려는 시도는 — 지은이] …… 특정한 내용을 무의미한 형태로 환원한다는 점에서 부적절하다. …… 변증법의 형태와 내용은 …… 일반적으로 사회적 존재, 특히 사회적 투쟁으로부터 분리될 수 없다. …… 변증법은 '서술의 방법'으로만 사용되며, 엥겔스와 달리 마르크스는 보편적이고 내재적인 변증법이라는 생각을 …… 받아들이지 않았다.[74]

유물론적 변증법은 두 가지 측면에서 자본주의 분석을 위한 기반을 제공하는데, 이 기반은 맥락에 특수하다. 첫째, 현상들과 이들의 본질들이 시간이 지남에 따라 변하기 때문에 이러한 기반의 유효성은 역사적으로 제한적이다. 둘째, 분석은 논리적 도출과 함께 역사적 요소의 주기적 도입을 통해 진행된다. 유물론적 변증법은 과학적 연구가 역사적으로 존재하는 실재로서의 연구 주제에 정통할 것, 그리고 분석 방법의 적용이 현실과 연관된 구조들, 경향들, 반경향들을 가장 효과적으로 드러낼 수 있는 방식이어야 한다는 것을 받아들인다.[75]

2장
마르크스의 가치론의 해석

이 장은 마르크스의 가치론에 대한 두 가지 해석, 즉 '전통적' 마르크스주의와 스라파적 접근법을 포함하는 '투하노동(embodied labour)' 관점, 그리고 루빈류의 이론들과 뒤메닐과 폴리가 발전시킨 '신해석'을 포함하는 가치형태론을 비판적으로 검토한다.

이 해석들 사이의 차이는 대부분 가치관계에 대한 서로 다른 이해 때문이다. 투하노동 관점은 가치가 상품에 투하된 평균 노동시간이라고 주장하는 데 반해, 가치형태론은 가치가 화폐로 대표되는 사회적 노동에 대한 지배력(command)이라고 주장한다. 가치관계에 대한 서로 다른 견해들, 가치분석의 역할·의미·의의에 대한 다양한 해석들, 그리고 더 광범위하게는 자본주의의 본질과 정당성에 대한 다양한 관점들은 마르크스의 이론이 지난 100여 년간 격렬하게 논쟁되어 온 이유를 설명할 수 있도록 해 준다.

이 장은 마르크스의 가치론의 해석들에 대한 완전한 개관을 제공하지는 않는다.[1] 이 장의 목적은 다만 가장 영향력 있는 두 가지 해석, 그중 가장 잘 알려진 분파들의 주장을 요약하고, 마르크스주의 정치경제학의 발전에 대한 이들의 공헌을 비판적으로 검토하는 것이다. 이 장은 세 절로 나뉘어 있다. 1절에서는 마르크스에 대한 전통적 해석과 스라파적 해석을 각각 검토한다. 2절에서는 루빈적 전통과 신해석 등의 가치형태론을 분석한다. 3절에서는 [앞의] 분석들로부터 주요 결론들을 이끌어 낸다.

2.1 투하노동가치설

마르크스에 대한 가장 영향력 있는 해석들 중 일부는 가치가 생산 중에 상품에 투하된 노동이라고 주장한다. 이러한 해석은 추상노동을 구체노동에 대립시키는 방식으로 정의한다. 즉, 추상노동은 노동 일반이며, 행위의 형태로부터 추상화된 것이다.[2] 이 절에서는 이러한 관점의 두 해석, 즉 전통적 해석과 스라파적 해석을 다룬다.

2.1.1 전통적 마르크스주의

'전통적' 해석에 따르면, 마르크스의 가치론은 리카도의 가치론과 본질적으로 다르지 않다. 이 해석을 다음과 같이 요약할 수 있다.[3]

(a) 가치론의 주요 주제는 자본주의적 착취를 분석하는 것이다. ≪자본론≫ 1권의 첫 세 장(상품, 가치, 화폐)에서 전개된 범주들은

자본주의적 착취와 단지 간접적으로만 연관되어 있다. 왜냐하면 이 범주들이 더 광범위한 생산양식들, 특히 단순상품생산에도 속하기 때문인데, 단순상품생산에는 자본주의적 착취가 반드시 존재하는 것은 아니다.

(b) 가치 개념은 착취율 결정에 필요하다. 이러한 해석은 각각의 상품에 투하된 추상노동의 양으로 정의되는 가치의 양에 초점을 맞춘다. 가치의 실체와 형태, 가치와 화폐 사이의 관계는 대부분 간과된다.

(c) 이윤의 분석은 노동력을 포함하는 상품 가격의 결정을 요구한다. 이것은 보통 일반균형(단순재생산)을 포함하는 몇 가지 가정들을 통해서 이루어진다. 결과적으로 가격은 단지 교환기준상품(numéraire)에 대하여 상대적이다.* 이에 따라 화폐론은 불필요하며, 화폐는 사실상 베일에 불과하다.

(d) 상대가격의 결정은 두 단계로 이루어진다. 첫째 모든 자본은 동일한 가치 구성을 갖는다고 가정하는데(6장을 보라), 여기서 교환비율은 단지 투하노동에 의해 결정된다. 둘째, 가치 구성이 [자본마다] 다를 수 있다. 이 경우에 상대가격은 투하노동 비율과 다르지만, 대수적으로 투하노동 비율이 상대가격을 결정한다고 가정한다.

(e) 개념적 도구가 초보적이다. 상품은 판매를 위해 생산된 사용가치다. 가치는 교환가치와 뒤섞여 있으며, 가치와 가격 사이의 구분은 (비록 이 둘 간의 양적 비교가 가능하다고 가정하지만) 명확하지 않다.

---

* 가격은 교환기준상품의 양으로 표현된다.

(f) 분석 수준들 사이의 구분과 경향들·반경향들·우발성 간의 상호 작용에 거의 관심을 두지 않는다. 이론은 틀림없이 자본주의의 기본적 경향들을 포착하며, 이 경향들은 별문제 없이 경험적 결과들로 이어진다고 본다.

전통적 접근법에는 중요한 장점들이 있는데, 특히 착취 양식에 초점을 맞춘 것이 그러하다. 착취에 대한 강조는 마르크스의 관심과 일치하며, 마르크스의 가장 두드러진 공헌 중 일부를 부각시킨다. 이는 또한 사적 소유와 시장과 같은 유통·분배 구조들의 비판에 도움이 된다. 그러나 전통적 마르크스주의에는 아주 큰 두 가지 단점이 있다. 첫째, 전통적 마르크스주의는 생산영역의 분석을 생산물의 유통·분배로부터 단절시키는데, 이는 그 독립성을 심하게 과장하는 것이다.[4] 둘째, 전통적 마르크스주의는 마르크스의 상품·가치·화폐 분석이 더 넓은 범위의 상품생산양식, 특히 단순상품생산(simple commodity production : SCP)에 적용된다고 주장한다(2.2.1절과 3.1절을 보라). 이 경우, 두 종류의 상대가격이 존재한다. 하나는 투하노동에 기반한 것이며, 전자본주의적 교환을 규율한다. 반면 다른 하나는 동등한 이윤율에 기반한 것이며, 자본주의적 교환을 규율한다(7장을 보라).

(마르크스가 '단순상품생산'이라고 부른) 전자본주의 사회의 독립 소생산자들 사이에서 지배적이었던 어떤 조건들 아래에서는 동등한 가치 사이의 교환이 법칙이었다. 설사 자본주의적 조건들에서 양적 교

환관계들을 규정하는 더 복잡한 다른 관계들이 존재한다고 해도, 이것이 사회적 필요노동의 가치 결정에 기반한 경제적 이론들과 모순되는 것은 아니다. 왜냐하면 가치에서 가격을 도출할 수 있는 명확하고 일관된 방법이 존재하기 때문이다.[5]

이 단계들 사이의 이행은 역사적 과정이며, 여기서 두 종류의 상대가격들(가치와 생산가격) 사이의 전형은 대수적으로뿐만 아니라 역사적으로도 분석할 수 있다고 가정한다.[6] 이러한 접근법은 논리적으로도 역사적으로도 잘못된 것이다. 가치에 입각한 일반적 교환은 존재한 바 없는데, 왜냐하면 일반적으로 노동 생산물은 자본주의에서만 상품이 되기 때문이다. 여기에 더해, 1.1절에서 보았듯이 비록 마르크스가 종종 어려운 부분들을 설명하거나 중요한 범주들의 발전을 추적하기 위해 역사적 연구에 의존하기는 하지만, 그가 ≪자본론≫에서 체계적으로 분석하는 유일한 생산양식은 **자본주의**이다. 따라서 비록 상품·가치·화폐가 수천 년간 존재해 왔지만, ≪자본론≫은 이들의 자본주의적 규정에만 초점을 맞추며 다른 생산양식에서의 이들의 의미와 의의에 관해서는 어떤 체계적 추론도 제시하지 않는다.[7]

전통적 마르크스주의가 일종의 '리카도적 마르크스주의'로 변질된 것은 이러한 잘못된 이해에 기인한다. 그러나 이러한 견해를 지탱하는 것은 불가능하다(8.1절을 보라).[8] 마르크스는 자신의 관점과 리카도 관점 사이의 차이를 드러내기 위해 상당한 노력을 기울였으며, 꽤 많은 저작에서 리카도의 방법론적 오류와 여타의 오류들을 격렬히 비난하였다. 특히 마르크스는 리카도의 접근법이 자본주의의 착취 관계들과 노동 양식을 설명하지 못할 뿐 아니라, 화폐와 상품의 관계, 추상노동과 가치의 관계조차 설명하지 못하기 때문에 불충분하다고 주장한다.[9]

2.1.2 스라파적 분석

전통적 마르크스주의의 단점들에 대한 불만족은 두 가지 대안적 접근법의 발전으로 이어졌는데, 이는 스라파적 접근법(또는 신리카도주의)과 가치형태론이다(2.2절을 보라). 주로 파시네티와 스티드먼이 스라파적 접근을 제시하고 발전시켰는데, 이는 보르트키에비치, 드미트리예프, 시턴, 스라파, 투간바라노프스키의 저작에 기반을 둔 것이다.[10] 스라피안들은 가치체계와 가격체계의 연관에 초점을 맞추어 전통적 모델의 발전을 시도한다.[11] 이 접근의 주요 특징들은 다음과 같다.

(a) 단지 가치의 양만을 상세히 검토한다. 가치의 실체와 형태는 거의 완전히 무시한다. 이 분석은 보통 두 종류의 방정식을 사용하는데, 하나는 가치체계를, 다른 하나는 가격체계를 대표한다.

(b) 가치체계는 $\lambda = \lambda A + l = l(I - A)^{-1}$로 기술되는데, 여기서 λ은 상품가치벡터 ($1 \times n$)이며, A는 기술행렬 ($n \times n$)이고 l은 직접노동벡터 ($1 \times n$)이다.

(c) 가격체계는 $p = (pA + wl)(1 + r)$로 기술되며, 여기서 p는 가격벡터 ($1 \times n$), w는 임금률, r은 이윤율이다.

(d) 분석이 무엇보다 가치체계와 가격체계의 관계에 대한 것이기 때문에 화폐는 어떠한 자율적 구실도 하지 못하며, 화폐가 고려되는

경우에도 단지 교환기준상품에 불과하다.[12]

(e) 가치와 가격의 이와 같은 정의는 마르크스에게 일관성이 결여되어 있다는 광범위한 비판의 근거가 되며, 투하노동으로 가치를 결정하려는 전통적 마르크스주의 프로젝트가 잘못이라는 결론으로 이어진다. 아주 간단히 설명하면, 첫째, 가격체계는 자유도 2를 갖는다. 가격체계에 하나의 상품에 하나씩 n개의 방정식이 존재하지만, 미지수는 $n+2$개 — n개의 가격·임금률·이윤율 — 가 존재하기 때문이다. 따라서 가치체계에는 (행렬 A가 잘 작동한다 (well-behaved)는 전제 아래) 보통 해가 존재하지만, 가격체계의 경우에는 추가적 제약을 도입할 때만 해를 구할 수 있다. 예컨대, 노동력 가치와 재화 번들의 가치가 일치하고(이 번들들의 가격이 임금이다. 4.2절을 보라), 마르크스의 총계 일치 명제(총가격과 총가치의 일치 또는 총이윤과 총잉여가치의 일치. 7장을 보라) 중 하나가 성립한다는 정규화 조건이 필요하다. 그러나 [하나의 총계 일치 명제가 성립하는 경우] 다른 하나의 총계 일치 명제는 일반적으로 성립하지 않는데, 이것이 마르크스의 분석에 타격을 가한다는 주장이 제기된다.[13] 둘째, 마르크스에 대한 스라파적 해석에서는 노동의 역할과 다른 투입물의 역할을 구분하는 것이 불가능한데, 이렇게 되면 다른 투입물, 예컨대 옥수수·철·에너지가 아니라, 노동이 가치를 창조하고 또한 착취당한다는 주장을 할 수 없다.[14] 셋째, 비록 노동이 가치를 창조하고 착취당한다고 하더라도, 노동과 가격 사이의 유일한 의미 있는 관계는 양(陽)의 착취율이 양(陽)의 이윤의 필요충분조건이라는 명제를 통해서만 성립 가능한데, 이것

은 경험적 의의를 거의 갖지 못한다.[15]

스라파적 분석은 생산양식과 분배 구조의 관계에 대한 마르크스주의적 연구에 비록 간접적이지만 상당히 공헌하였다. 그러나 스라파적 접근은 여러 측면에서 불충분하며, 마르크스에 대한 스라파적 비판은 설득력 있게 반박되어 왔다.[16] 다음에서는 마르크스에 대한 스라파적 비판의 두 가지 측면, 즉 가치 방정식의 단점, 그리고 스라파적 분석이 자본주의적 생산관계를 만족스럽게 표현하지 못한다는 한계에 대해 간단히 평가한다.

가치 방정식 $\lambda = \lambda A + l$은 상품의 가치가 투입물의 가치(λA)에 투입물을 처리하는 데 필요한 살아 있는 노동(l)을 더한 값과 같다는 것을 나타낸다. 비록 이 방정식이 마르크스의 가치의 정의(5장을 보라)를 올바르게 표현하기는 하지만, 이것이 상품 가치의 계산에 적합한 것은 아니다. 그 이유를 살펴보자.

단순화를 위해, 행렬 A가 어떻게 결정되든 평균 생산기술을 표현한다고 가정하자. 또한 벡터 l이 투입물을 산출물로 변형하기 위해 필요한 구체적 노동시간들(인쇄, 건설, 조립 등)의 평균값을 나타낸다고 가정하자. 심지어 이렇게 느슨하게 가정해도 벡터 l을 생산된 가치의 계산에 사용할 수 없는데, 이는 벡터 l이 추상노동이 아니라 구체노동을 측정하기 때문이다. 추상노동과 구체노동은 서로 질적으로 다르기 때문에, 그들 간의 어떠한 계산도 무의미하다.[17] 같은 맥락에서, 자동차의 디자인과 도색, 또는 새로운 집의 건축과 장식 등과 같은 다양한 활동에 투입된 노동은 수직적으로 통합되어 있든 그렇지 않든 숙련도나 다른 차이점들 때문에 같은 시간에 서로 다른 양의 가치를 생산할 수 있다(5.3절을 보라).

그 대신 l이 추상노동 벡터라고 가정해 보자.[18] 비록 이 가정 덕분에 위에 언급된 문제들을 피할 수는 있지만, 이로써 가치벡터를 계산할 수 있게 되는 것은 아니다. 왜냐하면 이 가정에 따르면, 각각의 상품을 생산하기 위해 필요한 추상노동시간(λ)을 계산하려면 각각의 상품을 생산하기 위해 얼마나 많은 시간의 추상노동(l)이 필요한지를 알아야 하기 때문이다. 따라서 l이 추상노동이라는 가정은 동어반복을 수반한다는 점에서 가치의 양적 결정을 허용하지 않는다.[19]

이러한 단점들 때문에 스라파적 접근은 자본주의적 생산관계와 이 생산양식의 특징들을 해명할 수 없다(1.1절과 3장을 보라).[20] 스라파적 체계에서 생산은 순수히 기술적 과정이며, 따라서 반드시 자본주의적일 필요가 없다. 이렇게 되면, 첫째, 자본은 생산의 사회적 관계라기보다는 단지 사용가치를 모아 놓은 것에 지나지 않는다. 둘째, 가치의 실체인 추상노동은 구체적 노동시간의 평균적 단위와 구분되지 않는다. 마지막으로, 생산의 사회적 측면은 가정으로부터 누락되거나 착취율을 통해 분배 영역에 투사된다. 요약하자면, "사회적 과정은 기술적 계수로, 사회적 관계는 사회의 계급 간의 생산물의 분배로 대체된다."[21]

스라파적 모델은 심지어 내부적으로 일관되지 못하다. 스라파적 모델은 생산의 기술적 관계들이 가치체계나 가격체계와 무관하게 독립적으로 주어진다고 가정한다. 또한 마르크스에게 있어서는 가격벡터의 계산을 위해 가치량이 필요하지만 그 역은 성립하지 않는다고 전제한다. 그러나 가격이 반드시 가치를 통해 도출되지 않는다'는 점에서 가치분석은 불필요하다는 주장이 제기된다. 이러한 모델은 다음과 같은 이유에서 잘못된 것이다. 첫째, 이는 마르크스의 주장을 잘못 표현한 것이다(7장을 보라). 둘째, 생산구조는 기술적으로 규정된다기보다는 사회적으로 규정된다. 자본주의에서는 경쟁이 노동과 생산수단의 할당, 생산량과 생산기술을 규정하는데, 이 경우 가치관계가 기술과 가격을 인과적으로 규정한다.[22] 결론적으로, "노동가치론은 불필요하기는커녕 오히려 스라파 자신의 설명에 빠져 있는 가치에 대한 설명을 제공한다."[23] 요컨대, 스라파적 분석은 이윤율의 균등화가 나타나는 다른 사회들과 자본주의의 차이를 밝혀내지 못한다. 그 결과, 스라파적 분석은 자본주의적 사회관계, 착취, 소득의 분배, 경제 데이터의 원천, 경쟁의 과정, 그리고 무엇보다 가격 형태를 설명하지 못한다.[24]

2.2 가치형태론

가치형태론(Value Form Theories : VFT)은 주로 1970년대에, 부분적으로는 전통적 마르크스주의의 불충분성과 스라파주의의 과잉에 대한 반발로서 발전하였다.[25] 가치형태론의 발전은 1970년대 서방에서 소련의 경제학자 이사크 일리치 루빈(1896~1937)의 저작이 재발견되면서 촉진되었다. 이어지는 내용에서는 루빈의 저작을 토대로 가치형

---

*　스라파적 분석에 따르면, 가격은 생산의 기술적 조건과 분배의 비율에 의해서 결정된다.

태론을 비판적으로 검토한다. 이어서 가치형태론에 기반을 둔 현대적 접근법인 마르크스의 가치론의 '신해석'을 검토한다.

2.2.1 루빈적 전통

마르크스의 가치론에 대한 이 해석은 소련 경제학자인 루빈, 그리고 루이 알튀세, 한스게오르그 바크하우스, 수잔 드 브뤼노프 같은 학자들의 개별적 연구 성과에 기반을 둔다.[26] 이 접근법은 일반적으로 노동의 사회적 분업에서 출발한다. 가치형태론은 자본주의적 분업의 본질적 특징이 상품 관계, 즉 '분리'되거나 독립적인 생산자들의 상품생산이라고 주장한다.

> 노동 생산물의 가치형태는 부르주아적 생산에서 생산물이 취하는 가장 추상적인 형태일 뿐만 아니라 가장 보편적인 형태이며, 부르주아적 생산을 사회적 생산의 특정한 형식으로서 규정한다. 따라서 [가치형태는] 부르주아적 생산에 특수한 역사적 특징을 부여한다. …… 그러므로 '가치형태'는 상품경제의 가장 일반적인 형태다.[27]

자본주의에서 상품이 생산되고 교환된다는 특징은 루빈에게 상당히 중요한 것이어서 루빈은 종종 자신의 분석의 주제를 "상품 자본주의" 경제라고 지칭한다.[28] 독립적 생산자들에 상응하는 것은 사회적으로 유용한 상품, 다른 표현으로는 판매 가능한 상품을 생산해야 한다는 점이다(판매의 중요성을 "화폐적 제약"이라고 불러 왔다).[29] 루빈적 전통은 분리와 화폐적 제약 때문에 상품이 사적인 구체노동에 의해 생산되며 이 노동은 기껏해야 잠재적으로 아니면 오로지 머릿속에서만 추상적이고 사회적이라고 주장한다. 사적인 구체노동은 노동 생산물이 화폐와 교환되면, 그 순간 사회적 추상노동으로 변환된다.

상품경제에서는 사회가 개별적인 개인의 노동과 개별적인 사적 상품 생산자의 노동을 직접 규제하지는 않는다. 즉, 노동은 그 구체적 형태에서는 직접 사회경제에 편입되는 것이 아니다. 노동은 오로지 사회적으로 동등화된 노동의 형태를 획득하였을 때만 상품경제 안에서 사회적 [노동]이 된다. 즉 개별 상품 생산자의 노동은 오로지 다른 모든 생산자의 생산물과 동등화될 때만 사회적 [노동]이 된다. …… 추상노동은 …… 모든 노동 생산물의 전반적 동등화를 통해 동등해지는 노동이지만, 모든 노동 생산물의 동등화는 각각의 노동 생산물을 하나의 보편적 등가물과 동화시키지 않고서는 불가능하다. …… 노동의 동등화는 가능하지만, 교환 행위 전의 직접적 생산과정에서는 오로지 관념적으로, 기대 속에서만 그러하다. 그러나 현실에서 노동의 동등화는 교환 행위를 통해 일정한 금액의 화폐와 주어진 노동의 생산물을 등치(이것은 관념적으로 기대되었던 것이다)시키는 방식으로 이루어진다.[30]

루빈적 전통은 적어도 두 가지 중요한 방식으로 마르크스주의 가치분석의 발전에 공헌하였다. 첫째, 추상노동이 판매를 통해 간접적으로 형성된 사회적 노동이라는 주장은 상품경제에만 적용되며, 이러한 주장은 초역사적 투하노동 관점(2.1절을 보라)에 대한 설득력 있는 비판의 출발점을 제공한다. 이러한 비판은 마르크스주의 연구의 초점이 가치와 가격의 계산에서 생산의 사회적 관계들과 그 현상 형태에 대한 분석으로 옮겨 가는 데 기여하였다.

둘째, 이 전통은 가치분석에서 화폐의 중요성을 강조해 왔는데, 이는 가치가 오로지 가격 안에서 가격을 통해서만 나타나기 때문이다. 화폐는 상품경제에서 필수적 구실을 하기 때문에 마르크스의 이론을 비화폐적, 일반균형 관점으로 해석하는 것은 근본적으로 잘못된 것이며, 추상노동의 매개되지 않은 표현을 찾는 것은 헛된 일이다. 또한 투하노동계수를 계산하려는 시도는 거의 의미가 없다(5.4절을 보라).[31] 루빈적 전통이 화폐의 중요성을 강조한 덕분에 마르크스의 화폐론에 대한 관심이 부활하였으며(8장을 보라), 투하노동 관점에 대한 비판은 마르크스에 대한 더욱 설득력 있는 해석이 발전할 수 있는 기반을 제시하였다.

그러나 분리가 상품생산의 본질적 특징이라는 주장으로 인해 루빈적 전통에서는 단순 가치관계가 자본주의적 생산관계를 포괄하게 된다. 결과적으로, 루빈적 전통은 가치분석에 상당히 공헌하였지만, **자본**과 **자본주의**를 이해하는 데는 별로 기여한 것이 없다.

가치관계에 대한 집중은 상품경제가 본질적으로 노동의 사회적 분업에 속하지 않는 생산자들의 모임이라는 것을 내포한다. 분리와 전문화 때문에 생산자들은 소비를 위해 필요한 사회적 생산물의 일부를 획득하기 위해 자신들의 재화와 서비스를 판매해야만 한다. 달리 표현하면, 이러한 종류의 사회에서 생산은 본질적으로 소비를 위한 것이며, 사적인 구체노동이 분석적으로 사회적 추상노동에 선행하는

데, 사회적 추상노동은 판매되기 전에는 관념 속에서만 존재한다. 노동의 동등화·추상화·사회화는 판매에 의존하며, 상품 가치는 상품과 교환되는 화폐의 가치에 의해 결정된다. [생산한 재화를] 판매할 수 없다는 것은 생산 결정이 잘못되었고 재화가 쓸모없으며 노동이 가치를 생산하지 않았다는 것을 의미한다.[32]

이와 대조적으로, 자본주의 경제에서 본질적 분리는 임금노동자와 자본가계급이 독점한 생산수단 사이에 존재한다(3.2절을 보라).[33] 생산은 자본가가 이윤을 목적으로 재화를 공급하기 위해 노동자를 고용할 때 이루어진다. 노동의 수행이 이러한 사회형태의 조건 아래 있기 때문에 산출물은 필연적으로 상품이다. 상품은 사용가치를 가지며 그 자체로 가치이다(만약 상품이 판매되지 않으면, 사용가치는 실현되지 않으며 그 가치는 파괴된다. 5.3절을 보라).[34] 요컨대, 독립적 상품 생산자들의 노동은 상대적으로 사회적 규정에서 자유롭고 그 사회의 특징이 교환에 의존하지만, 자본주의에서는 노동 양식이 사회적으로 규정된다(5장을 보라).

자본주의는 점점 더 많은 노동자를 작업장에 그러모으는데, 여기서 이들의 노동은 **집단적** 노동이다. 수천 명의 다른 노동자와 함께 공장에 고용된 노동자는 어떠한 의미로도 사적이거나 개별적인 노동을 할 수 없다. …… 자본주의적 생산은 **직접적으로** 사회적이며 의식적으로 규제되고 통제되는 집단적·협력적 노동을 수반한다. 즉, 자본의 권력이 노동계급의 집단적·협력적 능력을 포섭하고 지배한다. 사적인 것은 생산 속의 노동이 아니라, 생산과정의 결과인 상품이다.[35]

루빈적 전통의 이러한 한계들은 대부분 자본주의적 생산(이윤을 위한 체계적 상품생산)과 단순상품생산(사회적으로 규율되지 않는 독립적 생산자들의 상품생산)을 뒤섞어 놓았기 때문이다.[36] 이것은 역사적으로도 이론적으로도 옳지 않다.

자신의 생산수단을 소유한 개별 생산자들은 …… 생산에 사용되는 투입물들을 구매하지 않고, 모든 것을 자급자족적 노동과정에 의해 생산한다. …… 단지 노동과정의 최종생산물이 상품일 뿐이다. 개별 생산자들은 사회적으로 고립된 상태에서 각자의 생산수단을 생산하며, 경쟁의 시련을 전혀 겪지 않는다. 생산수단으로 기능하는 생산물의 사용에 정상적 노동시간을 지출하게 하는 어떠한 사회적 메커니즘도 없다. 이러한 상황에서 경쟁의 유일한 기능은 단일한 시장 판매 가격 원칙을 부과하는 것뿐이다. …… 유일한 객관적 필연성은 노동 지출의 총합이 …… 가족의 재생산을 허용할 정도로 충분해야 한다는 것이다. 어떤 생산자들이 자신들의 상품을 다른 이들보다 적은 노력으로 공급할 수 있다면, 더 '효율적'인 이 생산자들은 더 높은 생활수준을 향유할 것이다. 일부가 이처럼 더 높은 생활수준을 누린다고 해서 덜 효율적인 사람들이 자신들의 효율성을 높여야 한다는 압력을 받는 것은 결코 아니다.[37]

가치관계에 대한 루빈적 전통의 뚜렷한 집중은 마르크스주의 가치분석의 중요한 진전에 기여하였다. 그러나 임금 관계와 노동 양식을 간과함에 따라 루빈적 전통에서 자본주의와 다른 생산양식의 구분은 제한적이었다. 루빈적 전통은 상품 교환이 자본주의를 규정한다고 잘못 가정하였으며, 화폐를 가치의 실체와 뒤섞었고, 마르크스의 가치분석을 구조화하는 매개들을 다루지 않는다. 분석의 깊이의 부족함 때문에 루빈적 전통은 마르크스가 제시한 중요한 실재적 관계들 — 예컨대, 생산수단의 자본주의적 독점, 생산에서 노동자들의 종속, 경쟁을 통한 생산의 사회적 규율, 기계화와 비숙련화, 가치와 가격 사이의 매개(5장과 7장을 보라) — 을 조명하는 데 실패한다. 이러한 한계 때문에 루빈적 전통은 자본주의의 주요 특징들을 해명하고 그 사회적·경제적·정치적 결과들을 실증적으로 설명하기에는 불충분하다.

2.2.2 '신해석'

1980년대 초에 제라르 뒤메닐과 던컨 폴리는 각각 개별적으로 마르크스의 가치론에 대한 '신해석(new interpretation : NI)'을 제시하였으며,[38] 이는 아글리에타와 루빈의 저작에 기반을 두고 있다.[39] 지난 20여 년간 마르크스주의 학자들의 신해석에 대한 관심이 증대하였는데, 이 덕분에 가치 논쟁이 마르크스에 대한 스라파적 비판을 둘러싼 상대적으로 무익한 논쟁과 루빈적 전통의 상당히 추상적인 분석으로부터 좀 더 실질적인 쟁점에 대한 논의로 옮겨 갈 수 있었다. 신해석의 공헌은 주로 총생산물이 아닌 순생산물에 대한 강조, 그리고 화폐와 노동력 가치에 대한 특유의 정의에 있다(아래를 보라). 신해석은 이러한 개념들에 근거해, 첫째, 마르크스주의적 범주를 차용한 실증적 분석이 가능하며 또 흥미롭다고 주장한다.[40] 둘째, '전형 문제'가 무의미한 것이라고 주장한다(7장을 보라).

신해석은 마르크스에 대한 가치형태론적 분석으로부터 발전하였다. 즉, 노동은 판매를 통해서만 추상화되고 사회화된다.[41] 여기에는 두 가지 함의가 있다. 첫째, 화폐는 추상노동의 직접적이고 유일한 표현이다. 둘째, (생산적) 노동이 창조한 가치는 생산물이 판매되는 화폐량에 의해 측정된다. 이 해석은 총계적이거나 거시적인 수준의 분석에 머무르기 때문에, 개별 가격과 가치 사이의 관계에 수반하는 개념적 난점들(5장을 보라)과 전형 문제와 관련된 함정들을 고려하지 않는다. 이러한 수준에서는 화폐는 본질적으로 새로 수행되는 추상노동에 대한 지배력이다. 개별 가격과 가치 사이에는 어떠한 필연적 관계도 없으며, 이 이론은 여타의 가격체계들 사이의 차이를 구별하지 못한다. 이 때문에, 잠재적으로 광범위하게 존재하는 불완전 시장구조에 비추어 볼 때 이 이론의 일반성이 높아진다고 간주된다.

대수적으로, 수행된 총(추상)노동 lx는 총생산물 x를 생산하지만, 단지 순생산물의 가치 $y = x - Ax$만을 생산한다. 여기서 A는 기술행렬 ($n{\times}n$)이고, l은 단위필요노동벡터 ($1{\times}n$)이며, x는 총생산물벡터 ($n{\times}1$)이고, y는 순생산물벡터 ($n{\times}1$)이다. 화폐의 가치 λ^m은 수행된 총노동과 순생산물의 가격 사이의 비율이다.

$$\lambda^m = \frac{lx}{py} \tag{1}$$

화폐의 가치는 화폐단위로 표시되는 노동의 양, 즉 1파운드(또는 달러나 여타 화폐)를 생산물의 가치에 추가하는 추상노동시간을 나타낸다.[42] 신해석에서 식 (1)은 마르크스의 총가치와 총가격의 일치 명제를 표현한다. 새로 생산된 화폐의 가치는 이 상품들의 가격으로서 순생산물에 배분되어 있다.

노동력 가치 V는 국민소득에서 임금의 몫으로 정의되며,[43] 잉여가치 S는 그 나머지다(4.1절을 보라). 만약 w가 시간당 임금률이고 wlx가 총임금이라면, V는 임금률에 화폐의 가치를 곱한 것이다.[44]

$$V \equiv \frac{wlx}{py} = w\lambda^m$$

여기서 다음이 도출된다.

$$S = 1 - V = 1 - \frac{wlx}{py} = \Pi$$

여기서 Π는 총이윤인데, 이 경우 마르크스의 총잉여가치와 총이윤의 일치 명제는 정의상 성립한다.[45] 마지막으로, 잉여가치율은 다음과 같다.

$$e = \frac{S}{V} = \frac{\Pi}{W}$$

이 비율은 상품에 가격이 매겨지고, 임금이 지불되었을 때 결정된다. 이 비율은 임금 수입의 사용 — 여기에는 생활필수품이나 사치품의 소비, 저축이나 화폐퇴장이 포함될 수 있다 — 의 영향을 받지 않는다. 신해석의 관점에서 이러한 관계는 이윤이 단지 재분배된 잉여가치에 지나지 않음을 보여 준다(4.2절을 보라).

신해석의 공헌을 순생산물의 계산에 대한 검토를 시작으로 좀 더 자세히 살펴보자. 경제의 순생산물을 개념화하는 방식은 두 가지가 있다. 사용가치 측면에서 순생산물은 소비 수단과 순투자로 구성된다. 즉, 총생산물 중 생산 체계를 유지하거나 똑같은 패턴과 수준의 생산을 반복하기 위해 필요한 부분을 제외한 부분이다. 이것은 총생산물의 가치에 대한 문제를 제기한다. 왜냐하면 노동은 총생산물을 생산하지만, 총생산물 가치의 일부분만을 창조하기 때문이다.

신해석에 따르면 생산수단의 가치가 총생산물의 가치에 두 번 계상되기 때문에 마르크스의 총생산물 일치 명제에 대한 전통적 정의가 일관되지 못하다는 것을 암시한다. 생산수단의 가치는 새롭게 생산된 생산수단의 가치로서, 그리고 다시 소모된 생산수단의 [노동생산성 변화를 반영한] 새로운 가치로서 계상된다(5.2절을 보라). 그러나 후자는 당기 혹은 그 이전에 실제로 수행된 노동과 관련이 없다. 즉, 다른 곳에서 수행된 노동, 다른 곳에서 창조된 가치의 단순한 반영일 뿐이다.[46] 이러한 통찰에는 설득력이 있다. 그러나 순생산물에 초점을 맞추는 것은 두 가지 점에서 잘못이다. 첫째, 경험적으로 순생산물은

> 자본의 회전 기간과는 다른 기간에 대하여 정의된다. 예컨대 순국민
> 생산은 1년이나 1분기 단위로 정의된다. 결과적으로, 순자본가치의
> 두 부분(가변자본과 잉여가치)은 몇 번의 회전에 걸쳐 집적된 것이며,
> 이렇게 되면 개념적으로 유통의 근본적 측면 — 즉, 상품 판매를 통
> 한 투입된 자본의 회수와 생산의 물질적 구성 요소의 보충 — 을 놓
> 치게 된다.[47]

둘째로, 그리고 더욱 중요하게는, 순생산물에 초점을 맞추면 (확대재생산에 요구되는 부분을 제외한) 생산수단의 생산이 [분석에서] 제외된다. 결과적으로, 당기 생산의 상당한 부분이 마치 불필요한 것인 양 시야에서 사라지며, 상품 교환의 가장 큰 부분인 생산자들 간의 교환이 마치 중요하지 않은 것처럼 없어져 버린다. 그 결과, 자본으로서의 화폐와 지불수단으로서의 화폐, 그리고 신용 시스템의 구실이 상당히 제한된다(8.3절을 보라).

총산출물에서는 투입물 가치가 이중으로 계상되기 때문에, 신해석은 화폐가치를 총생산물이 아닌 순생산물에 대하여 정의한다. 화폐가치의 이러한 정의는 세 가지 이유에서 매력적이다. 첫째, 이 정의는 전통적 · 스라파적 접근법에서 문제가 되었던 단순화된 가정들을 피한다. 둘째, 현대에는 불환지폐통화가 사용되고 특히 재정 · 통화정책과 같은 화폐가치의 거시 경제적 결정 요인들의 중요성이 널리 인식되어 있다는 점에서 호소력이 있다. 셋째, 전통적 접근이 수행할 수 없었던 불완전 시장구조와 독점력에 대한 분석을 용이하게 한다.

이렇게 상당한 장점들이 있지만, 화폐가치의 이러한 개념에는 두 가지 중요한 측면에서 한계가 있다. 첫째, 이러한 정의는 수행된 (추상적 · 생산적) 노동과 이 기간 동안 추가된 화폐가치 사이의 관계를 단지 **사후적으로** 반영한 것에 불과하다. 추가된 화폐가치는 오로지 노동이 수행되고 상품이 생산되어 가격이 책정되며 기술이 결정된 후에만 알 수 있다. 이러한 측면에서 이 개념은 화폐와 상품의 가치를 유통 이전에 규정하는 마르크스주의적 개념과는 연관이 없다(8.1절을 보라). 둘째, 화폐가치는 생산과 분배의 사회적 관계들, 수행된 노동, 공급과 수요의 관계, 독점력, 화폐의 양과 유통 속도, 신용 시스템 등 상이한 수준의 가치관계를 반영하지 못한다. 이러한 요소들은 가격체계에 각기 다른 방식으로 영향을 끼치지만, 신해석은 이들을 체계적으로 구별하지 못하며, 분석적으로 파헤쳐 그 영향을 설명하지도 못한다.

요약하면, 화폐가치는 현존하는 거시 경제적 관계들을 해명하기 위해 실재적 구조들, 그리고 사회적 노동과 그 화폐적 표현 사이의 실재적 관계들을 생략해 버린다. 신해석에게는 불운하게도, 이러한 매개들은 본질적으로 불균형과 위기의 가능성을 포함하고 있다. 가치의 가격으로의 매개된 표현을 단순히 총노동시간을 총순생산물의 가격으로 나눈 값으로 축소함에 따라, 여기에 연관되어 있는 실재적 과정들의 복합성이 간과되며 경제 내의 불균형의 본질적 가능성이 흐릿해진다. 이에 따라 이론이 대결하고자 하는 바로 그 관계들에 대한 이론의 해명 능력이 약화된다.[48]

노동력 가치에 대한 신해석의 개념에도 역시 비슷한 단점이 있다 (4.2절을 보라). 신해석의 관점에서는, 노동력 가치는 국민소득 중 노동자의 몫인데, 이것은 계급투쟁에 의해 규정된다.[49] 그러나 노동력 가치에 대한 이러한 정의는 착취의 특정한 효과, 즉 노동자가 전체 순생산물을 구매할 수 없다는 사실 이상으로 확장되지 않는다. 이것은 '리카도적 사회주의' 경제학자들이 19세기 초에 강조한 것과 동일한 착취의 측면이며, 스라파적 분석이 검토한 유일한 착취의 측면이다.[50]

노동력 가치에 대한 이러한 견해는 잘못된 결론으로 이어질 수 있다. 첫째, 이러한 견해는 자본주의에서 계급투쟁의 가장 주요한 형태,

즉 분배가 아닌 생산에서 일어나는 투쟁에 대한 이론의 설명력을 약화시킬 수 있다. 둘째, 개별 생산기간의 종료 시점에 순생산물이 노동자와 자본가 사이에 '분배된다'는 환상을 불러일으킬 수 있다(4장을 보라). 셋째, 투하노동에 의해 결정되는 보통의 상품 가치와 공급과 수요에 의해 주어지는 노동력 가치 사이의 고전적 이분법을 지지하는 결과를 낳을 수 있다.

요컨대, 가치분석의 발전에 대한 신해석의 공헌에는 두 가지 서로 다른 측면이 있다. 한편으로 신해석이 전형 문제(특히 '올바른' 정규화 조건에 대한 가짜 논쟁)를 우회해, 가치론, 특히 전형 문제가 과거에 논의되던 균형의 틀을 거부한 것은 올바르다. 이러한 중요한 공헌은 마르크스의 가치론에 대한 광범위한 재검토의 한 부분을 구성하며 새로운 비판적 거시경제학의 기초를 제시한다. 이러한 성취는 중요하며 그 목표는 가치 있다.

반면에, 신해석은 몇 가지 측면에서 비판을 받는다. 이 접근법은 '마르크스주의 거시경제학'을 통해 현상의 문제를 직접적으로 해명하는 것을 목적으로 발전해 왔다. 그러나 이 중요한 목표는 상당한 손실을 초래한다. 신해석에는 분석적 '깊이'가 거의 없으며, 생산을 간과한 채 교환과 분배를 강조한다. 또한 가치와 가격, 잉여가치와 이익 사이의 매개와 복합적 관계를 제거하며, 이들을 마치 동일한 것처럼 다룬다. 결과적으로, 신해석은 마르크스의 가장 중요한 통찰들, 즉 기술의 변화, 축적, 신용 시스템과 위기 등을 외생적으로 추가하지 않고서는 분석 내에 편입시킬 수 없다. 이러한 한계들은 신해석의 내부 구조에 기인하며, 왜 신해석이 동어반복(그것이 마르크스의 일치 명제들을 검증하는 방식 때문에)이라거나 경험주의(그 전개가 가치분석의 기초가 되는 구조들을 드러내지 못하기 때문에)라고 비판받는지를 설명해 준다.[51] 따라서 설명할 현상을 선택하고 이 현상의 중요성을 평가하며 현실의 다른 특징들과 이 현상의 관계를 평가하는 데 있어 [이론 내적인 논리가 아닌] 임의적 방법을 사용하지 않고서는 신해석을 더욱 발전시키기 어렵다.

2.3 결론

자본주의적 분업에 대한 두 가지 서로 다른 접근법이 있다. 대부분의 신고전파 경제학자들과 일부 마르크스주의자들은 보통 유통(교환)의 관점을 채택한다. 이 관점에 따르면, 자본주의 경제는 조정되지 않는 경쟁적 활동들의 집합으로서 나타나는데, 이들은 각각의 기업에서 생산되는 상품들, 그리고 각기 다른 기술들에 의해서 서로 구분된다. 이러한 접근법은 분산된 경제에 통일성을 부여하며, 제한조건 아래에서 [통일성의] 필요를 만족시키는 과정들을 강조하는 경향이 있다. 이러한 맥락에서는 상대가격과 노동 및 소득의 분배가 매우 중요하다. 이 연구는 이어서 왜 '보이지 않는 손'이 실패할 수 있는지 ― 이 경우에는 불비례와 위기 ― 에 대한 분석으로 확장될 수 있다. 이러한 쟁점들은 상세히 연구할 만한 가치가 있으며, 자본주의의 중요한 측면들을 조명한다. 그러나 불행하게도 이들은 생산양식의 분석에는 도움이 되지 않는다. 이것은 커다란 한계인데, 자본주의와 다른 생산양식들의 본질적 차이점은 생산수단 소유자와 노동자의 관계 그리고 이와 관련된 노동 양식에서 발생하기 때문이다. 마르크스의 가장 중요한 주장 중 하나는, 만약 유통과 분배만을 분석하고 생산영역을 간과한다면, 자본주의의 가장 중요한 특징들 중 일부는 여전히 감추어진 상태로 남는다는 것이다(3장을 보라).

대조적으로, 교환을 간과하고 생산을 강조하는 분석들은 때로 생산기술에 초점을 맞추기 위해 임의로 균형 조건들을 부과한다. 이 경우 화폐의 중요성, 구체노동과 추상노동의 관계, 더 광범위하게는 가치분석의 역사적 한계를 이해하는 것이 어려워진다. 경쟁, 기술 변화, 자본 이동, 갈등을 내포하는 사회계급들 간의 관계의 의미 역시 이에 따라 희미해진다(5장을 보라).

이러한 단점들은 가치분석이 생산과 교환을 모두 고려해야 하며, 이 영역들 사이의 매개들과 분석의 여러 수준을 헤아려야 함을 보여준다. 자본주의의 어떠한 측면에 집중하기 위해 특정 매개들을 지나치는 것은 때때로 적절하다. 그러나 중요한 구조들과 경향들을 어디에서, 어떠한 방식으로 분석에 추가해야 하는지를 파악하기가 어려울 수 있기 때문에 이러한 방식은 위험할 수 있다. 이 경우, 임의성에 의지하거나, 아니면 절충주의적으로 보이거나 별로 유익하지 않은 관련 없는 연구들을 가치분석에 무비판적으로 끼워 넣어야 할 수도 있다.

3장
가치와 자본

마르크스는 가치론을 통해 자본주의의 사회적 재생산을 규율하는 경제적 과정들과 관계들을 비판적으로 분석한다.[1] 이 장은 1장에서 전개한 유물론적 변증법에 비추어 마르크스의 가치분석의 의미와 의의를 해명한다. 이는 세 절에 걸쳐 이루어진다. 1절에서는 분업, 착취, 가치관계 사이의 관계를 분석한다. 마르크스의 분석은 오로지 자본주의에 한해서만 타당하지만(1.1절을 보라), 분석의 배경은 더 광범위하다. 예컨대, 인간 사회를 재생산하기 위해서는 분업이 필요하다. 이것을 여러 방식으로 성취할 수 있는데, 그중 하나가 자본주의이다.[2]

2절에서는 자본관계를 다룬다. 여기서는 자본이 한편으로 생산관계이며 이 때문에 노동력, 노동 생산물, 좀 더 일반적으로는 재화와 서비스가 상품화되는 경향이 있다는 것을 보인다. 다른 한편으로, 자본은 노동계급이 스스로 소비하거나 통제하는 것보다 더 많이 생산하도록 강제하는 자본가의 능력에 의해서, 그리고 잉여에 대한 자본가의 지배력에 의해서 정의되는 착취의 계급 관계다. 3절은 이 장의 주요 결론을 제시한다.

3.1 분업, 착취, 가치

가치의 개념을 즉각적으로 이해할 수는 없다.[3] 마르크스는 가치, 그리고 자본주의에 있어 가치의 중요성을 설명하기 위해 인간 노동 일반에서 출발한다. 노동은 미리 정해진 결과, 즉 사회적 재생산에 필요한 재화와 서비스 — 마르크스는 이를 사용가치[4]라고 부른다 — 를 얻기 위해 주어진 자연적·사회적 조건들을 변형하는 과정이다.

> 그러므로 사용가치의 창조자로서의 노동, 유용노동으로서의 노동은 사회형태와 무관한 인간 생존의 조건이며, 인간과 자연 사이의 물질대사, 따라서 인간 생활 자체를 매개하는 영원한 자연적 필연성이다.[5]

> 모든 사회에서 사회적 노동력(지식·능력·경험을 포함하는 모든 개인의 일할 수 있는 능력)[6]은 문화적·자연적·기술적 제약 아래 사용되는 공동체적 자원이다.[7] 노동은 어디서나 성·나이·혈통이나 계급에 따라 나뉘며, 사회적 노동의 생산물도 이와 비슷하게 분할되어야 한다. 게다가 대부분의 사회에서 비생산자 집단이나 계급은 생산자들의 착취에 기인하는 이전(移轉) 소득에 의지해 살아간다.[8]

착취의 계급 관계는 직접적 생산자들로부터 잉여노동을 끌어내는 형태에 따라 규정된다(3.2절과 4장을 보라).[9] 이러한 관계들은 생산자들에게 자신들이 소비하거나 통제하는 것보다 더 많이 생산하도록 강요하는 구조와 과정들, 그리고 착취자가 잉여를 전유하는 메커니즘을 포함한다. 순수하게 경제적인 방식으로 좁게 정의하더라도, 착취는 소유관계, 분업, 생산과정에 대한 통제, 산출물의 분배 등 사회생활의 다양한 측면을 포함하는 총체이다.

자본가가 잉여가치를 추출해 임금노동자를 착취하는 것이 자본주의를 정의하는 특징이다(아래를 보라).[10] 마르크스는 이러한 착취 양식을 설명하기 위해서 그 가장 추상적인 특징인 가치관계에서 출발한다. 마르크스에게 있어 가치관계, 그리고 가치관계가 노동의 사회적 분업에 기반을 둔다는 것은 해명할 필요가 없다. 이는 논쟁의 여지가 없는 사실이다.

비록 나의 책 어디에도 '가치'에 대한 장이 없지만, 내가 현실의 관계에 대하여 제시하는 분석은 실재의 가치관계에 대한 증명과 논증을 포함할 것이다. 가치의 개념을 증명하는 것이 필요하다는 얘기는 논의의 대상이 되는 주제와 과학의 방법에 대한 완전한 무지에서 나오는 소리다. 어떤 국가든 한 해, 아니 몇 주라도 일하기를 멈추면 망한다는 것은 삼척동자도 안다. 마찬가지로 각기 다른 필요량에 상응하는 생산물의 양이, 서로 다르고 양적으로 규정된 사회의 총노동의 일부를 요구한다는 것은 자명하다. …… 그리고 사회적 노동의 연관 관계가 개별 노동 생산물의 사적 교환으로서 나타나는 사회에서, 노동의 이러한 비례적 배분이 스스로를 관철하는 형식은 바로 이 생산물들의 교환가치다.[11]

가치관계는 여러 수준에서 분석할 수 있다. 상대적으로 추상적인 수준에서 혹은 상품생산과 교환이 주변적인 비자본주의 사회에서는 가치가 단지 한 상품과 다른 상품의 교환 비율을 표현하는 관념적 일반화, 즉 교환가치로서만 중요하다. 이 경우,

최종 형상이 화폐 형태인 '가치형태'에는 전혀 내용이 없다. 교환가치라는 범주는 "상당히 오래된 존재"다. 고대 로마, 중세, 그리고 자본주의에서 교환가치를 발견할 수 있다. 그러나 각각의 교환가치의 형태 이면에는 서로 다른 내용이 숨어 있다. 마르크스는 교환가치가 "이미 주어진 살아 있는 구체적 총체에 대한 추상적·일면적 관계로 밖에 존재할 수 없기" 때문에 그것이 발생한 구체적 관계에서 분리되면 비실재적 추상에 불과하다고 주장한다.[12]

이러한 분석 수준에서는 추상노동 역시 관념적 일반화다. 왜냐하면, 첫째, 생산이 주로 자본의 증식이 아니라 특수한 사용가치의 생산에 목표를 두고 있기 때문이다.[13] 둘째, 노동시장이 변변치 못하고 상당히 분절화되어 있으며 종종 존재하지 않기 때문이다.[14] 셋째, 사회 전반과 작업장 내에서 분업이 상대적으로 미발전 형태로 남아 있다.[15] 넷째, 교환가치가 주로 생산력과 경쟁에 의해 규정되기보다는 비시장적 관계에 상당히 의존한다.[16] 이 경우, 노동과정은 사회적 규정을 거

의 받지 않고, 생산물은 오로지 교환될 때만 상품 형태를 띠며, 노동의 추상은 판매에 의존한다.

대조적으로, 자본주의 사회에서는 임금노동이 사회적 노동의 형태이며, 상품, 그 밖의 자산, 사회관계가 일반적으로 상품의 형태를 취한다. 이러한 사회에서는 노동이 본질적으로 추상적이며, 교환가치는 가치관계의 표현 형태이다.

마르크스에게 상품의 가치는 자본주의에서 노동의 사회적 성격이 취하는 특수한 역사적 형태를 표현한다. …… 이것은 첫째, 인간의 노동이 상품 형태로 일반화되는 것이 자본주의에만 특수하며, 분석의 개념으로서의 가치 역시 마찬가지라는 점을 시사한다. 둘째, 이것은 가치가 관념적으로 존재할 뿐 아니라 실제로 존재하며, 가치관계는 자본주의적 사회관계가 취하는 특수한 형태라는 것을 시사한다.[17]

노동의 추상화와 사회적 생산물의 상품화는 두 수준에서 분석할 수 있다. 첫째, 생산에서 임금노동자는 대체로 노동시장에서 고용되며, 시중에서 구할 수 있는 투입물을 활용해 재화와 서비스를 생산하기 위해 노동을 강요당하는데, 이는 필요(사용가치)를 위해서라기보다는 이윤(잉여가치)을 위해서이다. 결론적으로, 생산물은 처음부터 상품이며, 추상노동은 논리적으로 구체노동보다 중요하다(1.1절, 2.2.1절, 5장을 보라).[18] 둘째, 생산물이 교환 가능하다는 것은 교환 영역에서 모든 종류의 노동이 실질적으로 동일함을 보여 준다. 마르크스는 단순상품교환에서의 노동의 규정과 자본주의에서의 노동의 규정을 다음과 같이 대조한다.

> 목축업자와 피혁업자와 제화업자의 독립된 노동들 사이의 유대를 형성하는 것은 무엇인가? 그것은 그들 각각의 생산물이 상품이라는 사실이다. 다른 한편, 매뉴팩처적 분업을 특징짓는 것은 무엇인가? 그것은 부분 노동자가 생산하는 것은 상품이 아니라는 점이다. 상품으로 되는 것은 모든 부분 노동자들의 공동 생산물뿐이다. …… 매뉴팩처 안의 분업은 한 자본가의 수중에 생산수단이 집적되는 것을 전제하고 있지만, 사회 안의 분업은 서로 독립된 다수의 상품 생산자 사이로 생산수단이 분산되는 것을 전제하고 있다. …… 매뉴팩처 안의 분업은 자본가에게 속하는 전체 메커니즘의 구성원에 지나지 않는 노동자들에 대한 자본가의 무조건적 권위를 내포하지만, 사회 안의 분업은 경쟁이라는 권위밖에는 다른 어떤 권위도 인정하지 않는 독립적 상품 생산자들을 서로 대립시킨다.[19]

3.2 자본

마르크스는 자신의 가장 잘 알려진 저작(≪자본론≫)을 다음과 같은 진술로 시작한다.

> 자본주의적 생산양식이 지배하는 사회의 부는 '상품의 방대한 집적'으로 나타나며, 개개의 상품은 이러한 부의 기본 형태로 나타난다. 그러므로 우리의 연구는 상품의 분석으로부터 시작한다.[20]

"자본주의적 생산양식이 지배하는"이라는 표현이 핵심인데, 이것이 마르크스의 분석의 주제와 그 타당성의 역사적 한계를 규정하기 때문이다.[21] 비록 상품이 수천 년간 생산되어 왔고 상품의 생산과 교환이 자본주의의 역사적 전제이기는 하지만, 자본주의에서 생산되는 상품은 다른 생산양식에서 생산되는 상품들과 본질적으로 다르다. 이러한 차이점은 자본주의에서는 사회적 산물이 일반적으로 상품 형태를 취하기 때문이며, 더욱 중요하게는 노동력이 상품의 형태를 취하기 때문이다.

다음과 같은 두 가지 특징이 처음부터 자본주의적 생산양식을 다른 생산양식으로부터 구별한다. …… 첫째, 자본주의적 생산양식은 생산물을 상품으로서 생산한다. 상품을 생산한다는 사실이 이 생산양식을 다른 생산양식으로부터 구별하는 점은 아니지만, 그 생산물의 지배적이고 규정적인 성격이 상품이라는 것은 이 생산양식을 다른 생산양식으로부터 구별하는 점이다. 이것은 먼저 노동자 자신이 오직 상품의 판매자로서만 ─ 그리하여 자유로운 임금노동자로서만 ─ 나타나는 것, 즉 노동이 일반적으로 임금노동으로서 나타나는 것을 포함하고 있다. …… 자본과 임금노동 사이의 관계가 이 생산양식의 전체 성격을 규정한다. …… 자본주의적 생산양식을 특징짓는 두 번째 것은 잉여가치의 생산이 생산의 직접적인 목적이고 결정적인 동기라는 점이다. 본질적으로 자본이 자본을 생산하는데, 그것은 오직 자본이 잉여가치를 생산하는 한에서이다.[22]

자본과 자본주의에 대한 마르크스의 관점은 가치분석에 대하여
네 가지 중요한 시사점을 갖는다.

자본은 무엇인가

자본은 종종 생산수단, 화폐, 금융자산을 포함하는 사물의 총체
(ensemble)로서 정의된다. 더욱 최근에는 개인적이거나 사회적인
속성들을 자본이라고 정의하게 되었는데, 인적·문화적·사회적
자본을 예로 들 수 있다.[23] 이러한 정의들은 잘못된 것인데, 그러한
자산들이나 속성들의 존재가 동시에 자본의 존재를 뜻하지는 않기
때문이다. 그중 일부(예컨대, 생산도구·지식·사회관계들)는 인류
역사와 함께 존재해 왔으며, 어떤 것들(예컨대, 화폐)은 자본주의보
다 먼저 발생하였다. 자본의 개념을 마치 보편적으로 타당한 것처
럼 간주해 그것이 속하지 않는 시대로 확대하는 것은 역사적으로
잘못된 가정에 근거한 것이고 분석적으로는 무의미하다.[24] 더 구체
적으로, 도끼, 역축(役畜)이나 심지어 100만 달러조차 자본일 수도
자본이 아닐 수도 있다. 이는 이것들이 사용되는 맥락에 따라 달라
진다. 만약 (아마도 간접적인) 임금노동의 고용을 통해 이윤을 위
한 생산에 사용된다면, 이것들은 자본이다. 그렇지 않다면, 단순한
도구, 물건을 끄는 가축이나 지폐에 불과하다.

자본은 자본가와 노동자라는 두 계급 간의 사회적 관계이며, 이
관계는 사물의 형태로 나타난다. 이러한 사회관계는 이윤을 위한
생산에 임금노동자를 고용하는 자본가계급이 건물·기계·도구·
교통수단·토지 등의 생산수단을 독점할 때 성립한다. 노동자는 규

칙적으로 계속해서 노동력을 팔아야 하는데, 이는 이들이 생산수단을 소유하지 못하기 때문에 독립적으로 생산할 수 없으며 상품 사회에서 자신들이 원하는 사용가치를 구매하기 위해서는 화폐가 필요하기 때문이다. 일단 이러한 생산의 계급 관계가 확정되면, 자본은 마르크스가 가치 증식이라고 부른 가치의 자기 확장 과정에 사용되는 생산수단·상품·화폐 내에서 그리고 이것들을 통해서 존재한다.

화폐가 물건이 아니듯이 자본도 물건이 아니다. 화폐의 경우처럼 자본 안에서는 사람들 간의 특수한 사회적 생산관계들이 사물들과 사람들 간의 관계들로서 나타나거나, 아니면 어떠한 사회관계들이 사회 속 사물들의 자연적 속성들로서 나타난다. …… 자본과 임금노동은 …… 단지 동일한 관계의 두 측면을 나타낼 뿐이다. 화폐는 노동력과 교환되지 않고서는 자본이 될 수 없다. …… 반대로, 노동은 그 자신의 물적 조건들이 노동을 자율적 권력이자 외부적 자산, 자신을 위해 존재하고 자신을 유지하는 가치, 즉 간단히 말하여 자본으로서 대할 때에만 임금노동이 된다. …… 따라서 임금노동과 임금체계는 자본주의적 생산에 필수적인 노동의 사회적 형태인데, 이는 노동이 임금노동이 되도록 하기 위해 물적 조건이 취해야 하는 필수 불가결한 사회적 형태가 자본, 즉 활성화된 (potentiated) 가치인 것과 마찬가지다. 임금노동은 따라서 자본의 형성을 위한 필수 조건이며, 자본주의적 생산의 본질적 전제 조건이다.[25]

자본은 총체이다

자본은 두 계급, 즉 자본가들과 노동계급 사이의 관계이며, 어떻게 재화와 서비스가 생산되고 사회 전체에 분배되는지를 규정한다.[26] 임금노동의 고용을 통해 스스로를 확장하는 총체로서, 자본은 우선적으로 **자본 일반**이다. 이것이 자본의 일반적 형태다.[27]

산업자본의 순환, 즉 M—C—M'이 자본 일반을 가장 잘 표현하는데, 여기서 M은 상품(생산수단과 노동력) C를 사기 위해 지출된 화폐이며 이를 가공하고 판매하여 더 많은 화폐 M'를 얻게 된다. M'와 M의 차이가 잉여가치이며, 이것이 산업이윤과 상업이윤, 그리고 이자와 지대를 포함하는 여타 형태의 이윤의 원천이다. 산업자본의 순환은 자본의 본질, 즉 임금노동에 의한 상품생산을 통한 가치 증식을 표현한다.[28] 이 순환에서 교환, 생산, 그리고 생산 종료 후 [또 다른] 교환의 영역을 거치는 동안 자본은 화폐자본·생산자본·상품자본의 서로 다른 형태를 취한다. 비록 이러한 형태의 변화가 가치 증식의 과정을 위해 중요할 수 있으나, 이윤은 생산에서 수행된 잉여노동에서만 나온다.[29] 그러나 자본이 이윤만 생산하는 것은 아니다. 자본순환의 사회적 산물은 자본의 확대재생산, 즉 자본가와 임금노동자의 분리를 갱신하는 것이다. 이러한 측면에서 "자본의 축적은 프롤레타리아의 증식이다."[30]

한 가지 주의할 점이 있다. 일부에서 로만 로스돌스키의 저작을 참고해 자본 일반을 존재하는 모든 자본의 총합으로 표현해 왔다. 이 거시경제적 총계가 ≪자본론≫ 1권과 2권의 분석 주제인 반면, ≪자본론≫ 3권은 서로 경쟁하는 자본들을 포함해 '다수 자본'을 분석한다는 것이다

(7장을 보라).[31] 로스돌스키의 접근법은 매우 유익하고 ≪자본론≫의 분석에서 서로 다른 분석 수준을 이해하는 데 결정적으로 공헌하였다. 그러나, ≪자본론≫ 1권은 전체로서의 사회적 자본을 다루고 ≪자본론≫ 3권은 경쟁 속의 다수 자본을 다룬다는 가정은 두 가지 이유로 옳지 않다. 첫째, 자본은 오직 경쟁하는 수많은 자본으로서만 존재하며, 이것이 다른 방식으로 존재할 수 있다고 가정하는 것은 사리에 맞지 않다.

개념상, 경쟁은 자본의 본질이자 그 본래적 특성에 다름 아니며, 다수 자본 간의 상호 연관을 통해 나타나고 실현되는 것으로, 외적 필연성으로서의 내적 경향이다. …… 자본은 다수 자본으로서, 그리고 오직 다수 자본으로서만 존재하며, 자본의 자기규정은 따라서 다수 자본 간의 상호 작용으로서 나타난다.[32]

둘째, 마르크스는 두 종류의 경쟁, 즉 동일한 산업부문 내 자본 간의 경쟁과 서로 다른 부문의 자본 간의 경쟁을 구분한다. 전자는 ≪자본론≫ 1권에서 분석하며,[33] 기술 변화의 원천, 상이한 기술로 비슷한 재화를 생산하는 자본들 간의 이윤율의 **차별화** 경향, 그리고 불비례와 과잉생산 위기의 가능성을 설명한다. 후자는 ≪자본론≫ 3권에서 분석하며,[34] 자본의 이전 가능성, 경쟁 자본 간의 이윤율의 **균등화** 경향, 그리고 경쟁과 연관되어 균형을 이루게 하는 구조들과 과정들을 설명한다(5장과 7장을 보라).* 상대적으로 전자가 후자보

---

* 여기서 균형은 신고전파의 균형과는 본질적으로 다른 것으로 부문 간 비례관계를 의미한다.

다 중요한데, 왜냐하면 첫째, 이윤은 그것이 분배되거나 경향적으로 균등화되기 전에 존재하며, 둘째, 비록 자본의 이전이 개별 자본의 이윤율을 높일 수는 있지만 기술적 진보만이 전체로서의 자본의 이윤율을 높일 수 있기 때문이다. 로스돌스키의 분석에도 상당한 장점이 있지만, 그는 이러한 두 가지 형태의 경쟁을 구분하지 못하며, 마치 더 추상적인 형태의 경쟁은 존재하지 않는다는 듯이 단지 후자만을 명시적으로 분석한다.[35]

자본과 착취

자본관계는 상대적으로 소수의 사람들이 생산수단을 독점해 왔음을 보여 준다.[36] 대조적으로, 다수는 이전에 자신들이 하나의 계급으로서 생산한 상품을 구매하기 위해 자신들의 노동력을 판매하지 않을 수 없다(4장을 보라).

> 오로지 다음의 경우에만 [생산의 — 지은이] 과정은 자본주의적 관계가 되며 화폐는 자본으로 변환된다. 1) **상품생산**, 즉 상품 형태의 생산물 생산이 생산의 일반적 양식이 되는 경우, 2) 상품(화폐)이 상품으로서의 노동력(즉, 실제로는 노동)과 교환되고, 결과적으로 노동이 임금노동일 경우, 3) 그러나 이는 오로지 객관적 조건들, 즉 (생산과정을 전체로서 고찰할 때) 생산물이 독립적 힘으로서, 노동의 소유물이 아니라 다른 누군가의 소유물로서, 따라서 **자본**의 형태로 노동을 대할 때만 그러하다.[37]

여기에서 다음의 결론이 나온다. 첫째, 사회적 생산양식으로서의 자본주의, 사회적 노동의 형태로서의 임금노동, 그리고 생산물의 일반적 형태로서의 상품 사이에는 상호 연관 관계가 있다.[38] 둘째, 자본은 자본가들이 노동계급으로부터 착취한 잉여가치에 기생해 살아갈 수 있게 하는 착취의 계급 관계이다.[39] 이러한 의미에서,

> 자본과 노동의 관계는 그 자체로 계급투쟁의 원천을 형성하는 모순이며, 자본과 노동의 재생산은 모두 개인의 이익과 집단적 계급 행동 사이의 모순을 포함한다.[40]

생산적 노동과 비생산적 노동

이윤을 위한 상품생산을 위해 자본에 고용된 임금노동은 구체노동과 추상노동을 수행하며 잉여가치를 생산한다. 이러한 종류의 노동은 생산적이다.

> 자본주의 경제에서 생산적 노동이란 …… 상품의 형태로 사용가치를 생산하고 이를 통해 자본을 위해 직접적으로 잉여가치를 생산하는, 자본에 고용된 모든 임금노동이다. 따라서 생산적 노동은 물리적으로 규정된 효과라는 측면, 그리고 잉여가치라는 측면에서 상품에 기여한다. 이는 '정신적' 그리고 '육체적' 노동, 사치품을 생산하는 노동, 상품으로서의 '재화'와 '서비스'를 생산하는 노동에서 모두 성립한다. 비생산적 노동은 생산적 노동이 아닌 모든 임금노동인데, 국가가 고용한 모든 노동과 자본이 고용한 노동 중 두 가지 형태, 즉 유통의 순수 비

용에 들어가는 노동과 자본의 착취적 관리 기능에 들어가는 노동을 포함한다.[41]

대조적으로, 유통 과정에 고용된 노동, 예컨대 상품자본을 화폐자본으로 전환하거나 화폐자본을 생산자본으로 전환하는 데 관계되는 노동은 비생산적이다.

마르크스는 '생산적' 자본, 더 정확하게는 **생산단계**의 자본이 고용한 노동과, 상품·화폐자본, 더 정확하게는 **유통단계**의 자본이 고용한 노동을 구분한다. 오직 첫 번째 종류의 노동만이 '생산적'인데, 이는 이 노동이 물질적 재화를 생산하기 때문이 아니라 '생산적' 자본에 고용되어 있기 때문이다. …… 생산적 노동의 특성은 생산적 자본의 특성의 표현이다.[42]

생산적 노동과 비생산적 노동의 구분, 그리고 이러한 종류의 노동[생산적 노동과 비생산적 노동]과 일반적으로 노동으로 간주되지 않는 활동(예컨대, 가사·원예·육아·여가 등의 비상업적 활동들. 1.1절을 보라)을 구분하는 것은 잉여가치 개념의 기초를 형성한다. 이러한 구분은 역사적으로 특수하며, 활동의 유용성이나 생산물의 중요성과는 전혀 관련이 없다. 이 구분은 사회관계들의 반영에 불과한데, 이 사회관계들 아래에서 이러한 활동들이 수행된다.

3.3 결론

마르크스의 가치론은 인간 사회가 노동을 통해 스스로 재생산하며 또 변화한다는 존재론적 원칙에서 출발한다. 노동과 노동의 생산물은 사회적으로 배분되며, 자본주의에서 이 과정들과 이들의 결과들은 자본가계급에 의한 생산수단의 독점, 노동력의 상품화, 노동 생산물의 상품 형태에 의해 규정된다. 이러한 상황에서 노동 생산물은 일반적으로 가치형태를 취하며, 경제적 착취는 잉여가치의 착취에 기반을 둔다. 달리 표현하면, 자본관계는 생산수단의 독점, 임금노동, 그리고 서로를 전제하는 두 개의 커다란 사회계급, 즉 자본가들과 노동자들을 포함한다.[43]

이러한 각도에서 분석하면, 가치론은 계급 이론이자 계급 관계의 이론이며 더 분명하게는 착취의 이론이다. 가치 개념은 자본주의의 착취 관계를 표현하며 광범위한 자발적 시장 교환이 만들어 내는 기만적 외관에도 불구하고 착취를 설명할 수 있게 해 준다는 점에서 유용하다.

4장
임금과 착취

마르크스의 가치분석에서 가장 중요하고 가장 치열하게 논의되어 온 측면들 중 하나로 그의 잉여가치론을 들 수 있다. 3.2절에서 잉여가치는 자본가들이 전유하는 사회적 가치생산물의 일부라는 점을 보았다. 잉여가치는 노동자가 생산한 가치와 그들의 노동력 가치의 차이이다.

이 장은 자본주의적 착취의 두 가지 본질적 측면 — 임금 체계와 노동력 가치 — 을 세 절로 나눠 분석한다. 1절에서는 자본주의적 착취를 상세히 분석한다. 2절에서는 노동력 가치를 분석하고 이 개념에 대한 대안적 해석들을 간단히 검토한다. 3절에서는 연구의 주요 결론을 제시한다.

4.1 임금노동과 착취

분배의 관점에서 보면, 자본주의적 착취를 물질적 수준, 거시 화폐적

수준, 가치 수준의 세 수준에서 개념화하고 평가할 수 있다.[1]

물질적 수준에 대해서는 2.1.2절과 3.2절에서 다루었다. 간단히 요약하면, 비생산자 계급이 사회적 생산물의 일부를 수용(收用)하는 경우 착취가 존재한다. 이것은 관습이나 법률, 혹은 위협이나 폭력의 행사에 의한 것일 수 있으며, 또는 복종의 거부가 사회적 재생산의 혼란을 가져올 수 있다는 이유 때문일 수 있다. 이러한 조건들은 종종 서로 상승효과를 갖는다. 예를 들어, 고대의 노예제도는 관습과 법률에 의해 승인되었다. 노예제도의 존속은 심지어 가장 온정적인 체제에서조차 규칙적 폭력의 사용에 의존하였는데, 이것은 반항하는 노예들을 고문하거나 불구로 만들거나 죽이는 것을 포함한다. 마지막으로, 노예 반란은 가장 거대하고 효율적인 생산의 단위들을 무력화하고, 광범위한 사회적 불안을 일으키며, 국가의 정통성 문제를 제기하는 경향이 있었는데, 이는 경제적 고통과 내전의 가능성으로 이어졌다.

물질적 혹은 잉여 분석이 잘못된 것은 아니지만, 이러한 분석은 초역사적이고 따라서 지나치게 일반적이다. 이러한 분석은 하나의 계급으로서 생산자가 자신들이 소비하거나 통제하는 것보다 더 많이 생산하도록 강요당하며 이들의 주인이나 영주, 고용주가 그 나머지를 전유하는 어떠한 경우에도 적용될 수 있다. 이러한 분석 수준은 각기 다른 착취 양식들의 유사성을 드러낸다는 점에서 중요하다. 그러나 분석의 일반성은 약점의 원천이기도 한데, 이러한 분석이 착취 양식들의 차이를 구별해 내지 못하거나 각각의 착취 양식에서 잉여가 생산자로부터 어떻게 추출되는지를 보이지 못하기 때문이다.[2]

거시 화폐적 수준의 분석에서는 자본주의적 착취가 이자, 지대, 그리고 여타 형태의 이윤(예컨대, 상업이윤)을 포함하는 이윤의 존재를 통해 드러난다. 착취율은 이윤과 임금의 비율로 측정된다.[3] 자본가들은 국민생산의 일부분을 자신들의 국민소득의 몫으로서, 전유하는데, 이는 투자재와 사치재를 포함한다.[4] 이윤의 존재는 착취의 징후를 나타내지만, 이윤-임금 비율은 세 가지 이유에서 착취의 척도로는 부정확하다. 첫째, 이윤과 임금은 처음에는 기업 수준에서 평가되며, 그 이후에 전체 경제의 총계치가 계산된다. 이것은 실제의 착취 과정과 일치하지 않는다. 실제의 착취 과정은 사회의 계급 구조, 그에 상응하는 생산양식, 자본가계급에 의한 사회적 생산물 중 일부의 전유에 의해 규정된다(아래를 보라). 달리 표현하면, 착취는 자본 일반의 수준에서 이루어지며 일반화된 상품 관계에 의해 매개되는데, 여기서 임금노동자는 자신들이 고용된 기업의 이윤율과 무관하게 노동자로서 착취당한다.

착취는 사회적인 (사회 전반에 걸친) 현상이다. …… 따라서 잉여가치의 양과 잉여가치율은 우선 사회적이거나 사회 전반에 걸친 것이지, 각각의 작업장의 일반적 잉여가치의 양과 잉여가치율을 합한 결과가 아니다. …… 각 산업의 임금과 이윤율의 관계에서 시작해 일반적 잉여가치율을 확립하는 것은 …… 자본주의적 생산과 그 복잡한 분업의 사회적 본질을 부정하는 것이다. 사실상 이것은 각각의 노동자가 독립적으로 자신의 생계 수단을 생산한다고 가정하는 것이다. 실제로는, 각각의 노동자는 노동을 하고 사회에서 생산된 총가치의 일부를 받는다. 그러고 나서 이 노동자는 자신이 받은 이 일부분을 모든 노동자들의 집단적·협력적 노동의 결과인 다양한 사용가치들과 교환한다.[5]

둘째, 이전(移轉)은 상품 가격과 가치 사이의 체계적 괴리를 만들어 낸다. 결과적으로, 이윤-임금 비율은 생활필수품 생산에 필요한 추상노동과 잉여가치 생산에 필요한 추상노동의 비율, 즉 마르크스가 필요노동시간과 잉여노동시간이라고 부른 것의 비율과는 다를 수 있다(아래를 보라). 셋째, 임금·가격·이윤은 시장가격 수준에서 규정되며, 특히 신용 시스템의 발전 이후에는 생산 조건의 변화와 무관하게 변동할 수 있다.

요컨대, 물질적 수준의 착취 분석은 서로 다른 착취 양식의 공통점이 무엇인지를 보여 주지만, 각각의 양식의 특수성을 정확히 지적해 내지는 못한다. 이와 대조적으로, 자본주의적 착취의 거시 경제적 의의에 대한 분석은 실증적 연구에 도움이 된다는 점에서 중요하다. 그러나 거시 경제적 분석은 착취의 (원인보다는) 결과들 중 하나, 즉 순생산물 전체를 노동자가 획득할 수 없다는 것에만 초점을 맞추며, 이윤-임금 비율이 착취의 대략적 척도에 불과하다는 점에서 잘못된 결론으로 이어질 수 있다.

마지막으로, 가치분석은 자본주의적 착취의 본질을 포착해 이를 여타의 착취 양식으로부터 구분할 수 있게 해 주고, 실증적 분석을 용이하게 해 준다. 잉여 접근법(surplus approach)과 마찬가지로, 가치분석은 노동자들이 자신들이 소비하거나 통제하는 상품을 생산하는 데 필요한 것보다 더 많은 시간을 일하기 때문에 착취당한다는 것을 내포한다.[6] 마르크스는 노동자들이 전유하는 재화를 필수재라고 부른다. 필수재는 필요노동에 의해 생산되며 그 가치는 **노동력** 가치이다(4.2절을 보라). 이와 반대로, 자본가들은 잉여를 전유한다. 잉여는 잉여노동에 의해 생산되며 그 가치는 잉여가치이다.

필수재와 잉여가 존재하고 사회적 노동시간이 필요노동과 잉여노동으로 분리되는 것은 어떤 생산양식에서든 착취의 결과다. 그러나 노동력 가치와 잉여가치의 개념, 그리고 노동력 가치가 임금으로, 잉여가치가 이윤(산업이윤, 이자, 지대 등)으로 나타나는 것은 자본주의의 본질에 해당한다. 자본주의적 생산양식에서만 착취가 가치관계와 상품 형태에 의해 매개되기 때문이다.

좀 더 일반적으로, 생산양식들은 잉여를 추출하고 전유하는 형태에 의해 서로 구분된다. 필수재와 잉여의 구분은 착취의 존재에 전적으로 의존한다.

> 일반적 잉여는 직접적 생산자로부터 전유될 때에만 객관적 현상으로 존재할 수 있다. …… 계급이 없이는 사회 생산물의 어떤 부분도 잉여로서 나타나지 않는다. 그러한 경우[즉, 계급이 없는 경우]에 잉여생산물은 학자들이 결국 사회의 외부로부터 부과하는 잉여의 (최저 생활수준에 근거한) 물리적 정의에서 도출해야 한다. 따라서 일반적 잉여생산물은 착취의 객관적 현상이나 관찰 가능한 사회의 물질적 사실이거나, 외부 관찰자가 임의적·주관적으로 정의한 것이다.[7]

전자본주의적 생산양식들과 달리, 자본주의적 착취는 정치적 관계와 사람들 사이의 관계에 공공연하게 의존하지는 않는다. 따라서 자본주의적 착취가 우선적으로 개별 농장, 기업이나 근무지 수준에서 결정되는 것은 아니다. 자본주의적 착취는 사회적 수준에서 규정되며, 시장이 주도하는 노동과 노동 생산물의 분배에 의해 매개된다.[8] 그러나 착취가 임금노동자들이 직업을 선택할 자유, 그리고 자본가들이 생산물의 수준과 구성을 결정할 자유와 어떻게 양립 가능한지는 직접적으로 명백하게 나타나지는 않는다. 마르크스의 가장 중요한 지적 업적 중 하나는 자유로운 임금노동자가 어떻게 체계적으로 착취당하는지를 해명한 것이다.

자본주의에서는 가치법칙(the law of value)이나 등가교환의 규칙이 사회적 재생산을 규율한다(8.2절을 보라). 이러한 일관성의 규칙이 가격메커니즘을 통해 작동한다. 가격메커니즘은 사회적 필요와 사회적 생산물의 일치를 나타내고 반영하며 또한 이를 성립시킨다. 이 단계에서 가치법칙의 두 가지 함의를 지적할 필요가 있다. 첫째, 등가교환을 전제로 할 때 상품 소유자가 더 가치 있는 재화를 획득하는 방법은 자신의 가치생산물을 늘리는 것뿐이다. 이와 달리, 만약 가치 이전이 가능하다면, 예컨대 투기꾼은 싼값에 구매해 비싼 값에 판매하는 방법으로 이윤을 얻을 수 있다. 그러나 총가치는 사회적 가치생산물에 의해 제한을 받는데, 이 경우 모든 판매자가 이러한 예외적 이득을 얻는 것은 가능하지 않다(어떤 이가 이득을 얻으면 반드시 다른 이는 손해를 본다). 이러한 분석 수준에서, 가치법칙은 자본주의적 착취가 부등가교환에 근거를 둔 것이 아니라는 점을 함의한다.[9]

둘째, 자본주의적 착취는 노동자가 생산한 가치와 노동자가 전유한 가치의 차이에 의해 측정된다. 달리 표현하면, 추출된 잉여가치는 총이윤을 질적으로 규정하며 양적으로 제한한다(7장을 보라). 더 정확하게는, 노동자는 일할 수 있는 능력, 즉 노동력을 시장에서 판매하고, 노동력 가치를 지불받는다(4.2절을 보라). 이것은 등가물 간의 교환인데, 노동력 가치가 노동계급이 자신을 재생산(하고 다음 시기에 노동력을 제공)할 정도로 충분히 높다고 가정하기 때문이다. 그러나 노동력 가치는 노동자가 계급으로서 자본가들의 생산수단 독점을 위협하기에는 너무 낮다.

생산에서 노동자는 노동일의 길이, 숙련도와 규율, 노동강도에 비례해 새로운 가치를 생산한다(5장을 보라). 노동계급이 새로 생산한 가치와 노동력 가치의 차이가 잉여가치다. 잉여가치는 이윤, 즉 생산비를 지불한 후의 나머지로서 나타난다. 간략하게 표현하면, 자본주의에서 노동자는 자신들이 임금으로 받거나 통제하는 것보다 많은 가치를 생산하기 때문에 착취당한다.

그리하여 임금형태는 노동일이 필요노동과 잉여노동으로, 또 지불노동과 불불노동으로 분할된다는 것을 전혀 알아보지 못하게 한다. 전체 노동이 지불노동으로 나타난다. 부역노동에서는 사정이 달라, 농노가 자신을 위해 하는 노동과 영주를 위해 하는 강제노동은 공간적으로나 시간적으로나 매우 명확하게 구별된다. 한편, 노예노동에서는 노동일 가운데서 노예가 자기 자신의 생활 수단의 가치를 대체하는 부분, 즉 그가 사실상 자기 자신을 위해 노동하는 부분조차 주인을 위한 노동으로 나타난다. 그의 전체 노동이 불불노동으로 나타난다. 이와 반대로, 임금노동에서는 잉여노동, 즉 불불노동까지도 지불노동으로 나타난다. 노예노동에서는 소유관계가 노예의 자기 자신을 위한 노동을 은폐하는데, 임금노동에서는 화폐 관계가 임금노동자의 무상 노동을 은폐한다.[10]

잉여가치(잉여노동시간)와 노동력 가치(필요노동시간)의 비율이 착취율(잉여가치율)이다. 착취율은 직접적으로 측정될 수 없는데, 이것이 구체노동이 아니라 추상노동에 의해 규정되기 때문이다. 그러나 이 개념은 여타의 사정이 동일할 때 자본주의적 착취가 적어도 세 가지 측면에서 증대될 수 있음을 보여 준다는 점에서 유용하다. 첫째, 더 긴 시간 동안 노동하는 경우.[11] 둘째, 노동강도가 증가하는 경우, 예컨대 유순한 노동자가 덜 고분고분한 노동자를 대체하는 경우. 셋째, (주어진 실질임금 아래에서) 생활필수품 생산 부문의 생산성 증대 덕분에 필요노동시간이 감소하는 경우. 마르크스는 앞의 두 경우를 절대적 잉여가치(absolute surplus value)의 생산, 세 번째 경우를 상대적 잉여가치(relative surplus value)의 생산이라고 부른다.[12] 노동일이나 노동강도를 무한정 증가시킬 수 없고 노동자들이 점차 이러한 착취 형태에 저항하는 법을 배우기 때문에 절대적 잉여가치의 추출은 제한적이다. 대조적으로, 상대적 잉여가치는 더 유연하며 여기에 효과적으로 저항하기가 어려운데, 이는 생산성의 증대가 장기간에 걸친 임금 인상을 능가할 수 있기 때문이다.[13]

4.2 노동력 가치

노동력 가치는 보통 두 가지 대조적인 방식으로 분석된다.[14] 전통적으로(2.1절을 보라), 노동력 가치는 고정 재화 번들의 가치 혹은 노동자의 소비 바스켓에 의해 주어진다. 또 다른 방식으로는(2.2.2절을 보라), 노동력 가치는 순생산물 중 임금의 몫으로 정의된다. 이 두 가지 해석에는 많은 장점이 있지만, 또한 심각한 약점이 있다. 이 절에서는 이 두 접근법을 비판적으로 검토하고, 노동력 가치에 관한 대안적 해석을 약술해 제시한다.

고정 재화 번들 접근법은 아마도 노동력 가치에 대한 가장 잘 알려진 해석일 것이다. 이 해석은 마르크스가 이를 지지한다고 주장한다. 예를 들어,

> 노동력 가치는 다른 모든 상품의 가치와 마찬가지로 이 특수한 상품의 생산과 재생산에 필요한 노동시간에 의해 규정된다. …… 노동력의 생산에 필요한 노동시간은 결국 이 생활 수단의 생산에 필요한 노동시간으로 귀착된다. 다시 말해, 노동력 가치는 노동력 소유자의 생활을 유지하는 데 필요한 생활 수단의 가치다.[15]

고정 재화 번들 접근법은 이러한 잠재적 강점을 갖고 있고 물질적 잉여를 분명하게 규정하지만, 세 가지 이유로 적절하지 않다. 첫째, 이 접근법은 마르크스 저작의 극히 일부분에 기반을 두고 있다.[16] 둘째, 임금 번들이나 화폐임금의 규정, 즉 노동시장 세그먼트별 임금수

준의 차이를 설명하지 못한다. 셋째, 이 해석은 노동력의 상품으로서 의 측면을 불명료하게 한다. 이 해석은 암묵적으로 화폐로서의 임금 의 지불을 부정하며, 노동자와 그들이 소비하는 재화를 동일시하거 나, 그게 아니라면 마치 인간의 능력이 이윤을 위해 생산되는 것처럼 간주해 노동자의 지출을 노동력의 '생산기술'과 동일시한다. 어떤 경 우이든 두 가지 근본적 구분이 무의미해진다. 한편으로 임금노동자와 노예, 짐 나르는 짐승, 기계나 여타 투입물 사이의 구분이 사라지고, 다른 한편으로는 노동력 가치와 노동자가 생산하는 가치 사이의 구분 이 사라진다.

> 만약 우리가 자본의 가변 부분이 전환된 노동력을 노동자의 생활
> 수단으로 대체한다면, 이 생활 수단 자체는 가치 형성의 면에서
> 는 생산자본의 기타 요소들, 즉 원료나 역축(役畜)의 생존 수단과
> 구별되지 않는다는 것은 명백하며 …… 생활 수단은 스스로 자기
> 의 가치를 증식시킬 수 없다. 즉, 자기의 가치에 잉여가치를 첨가
> 할 수 없는 것이다. 생활 수단의 가치는 생산자본의 다른 요소들
> 의 가치와 마찬가지로 다만 생산물의 가치에 다시 나타날 수 있
> 을 뿐이다. 생활 수단은 그 자체가 가지고 있는 가치 이상을 생산
> 물에 첨가할 수는 없다.[17]

마르크스가 위에서 예견하였듯이, 어떤 이들은 번들 접근에 근거 해 노동자가 착취당한다고 가정하는 것이 자의적이라는 결론을 내렸 다. 노동력 가치를 이렇게 정의하면, 옥수수, 철이나 에너지가 '착취당

한다'고 간주해도 동일한 결과가 나타나기 때문이다(2.1.2절을 보라).

고정 번들 접근에 한계가 있고 마르크스의 가치론을 부정하는 결론을 제시할뿐더러, 가치분석이 물질적 데이터에서 벗어나 거시 화폐적 관계에 대한 연구로 방향을 전환하면서 많은 이들이 대안을 찾아 나서게 되었다. 이러한 맥락에서 '신해석'이 노동력 가치를 순생산물에서 임금의 몫으로 정의한 것이 관심을 끌게 되었다(2.2.2절을 보라).

노동력 가치는 노동자의 추상노동시간에 대한 청구권으로서, 노동자는 자신의 노동력에 대하여 이를 화폐임금의 형태로 받는다. …… 자본주의 사회에서 노동자는 자신의 노동력에 대한 보수로 상품 번들을 받지 않으며 이를 두고 협상하지도 않는다. 노동자들은 일정량의 화폐, 즉 화폐임금을 받으며, 이 화폐임금을 자신들이 원하는 방식대로 지출한다. …… 보통의 해석은 …… 이 상황에서 매개요소로서의 화폐를 없애 버린다. 화폐의 가치에 화폐임금을 곱한 것으로 화폐*의 가치를 해석하는 것은 화폐의 개념을 자본주의적 생산 체계 — 화폐는 이의 일부이다 — 의 기본적 설명으로 끌어들이며, 화폐의 형태로 잉여가치를 전유하는 자본주의적 착취의 특수성을 보여 준다.[18]

이러한 해석은 노동자가 자신이 받을 수 있는 최고 임금을 받으며 이 임금을 지출하는 방식은 따로 검토할 필요가 없다는 것을 내포한

---

*   임금의 오기(誤記)인 것으로 보인다.

다. 이러한 관점에는 중요한 장점이 있는데, 특히 임금률 규정에서 분배 투쟁의 구실을 인식할 수 있게 해 준다.[19]

이러한 장점에도 불구하고, 이 접근에는 중요한 단점들이 있다. 첫째, 마르크스가 이러한 해석을 명백히 부정하였다.

생산물 중 노동자의 몫이 [노동자의 — 지은이] 임금이 높을지 낮을지를 규정하지 않는다. 반대로, 노동자의 임금의 크기가 생산물에서 그의 몫을 규정한다. 노동자는 실제로 생산물의 가치의 일부분을 받는다. 그러나 노동[력 — 지은이]의 가치가 그가 받을 몫을 규정하는 것이지, 반대로 생산물에서의 그의 몫이 노동[력 — 지은이]의 가치를 규정하는 것이 아니다. 노동[력 — 지은이]의 가치, 즉 자신의 재생산을 위해 필요한 노동시간은 정해진 양이며, 이것은 노동력을 자본가에게 판매하는 것을 통해 규정된다. 이것이 또한 실제로 생산물에서 노동자의 몫을 규정한다. 반대의 순서가 성립하는 것은 아닌데, 즉 생산물에서 노동자의 몫이 먼저 규정되고 그 결과로서 그의 임금의 크기나 가치가 결정되는 것은 아니다.[20]

둘째, 이러한 해석은 분석적으로 무의미하다. 노동자가 순국민소득의 일정 부분을 획득한다는 것은 사후적으로 명백하게 진실이지만, 자본과 노동 사이의 힘의 균형이 이 몫의 크기와 일반적으로 구매되는 재화를 설명한다는 것은 동어반복일 뿐이기 때문이다. 이는 마치 노동력의 경제적·사회적 재생산 — 통상적 생활수준이 이것의 한 요소이다 — 이 착취 과정 및 임금의 규정과 별 관계가 없는 것으로 간주하는 것과 같다. 달리 표현하면, 번들 접근법이 나중에 가격체계의 규정에 사용되는 고정된 (그러나 해명되지 않은) 소비 바스켓을 주장하는 반면, 묑 접근법은 노동자의 소비 번들의 가치(이 구성도 역시 해명되지 않은 채 남아 있다)에 도달하기 위해, 주어진 (그러나 해명되지 않은) 가격과 (해명되지 않은) 임금에서 출발한다.

셋째, 묑 접근법은 자본과 노동의 관계가 대칭적이라고 가정하는데, 이러한 경우, 순생산물은 주로 이들의 시장에서의 힘에 근거해 커다란 두 계급 간에 분배된다. 이것은 옳지 않은데, 자본주의에서 분배에 관한 투쟁이 중요할 수 있지만, 이윤과 임금이 순생산물의 묑에 대한 투쟁을 통해 동시적으로 규정되는 것은 아니기 때문이다. 현실에서는, 자본가들은 노동력 가치를 지불하기 위해 노동자가 이전에 생산한 가치를 이용하며, 생산물이 판매된 후에 남는 이윤을 보유한다. 따라서 이윤과 임금의 관계는 산업이윤, 이자, 지대 간의 관계와는 근본적으로 다르다. 후자는 노동자로부터 착취한 (주어진) 양의 잉여가치에 대한 서로 상충하는 청구권들이다.

순생산물의 분배에 대한 투쟁은 …… 임금수준의 규정에 대응하는 이윤수준의 규정이 생산과정에 의해 매개된다는 점에서 간접적이다. 달리 표현하면, 허구적으로 구성한 어떠한 생산기간의 종료 시점에 자본가와 노동자 사이에 분배될 정해진 순생산물이 존재한다고 간주하는 것은 옳지 않다. 이러한 이론적 틀을 채택하는 것은 자본과 노동을 분배 관계에서 대칭적으로 다루는 것인데, 자본의 유통 전체를 보면 자본과 노동의 역할이 전혀 대칭적이지 않다는 것을 알 수 있다.[21]

좀 더 일반적으로는, 자본과 노동 사이의 관계는 여러 수준에서 비대칭적이다. (a) 임금 관계는 단지 외관상으로만 동등한 사람들 간의 거래이다. '파트너' 중 하나는 생산 조건을 독점하는 반면, 다른 하나는 생존하기 위해 임금이 필요하기 때문이다. (b) 자본의 순환은 자본가가 주어진 임금으로 (비록 이를 추후에 지불하기는 하지만) 노동력을 구매할 때 시작된다. 대조적으로, 이윤은 임금과 여타의 생산 비용이 지출된 후에 남는 잉여이다. 현실에서, 생산의 종료 시점에 나뉘게 되어 있는 '고정된 케이크'는 결코 존재하지 않는다. (c) 자본가는 노동력을 구매한 후에 노동자들에게 노동력 가치보다 더 많은 가치 ― 이는 **생산**에서의 계급투쟁을 통해 규정된다 ― 를 생산하도록 강요하지 않을 수 없다. (d) 마지막으로, 오직 자본가들만이 생산물의 수준과 구성, 미래의 투자를 결정한다.

생산영역을 포함하고 나면 …… 분배 관계 그리고 국민소득에서 이윤과 임금을 나누는 것에서 나타나는 자본과 노동 사이의 겉보기의 대칭성은 사라지는데, 이는 임금의 지불이 생산과정이 시작되기 위한 전제 조건이기 때문이다(혹은 더 정확하게는, 노동력의 구매가 이루어져야 한다. 실제 지불은 아마도 추후에 이루어질 것이다). 이윤은 임금이 지불된 후에 남는 몫이라기보다는 생산과정의 결과이다. 따라서 모든 것이 동일할 때 임금이 낮아지면 이윤이 높아지는 것은 명백하지만, 자본과 노동 사이의 분배 관계는 '고정된 케이크'류의 것이 아니다. …… 오히려 이윤은 무엇보다 자본가가 생산과정에서 잉여가치를 추출할 수 있는 능력에 의존한다. 자본가들은 임금수준이 어떻

든 노동자가 자신들의 임금을 생산하는 데 필요한 노동시간보다 더 오래 일하도록 강제해야 한다.[22]

넷째, 노동력 가치에 관한 이러한 정의는 과도하게 일반적이며, 가치론의 발전에 기여하지 못한다.

불로소득의 존재가 가치론으로 증명할 필요 없는 경험적 사실이라는 것은 분명한 사실이지만, **분배론**은 결코 가치론 없이 성립할 수 없다. 불로소득이 생산에 고용된 이들의 잉여노동의 결과라고만 주장하는 '분배론'은 **이론**으로서 거의 자격이 없다. …… 이러한 '이론'은 모든 종류의 계급 사회에서 생산수단의 소유자가 피착취계급의 잉여노동의 생산물을 전유한다는 것을 기껏해야 일반적으로 서술할 뿐이다. …… [게다가 자본주의 ― 지은이] 사회에서 …… 국민소득의 주요 사회계급 각각의 몫은 어떻게 결정되는가? 만약 '힘'이나 '투쟁'이라는 식의 설명(이러한 경우에는 분배론이라고 부르기 곤란하다)에 만족할 수 없다면, 오로지 가치론에 기초를 둬야만 이러한 질문들에 적절하게 대답할 수 있다.[23]

요컨대, 모든 생산양식에서 노동자는 순생산물의 일부분만을 획득하며 자본주의에서는 착취가 시간당 부가가치와 임금률의 차이에 의해 드러난다는 것은 명백히 사실이다. 몫 접근법은 이 단순한 진실을 인식하긴 하지만, 착취의 한 효과, 즉 노동자가 순생산물 전체를 구매할 수 없다는 것을 넘어서지 못한다는 점에서 불충분하다.

더 근본적으로, 고정 번들 접근법과 몫 접근법은 노동력 가치를 직접 구체적 결과물로 변환하려 한다는 점에서 적절하지 않다. 한편, 이들 접근법은 노동력 가치가 최초에 각각 화폐나 재화의 양으로 적절히 귀착되지 않는다는 점을 인식하지 못한다.[24] 실제로는, 노동력 가치는 재화의 양이나 화폐의 양이 아니라, 가치, 즉 노동자가 필수재를 생산하는 데 드는 추상적 노동시간의 양이다. 이 가치는 총체로서 자본과 노동이 교환되고 그 결과 생산에서 노동과 착취가 수행되면서 총계 수준에서 규정된다.

> 임금의 가치는 노동자가 받는 생계 수단의 양이 아니라, 이러한 생계 수단에 들어가는 노동의 양(사실은 노동자가 스스로 전유하는 노동일의 몫), 즉 총생산물, 좀 더 정확히 말하면 이 생산물의 총가치에서 노동자가 받는 **상대적 몫**에 의해 평가되어야 한다.[25]

　노동력 가치의 이러한 개념은 앞서 논의한 두 가지 대안들을 모두 포함하지만, 각각의 단점들의 제약을 받지는 않는다. 한편으로 이러한 해석은 자본가가 화폐를 통해 노동계급이 생산하는 것의 일부를 전유한다는 점에서 노동계급이 착취당한다는 것을 함의한다. 또한 자본주의적 착취가 (노동자가 순생산물 전체를 획득할 수 없다는 초역사적 사실이라기보다는) 환원될 수 없는 화폐적이고 거시적인 측면을 포함한다는 것을 인정한다. 다른 한편으로, 이러한 해석은 특정한 결과물을 얻기 위해 고정 번들이 소비되어야 한다고 가정하지 않으며, 결과적으로 노동자와 가축·기계·

전기를 뒤섞지 않도록 방지한다.

[다양한] 임금수준과 노동자의 소비표준은 노동력 재생산 조건의 일부다. 이들은 노동시장에 따라 체계적으로 상이하며 서로 구분되어야 하는데, 이는 직업·소득·성·나이·가계 구성의 차이에 의해 노동계급 전체에 걸쳐 '평균화'가 이루어질 수 없기 때문이다. 임금이나 소비수준의 관점에서의 표준에 대한 더 적절한 이해는 사후적 평균보다는 좀 더 복잡한 방식을 필요로 한다. 왜냐하면 필요·소비·임금의 수준과 범위는 소비의 패턴, 특히 필요의 생산과 충족을 규정하는 동적인 사회경제적 과정들의 결과이기 때문이다.[26] 이러한 필요와 소비의 패턴이 무엇이고 어떻게 규정되는지는 상품 하나하나에 따라 다르며, 노동계급의 각 부문에 따라 다르다. 식사 습관, 주거, 오락 등에서 노동계급의 소비는 다양할 뿐만 아니라 그 소비 패턴과 수준은 고용의 구조, 국가의 역할, 가사(家事)의 구조와 내용, 숙련도(의 변화), 노동조합의 역할과 노동계급의 각 부문의 정치적 영향력 등 매우 다양한 인과관계의 구조들과 과정들의 영향을 받는다.[27]

요컨대, 노동력 가치를 자본축적과 연관된 모순적 경향들과 별도로 개념화하는 것은 적절하지 않다. 이러한 모순적 경향들을 이해하기 위해서는 먼저 동적인 (그리고 각각 분절되어 있는) 소비, 고용, 분배 투쟁의 구조들을 복합적으로 분석해야 한다.[28] 이러한 분석은 몇몇 매개들을 통해 사회적 노동시간의 규정적 몫을 도출해 내는데, 이 매개들은 무엇이 어떻게 생산되는지의 문제, 필요와 관습의 규정, 그리고 이들의 생산과 분배 구조에의 반영을 포함한다. 고정 소비 번들이나 외부적으로 규정된 임금수준을 제시하면서 규정의 실재적 과정들을 우회하는 것은 노동력 가치의 사회적·역사적 의미를 설명하기에 불충분하다. 게다가 이러한 접근법들은 노동력 가치와 임금수준 간의 매개를 인식하기를 회피한다는 점에서 잘못된 결론으로 이어질 수 있다.

4.3 결론

이 장에서 개괄한 착취의 가치분석은 착취가 두 가지 측면을 갖는 계급 관계임을 보여 준다. 한편으로 [착취는] 생산물의 일부분에 대한 자본가의 지배력이며, 다른 한편으로 생산물의 이 부분 ― 이것은 투자재와 성장의 원천을 포함한다 ― 의 구성에 대한 자본가의 독점적 통제다. 착취의 이 두 측면은 자본가가 생산수단을 독점하고 상품이 생산물의 일반적 형태로 전형하며 노동과정이 자본주의적으로 통제되는 것에서 유래한다(5장을 보라). 착취는 거시 화폐적, 물질적 수준에서 명확한 함의를 갖는다. 물질적 수준에서는 착취의 존재가 물질적 잉여를 통해 드러나는 반면, 거시 화폐적 수준에서는 임금과 이윤의 비율을 통해 나타난다.

착취의 이러한 측면들 중 하나에만 초점을 맞춘 착취 분석에는 한계가 있으며, 이러한 분석들은 상당히 비판받아 왔다. 계급 분석과 노동력 가치에 대한 가치 해석에 기반을 둔 착취에 대한 대안적 접근법은 가장 널리 알려진 해석들보다 더 큰 설명력을 가지며, 그 단점들을 극복한다.

5장
가치, 가격, 착취

좀 더 복잡한 수준에서의 가치분석은 가치와 계급의 관계, 가치와 착취의 관계(3장과 4장을 보라), 가치의 가격으로의 표현(아래에서 설명한다)을 포함한다.

상품은 보통 농장, 공장이나 사무실에서 조율 아래 수행되는 일련의 구체노동들에 의해 생산된다. 이러한 노동들은 상이한 수준의 효율성을 가지며, 다양한 숙련도와 상이한 기술을 바탕으로, 서로 다른 시점에 수행된다. 이러한 차이점들에도 불구하고 동일한 종류의 상품들은 모두 동일한 가치를 갖는데, 이는 이들의 [단일한] 가격으로 나타난다. 생산물의 가치를 기업이나 부문 수준에서 확인할 수는 없는데, 이는 다음의 두 가지 이유 때문이다. 첫째, 가치의 창조는 특수한 생산관계들의 지배에 의해 규정되는 사회적 과정인데, 여기서 개별적 생산은 단지 전체의 부분으로서만 그 의미와 의의를 갖는다. 둘째, 가치와 가격은 개별 상품 — 이는 투입물을 포함한다 — 을 재생산하는 데 필요한 추상노동시간에 의해 결정된다. 요컨대, 생산물의 가치형태는 노동의 사회적 분업에 근거하며, 사회의 집단적 노력과 생산 잠재력이 가치를 양적으로 규정한다. 가격은 상품별로 또는 기업이나 부문 수준에서 결정되기보다는 상품 전체에 대해서 결정된다.

노동의 동등화, 가치와 가격의 결정은 세 단계에 걸친 실재적 과정의 산물이다. 첫째, 동일한 종류의 상품을 생산하는 개별 노동들은 정규화(normalisation)된다. 둘째, 동일한 종류의 상품을 생산한 노동들은 과거에 지출되었건 혹은 상이한 기술을 사용하였건 간에 동기화(synchronisation)된다. 셋째, 상품이 관념적 화폐(ideal money)와 동등화됨에 따라 서로 다른 종류의 노동들은 동질화(homogenisation)된다.[1]

이 장은 네 절로 구성된다. 1절에서는 노동의 정규화를 해명하며, 이는 복잡노동의 단순노동으로의 환원과 부문 내 경쟁을 포함한다. 2절에서는 노동의 동기화를 분석하며, 이는 재생산 가치의 결정, 가치 이전, 기술 변화의 효과를 포함한다. 3절에서는 노동의 동질화를 설명하며, 이는 수요와 공급이 일치하지 않을 때의 시장가격의 결정을 포함한다. 4절에서는 이 장의 내용을 요약한다.

5.1 노동의 정규화

자본주의적 생산은 두 측면에서 대량생산(mass production)이다. 첫째, 생산물이 일반적으로 대량이다. 물론 놀라울 정도로 다양한 종류의 생산물이 존재하며 맞춤형으로 생산되기도 한다. 그러나 금융, 회계, 디자인, 기획, 물류, 고용, 교육과 인력 관리, 생산, 마케팅, 유통 등을 포함하는 가장 넓은 의미의 상품생산은 꼼꼼하고 전문적으로, 그리고 많은 경우 거대한 조직에 의해 관리되는 대규모의 연속적 활동이다. 이 과정의 각각의 단계는 여타의 단계들, 그리고 다른 곳에서 수행되는 생산과 밀접하게 연관되어 있다.

둘째, 자본주의적 생산은 대량의 노동자를 고용한다. 생산과정은 밀접하게 결합된 공급시스템(system of provision)이나 상품 체인(commodity chain)에 수직 통합(vertically-integrated)되어 있다. 이 것은 개별 기업의 규모가 작거나 기업 내에서 다운사이징이 일어나거나 독립적 회사를 설립하여 기업을 분할하는 경우를 감안하더라도 그러하다. 이러한 공급시스템이나 상품 체인은 식품, 의류, 자동차, 텔레비전 프로그램 등과 같은 특수한 상품들을 생산하기 위해 많은 수의 노동자를 채용한다.[2] 각각의 공급시스템에서 개별 노동자들의 구체노동은 단지 전체의 일부로서만 존재하며, 경영진과 기계에 의해 정해진 리듬(이는 작업장에서의 집단적 저항에 의해 제약을 받는다)에 따라 수행된다. 따라서 자본의 통제 아래 수행되는 임금노동은 일반적으로 **평균노동**(average labour)이다.

자본주의적 생산은 각 개별 자본이 다수의 노동자를 동시에 고용하고, 따라서 노동과정이 대규모로 수행되어 대량의 생산물을 공급하게 되는 그때부터 비로소 실제로 시작한다. …… 이것은 역사적으로나 개념적으로나 사실이다. …… 가치로 대상화되는 노동은 사회적으로 평균적인 질의 노동이다. 다시 말해, 그것은 평균적 노동력이 지출된 것이다. …… 따라서 가치 증식의 법칙은, 개별 생산자가 자본가로 생산하며 다수의 노동자를 동시적으로 고용할 때, 즉 처음부터 사회적 평균노동을 사용할 때, 비로소 그에게 완전히 실현된다.[3]

단순상품생산의 경우와는 달리(2.2.1절을 보라), 시장이 아닌 생산에서의 노동의 평균화는 자본주의적 생산의 조직화, 통합화, 기계화의 특징에 기인한다.

각각의 노동자 또는 노동자 집단은 다른 노동자 또는 노동자 집단에게 원료를 공급하는 것이다. 한 노동자의 노동의 결과는 다른 노동자의 노동의 출발점이 된다. 그리하여 한 노동자는 다른 노동자에게 직접 일거리를 주고 있다. …… 개별 작업들 그리고 개별 노동자들 사이의 직접적 상호 의존성이 각각의 노동자로 하여금 자기의 작업에 필요 시간만을 지출하도록 강요하며, 그 결과 독립적 수공업에서나 단순협업에서 볼 수 있는 것과는 전혀 다른 노동의 연속성, 일률성, 규칙성, 질서 그리고 특히 노동의 강도가 생긴다. 어떤 한 상품의 생산에 지출되는 노동시간은 그것의 생산에 사회적으로 필요한 노동시간을 초과해서는 안 된다는 법칙은 상품생산 일반에서는 경쟁의 외적 강제로 나타나며, 이 법칙을 피상적으로 표현한다면, 개별 생산자는 누구든지 자기의 상품을 시장가격으로 판매하지 않으면 안 된다는 것이다. 그런데 매뉴팩처에서는 일정한 노동시간에 일정한 양의 생산물을 생산한다는 것이 생산과정 그 자체의 기술적 법칙으로 된다.[4]

대량생산은 언제나 노동을 평균화한다. 분절(fragmentation)과 소규모 생산으로 대표되는 전자본주의적 생산양식에서는 노동의 평균화가 예외적이었던 데 반해, 자본주의에서는 이것이 일반화된다. 게다가 오로지 자본주의에서만 기업들은 특정 범위의 시장에서 동일한 재화를 생산하는 다른 기업들과 경쟁하는데, 이 때문에 기업들은 생존을 위해 엄격한 생산기준을 부과하고 혁신(5.2절을 보라)하지 않을 수 없다.

생산과 교환에서 발생하는 이러한 압력들은 자본을 위해 생산에서 수행되는 임금노동을 **정규화**한다. 노동의 정규화는 이중의 과정이다. 한편으로 정규화는 위에서 언급한 바와 같이 개별 기업이나 부문에서 노동생산성을 평균화한다.[5] 다른 한편 정규화는 개별 기업과 부문에서 수행되는 노동들을 각각의 상품의 **사회적** 생산과정으로 포섭한다.

동일한 사용가치를 생산하는 노동들에 대하여 노동이 정규화된다는 사실의 인식은 가치분석에서 세 가지 중요성을 갖는다. 첫째, 가치를 결정하는 노동시간은 개별적이 아니라 사회적으로 규정되며, 상품의 가치는 개별 노동자나 기업이 각각의 상품을 생산하는 데 필요한 구체노동시간이 아니라 해당 상품의 생산을 위해 필요한 추상노동시간을 표현한다.[6]

둘째, 동일한 사용가치를 갖는 상품은 그 개별 생산 조건과 무관하게 동일한 가치를 갖는다(5.2절을 보라).[7] 셋째, 생산과정에서 노동과 투입물은 산출물로 변형된다. 따라서 정규화는 생산의 마지막 단계에 수행되는 노동들(예컨대, 조립, 포장이나 운송)뿐만 아니라 [생산과정에서] 소모되는 투입물을 생산하는 노동들을 포함한다. 결과적으로, 상품의 가치는 부분적으로는 해당 상품의 생산과정에서 창조되며, 부분적으로는 사회적으로 필요한 생산수단의 가치에 의해서 결정된다.[8]

5.1.1 노동의 강도와 복잡도, 교육과 훈련

노동자가 동일하고 어떠한 산업부문의 기업들 역시 동일하지만 특정 기업의 노동강도가 여타의 기업보다 높다고 가정해 보자. 이 차이점을 두 측면에서 분석할 수 있다. 수익성(profitability)의 측면에서는 노동강도가 더 높은 기업이 수익성도 더 높은데, 이는 단위노동비용이 경쟁자보다 낮기 때문이다. 가치 생산의 관점에서 이러한 수익성의 차이가 나타나는 이유는 노동강도가 높으면 가치생산능력(value-creating capacity)도 더 높기 때문이다.

> 노동강도의 증대는 주어진 시간 안에 노동력의 지출이 증가하는 것을 의미한다. 그러므로 노동강도가 더 높은 노동일은 노동강도가 더 낮은 노동일에 비해, 비록 각각의 노동일의 길이는 같다 하더라도, 더욱 많은 양의 생산물로 체화된다. …… 그러므로 생산물의 수량은 개별 생산물의 가격 하락을 수반하지 않고서 증가한다. 이리하여 생산물의 수량과 더불어 그 가격 총액도 증가[한다.] …… 가치는 그 강도가 사회적 표준 강도로부터 이탈하는 정도에 따라 변동한다.[9]

이 결론은 좀 더 일반적으로 성립한다. 노동의 강도나 복잡도의 차이와 변화, 그리고 노동력의 교육과 훈련 수준의 차이와 변화는 가치 생산에 동일한 영향을 미친다.

상품의 가치는 순전한 인간 노동(human labour pure and simple), 즉 인간 노동력 일반의 지출을 표현하고 있다. …… 더 복잡한 노동은 **강화된** 또는 **몇 배로 된** 단순노동으로 간주될 뿐이며, 따라서 적은 양의 복잡노동은 더 많은 양의 단순노동과 동등하게 간주된다. 이와 같은 환산이 끊임없이 이루어지고 있다는 것은 경험으로 안다. 어떤 상품이 복잡한 노동의 생산물이라 하더라도, 자기의 가치를 통해 단순노동의 생산물과 동등하게 되고 일정한 양의 단순노동을 대표할 뿐이다.[10]

요컨대, 다른 모든 조건이 동등할 때, 강도가 높거나 더 복잡한 노동과 교육 수준이 더 높고 잘 훈련된 노동자는 일반적으로 더 많은 사용가치를 창조하며 결과적으로 같은 시간에 더 많은 가치를 창조한다. 양적 차이는 각 부문의 개별 생산성과 사회적 생산성의 관계에 달려 있는데, 이는 단지 사후적으로만 정확히 알 수 있다. 좀 더 일반적으로는, 이러한 변수들과, 임금, 노동력 가치나 착취율의 차이와 변화 사이에는 어떠한 필연적·구조적 관계도 존재하지 않는다(이는 노동력 가치와 노동이 생산하는 가치 사이에 어떠한 고정된 관계도 없는 것과 비슷하다. 4.1절을 보라).

마르크스의 결론은 환원계수(숙련노동과 단순노동의 가치생산성 사이의 비율)가 내생적으로 규정되지 않는다는 점에서 비판을 받아 왔다.[11] 이 문제에 대하여 임금에 의한 환원과 훈련된 노동자에 축적되어 있는 간접노동에 의한 환원이라는 두 가지 대안이 제시되었다.[12] 임금에 의한 환원은 훈련된 노동자의 생산성과 그에 대한 화폐적 보수 사이에 고정된 관계가 있거나, 달리 표현하여 개별 착취율이 동일하다고 가정한다. 그러나 이러한 가정은 세 가지 이유에서 잘못된 것이다. 첫째, 노동력은 이윤 극대화 주체가 판매하기 위해 생산하는 상품이 아니다. 달리 표현하면, 고용의 패턴이 본질적으로 착취율에 의해 규정되는 것은 아니다. 둘째, 노동계급 내부의 임금격차는 단지 부분적으로만 개별 노동자들의 가치생산능력의 차이에 기인한다. 대부분의 경우, 임금격차는 관습, 관행 그리고 노동자들을 분열시키려는 경영진의 계획적 시도에 근거한다. 셋째, 설사 그렇지 않더라도, 대규모의 기계화된 생산에서 개별 노동자들의 기여분을 평가해 낸다는 것은 일반적으로 불가능하다.[13]

축적된 노동에 의한 환원은 숙련 노동력의 지출이 숙련 노동자의 '원래의' 단순노동에 더해 그 노동자 자신이 기술을 익히기 위해 과거에 수행한 단순노동, 그리고 훈련 과정에 기여한 다른 사람들의 직접노동과 간접노동의 일부를 함께 지출한다고 가정한다. 이러한 관점은 교육과 훈련을 기계와 그 밖의 불변자본의 요소들에 노동을 축적하는 문제와 뒤섞어 버린다는 점에서 유지되기 어렵다(5.2절을 보라). 달리 표현하면, 이러한 관점은 숙련노동의 가치창조능력을 단순노동의 가치창조능력과 다른 방식으로 설명하는 것이다. 이러한 접근법은 단순노동과 달리 숙련노동에는 가치창조능력이 없다고 전제한다. 숙련노동의 지출은 단지 과거의 노동을 되밀어내는 것에 불과하다고 보며, 훈련이 노동을 절약할 수 있다는 가능성을 인정하지 않는다.[14] 요컨대, 그리고 반복해서 표현하면,

한 시간 동안의 강화된 노동의 증가된 가치창조능력과 그렇게 소비되

는 한 시간의 노동력을 생산하는 데 필요한 추가 노동의 양 사이에 관련이 있다는 …… 어떠한 시사점도 없다. …… 숙련노동의 가치생산능력이 더 높은 것도 같은 이유 때문이다. 숙련노동은 같은 시간에 미숙련노동보다 더 많은 가치를 생산하는데, 이것은 숙련노동이 물리적으로 더 생산적이기 때문이다. 또한 이렇게 높아진 물리적 생산성과 그러한 기능(skill)을 생산하는 데 필요한 추가 노동의 물리적 생산성 사이에 어떠한 규정적 관계가 존재한다고 제시할 만한 근거도 없다. 따라서 숙련노동의 높아진 가치창조능력과 이러한 훈련 노동에 상응하는 가치 사이에는 어떠한 규정적 관계도 없다.[15]

5.1.2 기계화, 비숙련화, 자본주의적 통제

동일한 사용가치를 생산하는 기업들 간의 부문 내 경쟁은 각각의 기업으로 하여금 이윤율을 극대화하기 위해 비용을 최소화하도록 만든다. 모든 노동자들이 동일하고 주어진 상품을 생산하는 기업들의 조건이 동일한데, 다만 그중 한 기업의 작업장의 설계가 더 효율적이어서 동일한 노동 투입으로 더 많은 제품을 생산한다고 가정하자. 이 단순한 예는 개선된 기술이 단위 비용을 절약하거나, 더 정확하게는 동등한 노동의 가치생산성을 높인다는 것을 보여 준다.[16] 좀 더 일반적으로는, 더 높은 노동강도는 생산물의 양(과 생산된 가치의 총량)을 증가시키는데, 이는 동일한 구체노동시간에 더 많은 단순노동이 응축되어 있기 때문이다. 그러나 이것이 생산물의 단위 가치에 영향을 미치지는 않는다(5.1.1절을 보라). 대조적으로, 기술적 진보는 한 단위의 생산물을 생산하는 데 필요한 단순노동의 양을 줄이며, 결과적으로 생산물의 가치를 낮추는 경향이 있다.

가치와 잉여가치를 위한 생산은 …… 상품에 필요한 노동시간, 즉 상품의 가치를 그때그때의 사회적 평균 이하로 감소시키려는 끊임없이 작용하는 경향을 내포하고 있다. 비용가격(cost price)을 최소한도로 감축시키려는 충동은 노동의 사회적 생산성을 증가시키는 가장 강력한 힘이다. 물론 노동생산성의 상승은 여기에서는 다만 자본생산성의 끊임없는 증대로서 나타날 뿐이지만.[17]

부문 내 경쟁으로 인해 기업들은 비용을 줄이고 이를 통해 노동자들의 가치생산성을 높이기 위해 새로운 기술들을 도입하지 않을 수 없다.[18] 경제 전체적으로는 추가적 기술적 진보의 동기가 유지되지만, 이러한 기술혁신의 결과는 다른 기업들에 의해 모방되어 혁신 기업의 이득을 서서히 침식해 간다. 자본 일반 수준에서는 이러한 과정은 노동자가 소비하는 재화를 포함하는 모든 재화의 가치를 낮추는데, 동일한 조건에서 이것은 상대적 잉여가치의 생산을 가능하게 한다(4.1절을 보라).[19]

부문 내 경쟁에서 가장 중요한 요소는 기계화, 즉 새로운 기술들과 새로운 기계들의 도입이다. 자본에게 기계화는 수익성 제고의 한 형태일 뿐만 아니라 사회적 통제의 도구이다. 기계화의 과정은 세 가지 주요한 측면을 갖는다. 첫째, 위에서 살펴본 바와 같이 기계화는 노동의 가치생산성과 혁신 자본의 이윤율을 높인다. 둘째, 기계화는 상대적 잉여가치의 생산을 촉진한다.

기계는 노동생산성을 발전시키는 다른 모든 수단과 마찬가지로 상품의 값을 싸게 하며, 노동일 중 노동자가 자기 자신을 위해 필요로 하는 부분을 단축시키며, 노동일 중 자본가에게 공짜로 제공하는 다른 부분을 연장시키기 위한 것이다. 기계는 잉여가치를 생산하기 위한 수단이다.[20]

셋째, 기계화는 자본주의적 통제의 도구이다. 기계화는 상품의 가치를 저하시키며, 더 큰 규모의 투자를 통해 더욱 성능이 좋은 재화를 생산할 수 있도록 한다. 이는 독립생산자들[혹은 자영업자들]의 경쟁의 범위와 그들이 노동력을 판매하지 않고(또는 하청업자로 종속되지 않고) 생존할 수 있는 능력을 축소한다. 게다가 기계화는 집단적 노동(collective labour)을 통해 노동자들의 개인성을 약화시킨다.

매뉴팩처는 …… 인간을 그 구성 요소로 하는 생산 메커니즘의 형태를 취한다. 이는 노동자가 단지 전체의 일부분으로서만 일할 수 있다는 점에서 생산의 직접적인 사회적 형태를 표현한다. 노동자가 최초에는 재산이 없기 때문에 자신의 노동력을 판매해야 하였다면 …… 이제는 노동과정의 기술적 본질 자체 때문에 그렇게 하지 않을 수 없다. 이 '기술적' 특징은 본질적으로 자본주의적이다.[21]

좀 더 일반적으로는, 기계는 겉보기에는 중립적이고 과학적이며 생산적이지만 노동과정의 리듬과 내용에 대한 전제적 독재자이다. 역사적으로, 임금과 노동조건을 둘러싼 무수한 분쟁들은 기계화에 의해

유발되었거나 해결되었다.[22]

기술은 단지 자연만을 통제하는 것이 아니다. 기술은 또한 인간에 대한 통제 수단을 제공한다. 분업과 공장 시스템은 현대의 조립라인 방식이 그러한 것처럼, 노동의 속도와 질을 **통제**할 수 있는 수단을 제공하였다. 기술은 작업장에 사회적 통제와 규율을 제공한다. 따라서 기술 발전은 사회적으로 중립적이지 않으며, 계급의 이해와 사회 정치적 압력을 반영한다.[23]

기계는 종종 생산에 대한 지식[24]과 생산에 대한 통제[25]를 노동자들로부터 빼앗아 오기 위해 의도적으로 도입되는데, 이것이 때로는 심지어 수익성 측면에서 손해를 가져오기도 한다.[26]

기계는 임금노동자를 과잉으로 만들 준비가 언제나 되어 있는 우세한 경쟁자로서만 작용하는 것은 아니다. 기계는 노동자의 적대 세력이며, 자본은 이 사실을 소리 높이 또 의식적으로 선언하며 또 이용한다. 기계는 자본의 독재를 반대하는 노동자들의 주기적 반항인 파업을 진압하기 위한 가장 유력한 무기로 된다. …… 노동자들의 반항을 진압하는 무기를 자본에게 제공한다는 유일한 목적에서 출현한 1830년 이래의 발명들에 대하여 한 권의 책을 쓸 수 있을 것이다.[27]

기계화는 **비숙련화**(deskilling)와 밀접하게 관련되어 있다. 비숙련화는 두 가지 측면을 갖는 과정이다. 첫째, 비숙련화는 기계화의 직접적 결과이다. 앞서 기계화가 노동의 형태와 업무의 내용을 변화시키며, 보통 이들을 단순한 작업들로 분할해 평가와 통제를 용이하게 한다는 점을 보았다(노동의 세분화).

매뉴팩처를 특징짓는 전문 노동자들의 위계 제도 대신 자동 공장에서는 기계의 관리인들에 의해 수행되어야 할 작업의 균등화 또는 수평화의 경향이 나타[난다.][28]

다른 한편, 비숙련화는 노동자의 능력과 경험을 상품으로 변형한다. 이 과정은 이전에는 개별 노동자들이 가지고 있던 재능을 명시화(codification)하고, 시장 메커니즘과 여타의 사회적 제도들, 특히 교육과 훈련을 통해 노동계급 전체에 걸쳐 그들의 재능을 재생산하는 것을 포함한다.[29] 자본이 개별 노동자들의 재능과 능력을 전유하게 되면서 노동자들의 다재다능함(versatility), 즉 경제 전체적으로 노동자계급의 고용 가능성이 자본의 수요에 따라 높아진다. 따라서 우리는 비숙련화된 **직업들** — 개별 노동자들이 독점하고 있는 재능과 능력을 필요로 하지 않는다 — 과 비숙련화된 **노동자들** — 이들의 재능과 능력은 재생산될 수 있다 — 에 대하여 동시에 언급할 수 있다.

자본은 유연하며 노동과정의 특정 형태에 개의치 않는다. 자본은 이를 노동자에게까지 확장한다. 노동자는 자신의 노동력을 적용하는 방식에서 자본과 마찬가지로 유연하게 다재다능할 것을 요구받는다. …… 한 나라에서 자본주의적 생산이 더욱 높은 수준으로 발달할수록, 다재다능한 노동력에 대한 요구가 더욱 커질 것이고, 노동자는 자기 노동의 **특정** 내용에 더욱 개의치 않게 될 것이며, 자본은 생산의 한 영역에서 다른 영역으로 더욱 쉽게 이동하게 될 것이다.[30]

비숙련화의 이러한 두 측면들의 상호 작용은 자본이 재능 있는 숙련노동자들을 단지 생산 라인에서 반복적인 초보적 작업만 수행할 수 있는 짐승 같은 사람들 — 영화 〈모던 타임스〉에서 찰리 채플린이 맡은 배역이 유명하다 — 로 만드는 경향이 있는 것은 아니라는 것을 함의한다. 기술 변화가 보통 실업이나 업무 내용의 변화와 연관되어 있다고 하더라도, 남아 있는 노동자들은 다른 작업들을 수행하고 더 복잡한 기계들을 다루기 위해 훈련되어야 한다.[31] 그러나 결정적으로 미숙련 직무에서 노동자가 최적의 성과를 내는 데 필요한 훈련은 자본이 요구하는 대로, 또 자본이 요구할 때 제공될 수 있다. 마찬가지로 미숙련 노동자들은 자본에게 필요할 때는 쉽게 고용될 수 있고, 더 이상 필요하지 않을 때는 쉽게 해고될 수 있다.

자본이 계산 가능하고 표준화된 반복 작업으로서의 노동 기능을 확보하기 위해 노력해야 하기 때문에 자본주의적 노동과정에 비숙련화는 내재적이다. 왜냐하면 이러한 노동은 최소의 '낭비(porosity)'와 최대의 속도로 수행되어야 하기 때문이다. 또한 자본이 싸고 쉽게 교체할 수 있는 노동을 원하기 때문이다.[32]

비숙련화, 다재다능함, 그리고 업무의 세부 작업으로의 분할은 두 가지 중요한 결과를 가져온다. 첫째, "[노동의] 대상이 더는 개별 노동 주체와 직접 연관된 생산물이 아니"기 때문에 노동자의 소외가 심해진다.[33] 둘째, 기계화, 그리고 노동시장의 복잡도, 유연성, 통합의 심화로 인해 노동과정에 대한 자본가의 지배가 강화된다.

이들은 재화, 서비스, 자산, 기술, 그리고 사회적 관계의 상품으로의 변형의 중요한 측면들을 보여 준다. 이 과정은 자본주의, 더 구체적으로는 노동자에 대한 자본주의적 통제의 결과이며, 또한 이를 심화시킨다. 통제 구조들은 직접적으로는 현장감독, 관리자와 컨설턴트들, 간접적으로는 금융기관들과 증권시장을 포함한다. 자본주의적 통제와 경쟁은 노동자의 가치생산능력을 정규화하고 생산물과 노동과정이 사회적 규정의 지배를 받도록 하는 한 쌍의 힘이다.

5.2 노동의 동기화

각기 다른 시점에 생산된 상품들을 동시에 같은 가격에 판매하는 것은, 다른 시점에 또는 다른 기술들을 이용해 같은 종류의 상품들을 생산한 개별적 구체노동들이 동기화됨을 보여 준다. 동일한 종류의 모든 상품들은 어떻게, 언제, 누가 생산하였는지에 관계없이 동일한 가치를 갖는데, 이는 노동이 정규화되고 동기화되기 때문이다. 정규화는 어떤 종류의 상품을 생산하는 데 필요한 노동시간이 사회적으로 규정되며 투입물을 생산하는 데 필요한 노동시간을 포함하는 이유를 해명한다(5.1절을 보라). 동기화는 이러한 노동시간이 살아 있는 노동(living labour)과 구별되지 않으며, 따라서 살아 있는 노동과 동등함을 의미한다.

면사에 포함되어 있는 노동은 모두 과거의 노동이다. 그리고 면사를 형성하는 요소들의 생산에 지출된 노동이 마지막 과정인 방적에 지출된 노동보다 더욱 과거의 것이라는 사정은 전혀 문제가 되지 않는다. 만약 한 채의 집을 짓는 데 일정한 양의 노동, 예컨대 30노동일이 필요하다면, 제30일째의 노동일이 최초의 노동일보다 29일 늦게 생산에 들어갔다고 해서 이 집에 투하된 노동시간의 총계가 조금이라도 달라지는 것은 아니다. 그러므로 노동재료와 노동수단에 포함되어 있는 노동은 마치 방적 과정의 어느 초기 단계, 즉 방적의 형태로 최후에 첨가된 노동 이전에 지출한 노동인 것처럼 간주할 수 있다.[34]

다른 시점에 혹은 다른 기술을 사용해 동일한 상품들을 생산하는 노동들 간의 동등성은 가치가 구체노동에 의해 초역사적으로 상품에 체화된 어떠한 실체가 아니라, 자본주의적 생산에 의해 성립되고 자본주의적 생산을 통해 재생산되는 사회관계라는 사실에 기인한다(2.1절을 보라). 가치의 사회적 실재는 오로지 살아 있는 노동만이 가치를 창조한다는 것, 또는 마르크스의 가치론이 사회적 재생산 비용에 기반을 둔다는 것을 의미한다. 좀 더 구체적으로는, 가치는 각각의 상품을 재생산하는 사회의 현재의 능력, 즉 사회적으로 필요한 재생산 노동시간(RSNLT)에 의해 규정된다. 가치는 상품들이 생산될 때 돌판에 새겨지는 것이 아니라 계속해서 사회적으로 결정되며, 경제 내의 어떤 곳에서 일어나는 기술의 변화에 의해 변동할 수 있다.

모든 상품의 …… 가치는 그 상품 자체에 포함되어 있는 필요한 노동시간에 의해 규정되는 것이 아니라, 그 상품의 재생산에 소요되는 사회적으로 필요한 노동시간에 의하여 규정된다. 이 재생산은 최초의 생산 조건과는 달리 더 쉬운 사정 아래에서 행해질 수도 있고 더 곤란한 사정 아래에서 행해질 수도 있다. 변화한 사정 아래에서 동일한 물적 자본을 재생산하는 데 두 배의 노동시간 또는 절반의 노동시간이 든다면, 화폐의 가치가 불변인 경우, 종전에 100원이었던 자본은 지금은 200원 또는 50원으로 될 것이다.[35]

노동력 가치는 **재생산 SNLT**의 가장 명확한 사례를 보여 준다. 이미 4.2절에서 노동력 가치는 노동자 또는 노동자들이 소비하거나 과거에 소비하였던 재화들에 체화된 구체노동시간이 아니라 노동자의 재생산에 필요한 재화에 의해 규정됨을 본 바 있다.

애덤 스미스가 임금의 '자연율'이나 임금의 '자연 가격'을 검토할 때, 그의 연구는 무엇에 기초하고 있는가? 그것은 노동력의 재생산을 위해 필요한 생계 수단의 자연 가격이다. 그러나 그는 무엇으로 생계 수단의 자연 가격을 규정하는가? 그가 그것을 규정하는 한, 그는 가치의 올바른 규정, 즉 이 생계 수단의 생산을 위해 필요한 노동시간으로 되돌아오는 것이다.[36]

마르크스의 저작을 신중히 검토해 보면, 그가 가치에 대한 다른 관점, 예컨대 투입물의 가치는 산출물에 체화되어 있으며 시간이 지나도 보존된다는 주장을 옹호하는 것처럼 보이는 구절들을 찾아낼 수 있다. 이 때문에 몇몇 이들은 가치론에 대한 또 다른 해석을 옹호하였으며(2.1절을 보라), 다른 이들은 [마르크스가] 일관되지 않다고 비판하였다.[37] 그러나 원문[에 나타나는 해석]의 불일치에 대한 이와 같은 주장은 맥락을 벗어난 인용에서 비롯한 것이며, 이러한 불일치는 원문이 작성된 시기(몇몇 오래된 글들은 투하노동 관점에 가까운 것처럼 보일 수 있다), 원문의 추상 수준(추상 수준이 높을수록 가치는 투하노동과 비슷해진다), 분석의 맥락(예를 들어, 마르크스가 불변자본과 가변자본을 대조하는 경우)에 의해 해명될 수 있다.[38]

5.2.1 가치 이전

상품의 가치는 두 부분으로 구성된다. 첫째, 투입물을 산출물로 변형하는 데 필요한 추상노동으로, 이는 노동의 정규화와 동기화를 통해 RSNLT에 의해 결정된다(앞의 내용을 보라). 둘째, 투입물에서 이전되는 가치로, [변형 작업에 투입되는 노동이 생산하는 가치와] 비슷한 방식으로 결정된다. 투입물 가치의 이전은 두 가지 측면에서 실재적 과정이다. 한편으로, 살아 있는 노동은 투입물을 산출물로 변형한다. 이것은 노동의 정규화의 기초이다.[39] 다른 한편, 가치는 사회적 재생산의 조건들을 표현하는데, 이것은 다음 기(期)에 생산을 재시작할 수 있는 사회의 능력을 포함한다. 투입물 가치의 이전은 소비된 유동 불변자본, 고정자본의 물리적, 기술적('도덕적') 감가*를 포함한다.[40] 각각에 대하여 차례로 살펴보자.

---

* 減價, 무형의 가치 감소.

유동불변자본이 이전하는 가치는 위에서 설명한 바와 같이 투입물을 생산하기 위해 현재 필요한 추상노동시간에 의해 결정된다. 그리고 사회적으로 필요한 투입물의 양은 산출물을 생산하는 지배적 기술에 의해 규정된다.

면화와 방추라는 생산수단의 가치는 면사의 가치, 즉 생산물의 가치의 구성 부분으로 된다. …… 그러나 두 가지 조건만은 충족되어야 한다. 첫째, 면화도 방추도 사용가치의 생산에 실제로 이바지해야만 한다. 우리의 경우 그것들이 면사로 되어야 한다. …… 둘째, 지출된 노동시간은 주어진 사회적 생산 조건에서 필요한 노동시간을 초과해서는 안 된다. 따라서 만약 1파운드의 면사를 뽑아내는 데 1파운드의 면화만이 필요하다면, 1파운드의 면사를 생산하는 데는 1파운드의 면화만이 소비되어야 한다. 방추에 대해서도 사정은 마찬가지다. 자본가가 망령이 들어 철로 만든 방추 대신 금으로 만든 방추를 사용한다고 하더라도, 면사의 가치에는 여전히 철제 방추의 생산에 필요한 노동만이 계산될 것이다.[41]

결과적으로, 다소 직관에 위배되지만, 소비된 투입물의 원래 가치와 그것을 구입하는 데 사용된 화폐자본은 산출물 가치의 결정과는 무관하다.

노동의 재료와 노동수단의 가치는 그것이 노동 생산물에 대하여 가치로 미리 규정된 경우, 즉 그것이 노동과정에 들어가기 전에 가치였을 경우에 한해 노동과정의 생산물에서 다시 나타난다. 투입물의 가치는 주어진 일반적 사회적 조건에서 그것을 생산하는 데 필요한 노동시간과 …… 같다. 만약 이후 이 특수한 사용가치들을 생산하는 데 더 많거나 더 적은 노동이 필요하게 될 경우 …… 그 가치는 전자의 경우에는 상승할 것이며, 후자의 경우에는 하락할 것이다. …… 따라서 비록 투입물이 노동과정에 일정량의 가치로서 들어왔지만, 노동과정을 거친 후에는 가치가 더 커지거나 작아질 수 있다. …… 투입물 가치의 이러한 변화는 언제나 노동생산성의 변화 — 가치의 변화는 노동생산성의 변화의 결과이다 — 로부터 발생하며, 투입물이 일정한 가치를 가지고 완성된 생산물로서 투입되는 노동과정과는 아무런 관련이 없다.[42]

이것은 고정자본의 경우에도 비슷하다. 생산이 물리적으로 고정자본의 일부분을 소비하는 한, 가치가 생산물에 추가되는데, 이는 기계들이 마침내 못쓰게 되었을 때(혹은 새로운 도구나 건물이 필요해졌을 때) 이들의 교체를 위해 충분한 화폐가 준비될 수 있도록 한다.[43]

5.2.2 기술 변화, 가치, 위기

고정자본의 요소들 — 예컨대, 기계 — 의 생산에서 기술 변화는 일반적으로 산출물당 더 낮은 비용을 소비하는 새로운 세대의 기계들의 출현으로 이어진다. 새로운 기계들이 도입되면, 이전의 기계들로부터 이전되는 가치(와 생산물의 단위 가치)는 하락한다.[44] 여기에는 두 가지 중요한 함의가 있다. 첫째, 경제 내 다른 부문들의 기술 변화는 고정자본 요소들의 가치를 갑자기 예측할 수 없게 바꿔 놓는다.

단순한 가치론에 따르면, 자본재는 신고전파 생산 이론에서 그런 것처럼 미리 정해진 패턴에 따라 비현실적으로 그 가치가 감소(depreciation)한다. 준정태(準靜態)적인 확대재생산 분석을 넘어선 후에는, 한 상품에 투하된 추상노동의 양을 계산하기 위해서는 미래의 경제적 조건에 대한 지식이 필요하다. 예를 들어, 만약 가까운 미래에 예측할 수 없는 기술 변화가 어떤 도구를 쓸모없게 만들어 버릴 수 있다면, 어떻게 우리가 이 도구에서 최종생산물로 이전되는 가치를 계상할 적절한 규칙을 개발할 수 있겠는가?[45]

이러한 자본의 손실은 막대할 수 있으며, 각 기업이 채택하는 상이한 기술들로 인해 불균등하게 배분될 수 있다.[46] 기업들은 자신들의 선택, 금융시장과의 관계와 회계 관행에 따라 이 비용들을 다양한 방식으로 부담할 수 있으며, 심지어 일시적으로는 무시할 수도 있다. 그러나 이를 무한정 회피할 수는 없는데, 각각의 기업이 채택한 기술들과 사회적으로 지배적인 기술들 사이의 불일치가 수익성에 영향을 미치기 때문이다.

[가격과 재생산 가치 사이의 — 지은이] 상당한 괴리가 경제 전반에 걸쳐 전형적으로 나타날 때, 가격체계는 점점 더 경제를 조정할 수 없게 된다. 잘못된 투자가 만연할 것이다. …… 결과적으로, 경쟁의

힘이 가격을 재생산 가치와 일치하도록 하락시킬 것이다. ······ 마르
크스는 위기가 가치를 재생산 가치와 일치하는 수준으로 되돌려 놓
기 전까지 가치가 어떻게 재생산 가치의 변동 이상으로 다소 독립적
인 존재를 갖는 것처럼 보일 수 있는지를 반복해서 설명하였다.
······ 실제 경제에서는 현실의 가격이 내재적인 노동가치로부터 벗
어나는 경향이 있다. 가격과 가치의 연결 고리가 느슨해짐에 따라
가격체계가 점점 더 잘못된 신호를 보내고, 이 때문에 시장에서 재
화와 서비스의 생산을 통해 얻는 이윤에 비해 투기를 통해 더 높은
수익을 얻게 된다.[47]

둘째, 기술 변화의 가능성으로 인해 생산물의 가치 결정에 불가피
하게 **불확정성**(indeterminacy)이 도입된다. 이 불확정성은 고정자본
에서 이전되는 '실제' 가치를 알 수 없다는 점에 기인하는데, 이 가치
는 미래의 기술 변화가 기계의 현재 가치에 미치는 영향에 의해 결정
된다. 게다가 (생산물의 가치가 동일함에도 불구하고) 각각의 기업들
이 기술적 가치 감소를 다양한 방식들로 반영할 수 있으며, 고정자본
의 교체에 수반되는 지출의 폭발적 증가는 파산과 금융 위기의 가능
성을 열어 놓는다.[48]

재생산 비용은 예측할 수 없는 패턴으로 변한다. 미래의 어느 주어진
시점에 어떠한 미래의 기술들이 나타날지 예측할 수 없기 때문에, 어
떤 특정한 자본재가 그것이 교체되기 전까지 얼마나 오랫동안 사용될
수 있는지를 미리 알 수 없다. ······ 우리는 오늘 생산되는 재화들의

가치를 계산할 수 없는데, 이는 미래의 재생산 가치를 미리 알지 않고는 오늘 이전되는 자본재의 적절한 가치를 아는 것이 불가능하기 때문이다. …… 달리 표현하면, 우리는 미래의 감가 패턴에 대한 자본가의 예측치에 바탕해 재화의 가치를 계산할 수 있다. 미래의 감가에 대한 주관적 예측치를 고려하는 방식을 취하기 시작하면, 골치 아픈 일이 시작된다. …… 우선 자본가들의 주관적 의견을 알 수 없다. 여기에 더해 파산에 대한 마르크스의 주장은 이러한 주관적 의견들이 상당히 잘못된 것임을 암시한다.[49]

생산물 가치의 불확실성은 생산물 가치에서 [투입물과 노동력의] 재생산 비용을 제한 후 남는 잉여가치의 계산에 영향을 미치며, 결과적으로 이윤, 이자, 지대로의 잉여가치의 배분에도 연쇄적으로 영향을 미친다. 이러한 난점들은 경제적 재생산 과정에 실재하는 모순들에서 기인하는데, 이들이 잉여가치 개념의 의미와 중요성이나 가치론의 이론적 지위를 손상시키는 것은 아니다. 그러나 이러한 난점들은 분석 틀 내에 포함되어야 하며, 이 분석 틀은 이러한 난점들이 작동할 여지를 허용할 만큼 충분히 유연하면서도, 현실을 규정하는 구조들을 표현할 수 있을 만큼 충분히 강력한 것이어야 한다. 이 구조들은 개별 부문에서 서로 경쟁하는 기업들 내에서 수행되는 노동들 간의 동등성(정규화)과 다양한 시점에 걸쳐 서로 다른 기업들이나 각기 다른 기술을 사용하는 기업들 내에서 수행되는 노동들 간의 동등성(동기화)을 포함한다.

5.3 노동의 동질화

정규화되고 동기화된 노동들은 경제의 서로 다른 부문들 — 예컨대, 창문 청소나 컴퓨터 프로그래밍 — 에서 동일한 시간에 각기 다른 양의 가치를 창조한다. 노동의 **동질화**는 정규화되고 동기화된 노동의 상이한 가치생산성을 서로 다른 추상노동의 양(RSNLT)으로 변환한다.[50] 노동은 상품에 가격을 매기거나 화폐가 가치의 척도로서 기능을 수행함에 따라 동질화된다. 이러한 분석 수준에서는 가치법칙에 의해 상품 가격은 상품의 RSNLT와 일치하게 된다(4.1절을 보라).

동질화는 세 가지 중요한 함의를 갖는다. 첫째, 가치는 노동시간의 양으로 직접적으로 나타나는 것이 아니라, 오로지 가격으로서만 나타난다(8.1절과 8.2절을 보라).[51] 달리 표현하면, 다양한 기업들과 부문들에서 수행되는 노동의 가치생산성은 오로지 시간당 추가되는 (화폐)가치를 통해서만 평가된다. 둘째, 모든 상품의 가치와 가격은 동시에 규정된다(5.2절을 보라). 셋째, 화폐가 "모든 인간 노동의 직접적 화신",[52] 즉 직접적으로 사회적 노동이라는 마르크스의 주장은 화폐 생산의 특수성을 함의하는데, 이는 이 부문[화폐 생산 부문]에서는 노동이 동질화되지 않기 때문이다. 오히려 화폐의 가치는 다른 부문들에서 수행되는 노동의 동질화의 중심축이며, 가격 형성의 척도를 제공한다.

비록 동질화가 개념적으로는 명확하다고 하더라도 생산된 가치의 평가[즉, 가격]는 불확실한데, 이는 가격이 다양한 수준의 복잡성을 갖는 다수의 변수들에 의해 영향을 받기 때문이다. 예를 들어, 가격의 하락은 기술 진보, 자본 이동의 가능성(7장을 보라), 초과공급, 산업·금융·조세·무역·환율 정책 등 다양한 변수들에 의해 발생할 수 있다.

상품의 가치량은 사회적 노동시간과 어떤 필연적인 관계 ― 그 상품의 가치가 형성되는 과정에 내재한다 ― 를 가진다. 가치량이 가격으로 전환되는 것과 더불어 이 필연적인 관계는 …… 그 상품의 가치량을 표현할 수 있음과 동시에 주어진 조건하에서는 그 상품이 더 많은 또는 더 적은 화폐량과 교환될 수 있다는 것도 표현할 수 있다. 따라서 가격과 가치량 사이의 양적 불일치의 가능성은 …… 가격 형태 그 자체에 내재하고 있다. 이 사실은 결코 가격 형태의 결함이 아니라 오히려 반대로 이 가격 형태를 다음과 같은 생산양식 ― 즉, 여기에서 법칙은 끊임없는 불규칙성 사이에서 맹목적으로 작용하는 평균으로서 자신을 관철할 뿐이다 ― 에 적합한 것으로 만든다.[53]

공급과 수요의 차이에 대한 마르크스의 분석을 검토해 보자. 문제의 단순화를 위해, 모든 노동자들이 동일하며 상품(아마포라고 하자)을 생산하는 기업들 역시 모두 동일하다고 가정하자. 심지어 이러한 상황에서도 아마포의 시장가격은 그 가치의 화폐로의 직접적 표현과 다를 수 있다. 이러한 현상은 예컨대 이 사용가치에 대한 사회적 필요에 비해 너무 많거나 너무 적은 사회적 노동이 아마포 생산에 투입되는 경우 발생할 수 있다.

시장에 있는 모든 조각의 아마포에는 사회적으로 필요한 노동시간만이 포함되어 있다고 가정하자. 그럼에도 불구하고 이 조각들의 총량은 과잉으로 지출된 노동시간을 포함할 수 있다. 만약 시장이 아마포의 총량을 미터당 10전이라는 정상적인 가격에서는 흡수할 수 없다면, 그것은 사회적 총노동시간 중 너무나 많은 부분이 아마포 직포의 형식으로 지출되었다는 것을 증명한다. 그 결과는 각각의 개별 직포자가 자기의 개인적 생산물에 사회적으로 필요한 노동시간보다 더 많은 노동시간을 지출한 것과 마찬가지다. 다시 말해, '죽더라도 다 함께'라는 식이다. 시장에 있는 모든 아마포는 단 한 개의 거래 품목으로 간주되고, 그 어떤 한 조각도 그것의 한 부분으로 간주될 뿐이다.[54]

초과공급이 상품이 그 사용가치의 일부를 상실했다거나, 팔리지 않은 상품들이 그 사용가치 전체를 상실했다거나, 개별 상품의 가치가 하락하였다는 것 ─ 가치가 가격을 규정하는 것이 아니라 그 반대라는 것 ─ 을 의미하지는 않는다(2.2.1절을 보라). 초과공급은 단지 가치의 가격으로의 **표현**을 수정할 뿐이다. 즉, 상품의 가치 총액에 비해 가격 총액을 축소시킨다(해당 생산물의 수요에 맞추어 화폐퇴장, 화폐유통속도의 변화와 신용을 통해 유통화폐량이 조정된다. 8.1절을 보라).[*]

---

[*] 위의 인용문과 바로 아래의 인용문은 국역 ≪자본론≫ 1권 3장에서 인용한 것이며, 여기에 대해서는 다른 해석이 있을 수 있음을 밝힌다.

이 문제의 상품이 당시의 사회적 필요를 초과하는 규모로 생산된다면 사회의 노동시간의 일부는 낭비된 것이며, 이 상품량은 자기가 실제로 포함하고 있는 사회적 노동량보다 훨씬 적은 양을 시장에서 대표하게 된다. …… 그러므로 이 상품들은 자기의 시장가치 이하로 처분되어야 만 하며, 심하게는 그 상품의 일부는 전혀 판매되지 않을 수도 있다.[55]

자본의 생산물은 일반적으로 상품이다. 그리고 상품은 가치와 사용가치를 갖는다(3.1절을 보라). 과잉투자, 과잉설비, 재고 축적, 그 결과로 나타나는 수익성 저하와 자본의 가치 감소(devaluation)는 사회적 필요에 비해 너무 많은 자본과 노동이 이 부문에 할당되어 있음을 보여 준다. 달리 표현하면, 이 노동 중 일부는 교환의 관점에서 볼 때 사회적으로 불필요하다. 그러나 이것은 생산에서의 사회적 필요노동이라는 개념과 착취의 사실에 영향을 미치지는 않는다.

총상품량(총생산물) …… 은 판매되어야만 한다. 그것이 판매되지 않든지 오직 일부만 판매되든지 생산가격보다 낮은 가격으로만 판매된다면, 노동자는 분명히 착취당하였지만 이 착취는 자본가를 위해 그대로 실현되지는 않으며 …… 심하게는 자본가의 자본이 부분적으로 또는 전부 상실될 수도 있다. 직접적 착취의 조건들과 이 착취의 실현의 조건들은 동일하지 않다. 두 조건들은 시간과 공간에서 일치하지 않을 뿐만 아니라 개념에서도 일치하지 않는다. 전자는 사회의 생산력에 의해서만 제한되며, 후자는 여러 생산 분야들 사이의 비례관계(proportionality)와 사회의 소비 능력(power of consumption)에 의해 제한되고 있다.[56]

경제 위기의 영향도 매우 비슷하다. 위기는 시장의 축소와 가격의 폭락으로 이어질 수 있다. 이 경우, 과거에 창조된 가치는 재분배되거나 파괴될 수 있다.

위기를 통한 **자본**의 파괴에 대해서 언급할 때, 두 요소들을 구분해야 한다. …… [첫째, — 지은이] 재생산 과정이 갑자기 중지되고 노동과정이 제한되거나 완전히 중단되는 경우, **실재**의 자본이 파괴된다. …… 둘째, 그러나 위기를 통한 **자본**의 파괴는 **가치**의 감소를 의미하는데, 이 감소된 가치는 추후에 과거와 같은 규모의 자본으로서 재생산 과정을 재개하지는 못한다. 이것이 상품 가격 하락의 파괴적 효과다. [상품 가격의 하락은] 사용가치의 파괴를 야기하지는 않는다. 누군가의 손해로부터 다른 이는 이득을 얻는다. …… 만약 자본가가 상품들의 판매를 통해 자기 자본을 재생산하며, 이 상품들의 가치가 1만 2000파운드인데 이윤이 2000파운드라고 하자. 가격이 6000파운드로 하락한다면, 자본가는 …… 이전의 규모로 자신의 사업을 재개할 수 없다. — 지은이] …… 이러한 방식으로 6000파운드가 파괴된 것이다. 비록 이 상품들의 구매자의 경우 [생산가격의 — 지은이] 반값에 상품들을 구매한 덕분에 일단 거래가 다시 활발해지기 시작한 후에는 사업이 매우 잘 되며 심지어 이윤을 남겼을지도 모른다.[57]

RSNLT를 통한 가치 결정과 정규화*를 통한 가치의 가격으로의

---

* 동질화의 오기(誤記)로 보인다.

표현, 그리고 사회적 노동의 잘못된 배분이나 경제 위기 때문에 생기는 가치 생산과 실현 사이의 괴리의 가능성에 대한 분석은 그 분석의 수준이 각각 다르다. 후자의 분석 수준이 더 복잡한데, 이것은 생산 조건뿐만 아니라 교환의 환경, 노동의 분배와 위기의 가능성을 포함하기 때문이다. 이윤율이 평균보다 낮은 기업들은 언제나 불리하다. 개별 부문 내에서, 비효율적인 기업들은 경쟁 업체보다 적은 양의 가치를 생산하며, 파산하거나 인수 대상이 될 수 있다. 만약 해당 부문이 수요를 초과해 생산하고, 이것이 [부문 내의] 모든 기업의 이윤율을 하락시킨다면 이러한 압박은 더 강해질 수 있다. 평균치에 대비한 개별 이윤율과 부문 이윤율의 차이가 경제 전반에 걸친 노동의 재배분의 자본주의적 메커니즘이며, 동시에 기술 변화의 주요 동기이다.

5.4 결론

추상노동, 가치, 가격은 자본주의에서의 노동의 사회적 형태와 착취 양식에 대한 마르크스의 분석에서 중심적인 개념들이다. 이 개념들은 사회의 지배적 생산관계들을 표현하며, 다양한 수준에서 고찰될 수 있다. 상당히 추상적인 수준에서는, 가치는 생산양식에서 유래하는 하나의 사회관계다. 따라서 자본주의의 전형적 생산관계들 내에서 수행되는 노동은 교환이나 분배의 상황과는 무관하게 가치를 생산한다. 생산된 가치의 양은 RSNLT에 의해 결정되며, 이것은 최초에는 '가치', 즉 '직접적' 또는 '단순한' 가격으로서 나타난다.[58]

가치와 가격의 관계를 좀 더 구체적으로 분석할 수도 있다. 그러나 종종 개념적 세부 사항과 양적 규정 사이에는 상충 관계가 있다. 예를 들면 생산수단의 가치 이전 때문에 산출물 가치의 양적 불확정성, 그리고 이에 상응해 가격 수준의 임의성이 발생하는데, 이는 고정자본의 기술적 가치 감소율을 알 수 없기 때문이다. 마찬가지로 가격은 가치의 존재 양식이자 공급의 조건, 즉 판매될 때 받는 화폐로 볼 수 있는데, 이는 언뜻 보기에는 노동 양식과는 관련이 없다. 이러한 난점에 더해, 공급과 수요 사이의 불일치와 경제 위기는 가치와 가격 사이의 관계를 더욱 흐릿하게 한다. 요컨대, 분석의 수준을 변경하면 가치와 가격의 관계가 변화하며, 따라서 노동의 동질화에도 변화가 생긴다. 대조적으로 정규화와 동기화는 생산에서만 규정되기 때문에 영향을 받지 않는다.

이러한 한계점들은 가치를 가격과 관계없이 추상노동 벡터에 대한 추정치를 통해 계산하려는 시도가 개념적으로도 실증적으로도 제한적임을 보여 준다. 왜냐하면 이러한 시도는 가치가 두 가지 다른 방식으로, 즉 (마치 구체노동시간에 의해 가치가 측정될 수 있다는 듯이) 직접적으로 나타나거나 혹은 가격을 통해 나타날 수 있다고 가정하기 때문이다. 간단히 표현하면, 장기 가격의 양적 규정이라는 측면에서 이 장에서 전개한 가치분석이 대안적 분석들에 비해 더 나은 것은 아니다(7장을 보라). 이 장에서 전개한 가치분석의 주요한 장점은 이론적 측면에 해당한다. 이것은 경제활동 이면의 사회관계들을 다른 관점들보다 더 명확하게 설명한다.

6장
자본의 구성

이 장에서는 마르크스의 자본 구성(composition of capital) 개념을 분석한다. 이 개념은 가치와 가격의 관계, 그리고 기술 변화와 여타 구조들과 과정들의 이해에 필수적인데도, 일반적으로 엉성하게 설명되어 왔으며 대부분의 문헌에서 단지 피상적으로 부정확하게 이해되어 왔다.[1]

이러한 주장은 네 절을 통해서 전개된다. 1절에서는 자본의 구성에 대한 가장 잘 알려진 해석들 중 일부를 검토하는데, 이는 이 주제에 관한 연구 성과의 다양성을 보여 주기 위함이다. 2절에서는 기술 변화가 없을 때의 자본 구성에 대한 마르크스의 분석을 검토한다. 마르크스가 사용한 각각의 개념들을 정의하고 이 개념들의 도입이 정당함을 보인다. 3절에서는 기술의 진보가 어떻게 자본의 기술적 구성(TCC), 유기적 구성(OCC), 가치 구성(VCC)에 영향을 미치는지를 다룬다. 유기적 구성과 가치 구성의 구별을 통해 마르크스는 자본축적이 기술혁신과 함께 일어나는 특수한 경우에 초점을 맞춘 분석을 시도한다. 4절에서는 이 장의 주요 결론을 요약한다. 정태적 경우와 동태적 경우의 비교는 반드시 필요한데, 이는 단지 개념들의 순차적 도입을 위해서뿐만 아니라 이 개념들의 모순, 한계, 변화에 대한 이해를 위해서이기도 하다. 더욱이 이러한 배열은 이것이 자본 구성의 분석 수준들과 직접적으로 연관되어 있다는 점에서 유용하다.

6.1 자본 구성의 이해

기존의 여러 연구에서 자본 구성은 상당히 다른 방식으로 이해되어 왔는데, 이는 적어도 부분적으로는 마르크스가 세 가지 형태의 개념 — TCC, OCC, VCC — 을 사용하였기 때문이다. 각 용어의 내용이 때로는 명백해 보이지만, 마르크스가 이들을 모순되게 사용하는 것처럼 보이는 경우들이 있다. 그 결과 그의 연구 내용의 상당 부분이 임의적이고 당혹스럽게 보일 수 있다. 자본의 구성에 대한 다양한 관점들을 간단히 살펴보면 이 연구와 관련된 난점들을 더 잘 이해할 수 있게 될 것이다.

　폴 스위지는 자본의 구성이 생산에 사용되는 총자본에서 불변자본(c)과 가변자본(v)의 관계라고 주장한다. 스위지에 따르면 "이 관계를 다양한 비율들로 나타낼 수 있지만 …… 가장 간편해 보이는 것은 총자본에 대한 불변자본의 비율이다."[2] 스위지는 OCC를

c/(c+v)로 정의한다. 이러한 정식화는 보르트키에비치의 연구에서 유래하는데, 시턴과 데사이 역시 이를 채택하였다.[3] 이하, 그리고 7장의 논의를 통해 밝혀지겠지만, 전형 문제에 대한 논의에서 스위지는 보르트키에비치의 방식을 따라 부문 간의 상이한 이윤율이 투자된 자본의 유기적 구성이 아닌 가치 구성의 상이함 때문이라고 본다. 이는 마르크스의 주장과는 반대의 것이다.

모리시마 미치오는 스위지보다는 TCC와 VCC를 정확하게 이해하지만, 상대가치들이 변화하지 않는 방식으로 TCC가 변화한 경우, 마르크스에게 VCC에 해당하는 것을 OCC로 잘못 해석한다(달리 표현하면, 모리시마는 TCC의 변화가 VCC의 변화에 정확히 반영될 때 ─ 마치 생산성의 증가가 모든 부문에서 동일한 것처럼 말이다 ─ 의 VCC를 OCC로 간주한다).[4] 모리시마는 마르크스가 단지 기술 변화를 단순하게 다루기 위해[즉, 기술 변화가 모든 부문에서 동일한 것으로 가정하기 위해] OCC를 정의하였다고 간주한다. 그러나 아래에서 이것이 불충분하다는 것을 보일 것이다.

오키시오 노부오[5]는 전형 문제를 취급하며 유기적 구성이라는 이름 아래 자본의 가치 구성을 다루는데, 이러한 방식이 그에게만 유일하게 나타나는 것은 아니다. 대부분의 연구에서 마치 VCC는 존재하지 않는 것처럼 OCC가 c/v로 아무 문제 없이 정의될 수 있다는 주장이 제시되며, 이러한 가정에 기초해 가치가 가격으로 전형된다.[6] 그러나 마르크스에게는 문제가 이것보다는 복잡하였다. 뢰머 역시 이윤율 저하 경향의 법칙을 분석하면서 실제로는 VCC에 해당하는 개념을 OCC로 칭하는데, 그의 이윤율 저하에 대한 논의

에 이러한 근본적 오해가 드러난다.[7]

샤이크는 전형 문제에 대한 반복 혹은 축차적 해법(iterative solution)을 제시한 유명한 논문에서 OCC를 (c+v)/v로 간주한다.[8] 대조적으로, 서먼은 OCC를 v/(c+v)로 정의한다. 이와 달리, 스미스와 라이트는 메이지를 좇아 OCC가 c/(v+s)라고 주장한다. 폴리는 자신의 유명한 교과서에서 '자본의 구성'을 v/(c+v)로, 'OCC'를 c/v로 정의한다.[9] 마지막으로 그롤과 오르체크는 자본의 구성에 대한 상세한 논의(이들의 장점 중 하나는 TCC, OCC, VCC를 주의 깊게 구분한다는 점이다)를 통해 VCC가 시장가격에 의해 측정되며 단기에 적용되는 반면, OCC는 장기적 가치 개념이라고 주장하는데, 마르크스는 아마도 여기에 동의하지 않을 것이다.[10]

이러한 문제들은 자본의 구성에 관한 기존의 연구에서 발견할 수 있는 난점들 중 일부에 불과하다. 이 장에서는 이 개념들을 마르크스가 어떻게 사용하였는지를 이해하기 위해서 이 개념들의 전개 과정을 검토한다. 앞으로, 마르크스가 ≪정치경제학 비판 요강≫에서는 나중에 자본의 구성이라고 부르게 될 개념들을 채택하지 않은 반면, ≪잉여가치학설사≫에서는 자본의 물리적(기술적) 구성과 유기적 구성을 도입하며, 마침내 ≪자본론≫에서 가장 발전된 형태의 자본의 기술적 구성, 유기적 구성, 가치 구성을 사용한다는 것을 보일 것이다. 용어들이 이렇게 점진적으로 도입된 것은 이 주제에 대한 마르크스 자신의 통찰이 계속해서 정교화되었다는 사실을 반영하며, 이를 통해 마르크스는 자신의 주장을 더욱 명확하게 정리할 수 있었다. 아래에서는 마르크스의 논의 전개의 형식은 변하지만, 그가 다루는 문제들과 도출하는 결론들은 오랫동안 본질적으로 변하지 않았음을 보일 것이다.

6.2 생산과 자본의 구성

노동생산성은 주어진 노동시간에 최종 상품의 생산을 위해 처리되는 생산수단의 양, 즉 달리 표현하면 시간당 산출물에 의해 규정된다.[11] 이 개념은 **자본의 기술적 구성**(TCC, 초기에는 자본의 물리적 구성이라고 불렀다)에 의해 포착된다. TCC는 원재료 투입물의 양(과거 노동의 생산물)과 그것을 산출물로 변형하는 데 필요한 살아 있는 노동 사이의 비율이다.

> 예컨대 하루에 일정량의 생산물을 생산하기 위해서는, 일정량의 생산수단 ─ 기계, 원료 등 ─ 을 운동시켜 생산적으로 소비하기 위해서는, 일정한 수의 노동자에 의해 표현되는 일정량의 노동력이 필요하다. …… 이 비율은 자본의 기술적 구성을 형성하며 자본의 유기적 구성의 현실적인 바탕이다.[12]

TCC를 직접적으로 측정하거나 부문별로 비교할 수는 없는데, 이는 TCC가 이질적인 사용가치들(원재료 투입물)과 특정 부문의 (정규화되고 동기화된) 평균노동 ─ 이것은 추상노동이 아니다 ─ 사이의 비율이기 때문이다(5장을 보라). 예를 들면, 건설업과 전자산업의

TCC를 비교할 수는 없는데, 왜냐하면 시간당 노동이 처리하는 투입물의 사용가치와 노동의 가치생산성이 서로 매우 다를 수 있기 때문이다. 그러나 TCC를 가치 기준으로 평가할 수도 있는데, 자본주의에서는 생산된 투입물들이 모두 상품이 되는 경향이 있기 때문이다. TCC의 가치 평가치가 **자본의 유기적 구성**(OCC) — 주어진 기업, 산업이나 경제에서 한 시간의 살아 있는 노동을 흡수하는 생산수단의 가치 — 을 정의한다.

유기적 구성은 다음을 의미한다고 간주할 수 있다. 동일한 양의 노동을 흡수하기 위해 각기 다른 생산영역에서 지출해야 하는 불변자본의 서로 다른 비율.[13]

마르크스에게 OCC는 TCC가 가치에 반영된 것, 즉 **생산에서 규정**되며 생산의 기술적 관계들을 가치 기준으로 종합하는 '기술적 구성'이다. OCC는 (고정자본과 유동자본을 포함하는) 불변자본의 **총가치**와 투입물을 변형하는데 필요한 (지불노동이든 불불노동이든) **총노동시간** 사이의 관계이다. 마르크스는 OCC에 대해서 다음과 같이 언급한다.

생산자본의 서로 다른 요소들 간의 비율은 ······ 생산자본의 유기적 구성에 의해 ······ 규정[될 수 있다. — 지은이] 유기적 구성이란 기술적 구성을 의미한다. 노동생산성이 일정할 때(이것은 다른 변화가 일어나지 않는 한 불변이라고 볼 수 있다), (지불노동이든 불불노동이든) 일정한 살아 있는 노동의 양 — 즉 가변자본의 소재적 요소들로 표현되는 가변자본의 양 — 에 상응하는 원재료와 노동수단의 양 — 즉 불변자본의 소재적 요소들로 표현되는 불변자본의 양 — 은 모든 개별 생산 부문에서 규정된다.[14]

그러나 OCC에는 까다로운 난점이 존재한다. 일련의 생산수단의 가치는 그 구성 요소들의 [단위당] 가치에 소비된 양을 곱한 값이기 때문에, OCC의 차이나 변화가 TCC의 차이나 변화(그리고 결과적으로 이 산업의 노동생산성의 차이나 변화)에서 발생하는지, 아니면 소비된 생산수단 가치의 차이나 변화(여기에는 다른 산업들의 상황이 반영된다)에서 발생하는지를 구분하는 것이 불가능해 보인다. 그러나 마르크스에게는 이것이 불명확하지 않다. OCC가 TCC의 직접적 가치 반영이기 때문에 만약 TCC가 변하지 않는다면 OCC는 자본의 구성 요소들의 가치가 변하는 경우에도 달라지지 않는다. 이러한 상당히 추상적인 주장을 제시한 후에 마르크스는 다음과 같이 언급한다.

만약 자본들의 유기적 구성, 그리고 그 유기적 구성의 차이에서 유래하는 차이점들이 주어진 것으로 가정하는 경우, 기술적 구성이 동일하다 하더라도 가치 비율은 달라질 수 있다. …… [예를 들어 — 지은이] 가변자본의 가치가 유기적 구성과 관계없이 달라진다면, 이러한 변화는 — 해당 부문에서 생산되는 것이 아니라 상품으로서 외부에서 도입되는 — 생계 수단의 가격 하락이나 상승에 의해서만 발생할 수 있다. …… 어떤 상황에서는 유기적 [구성의] 변화와 가치의 변화에서 유래하는 [가치 비율의] 변화가 이윤율에 비슷한 효과를 미칠 수 있다. 그러나 이들은 다음과 같은 측면에서 서로 다르다. 만약 후자가치의 변화가 단순히 시장가격의 변동에 의한 것이 아니며, 따라서 일시적인 것이 아니라면, 이러한 변화는 언제나 불변자본이나 가변자본의 요소들을 제공하는 영역들에서의 유기적 변화에 의해서 야기된 것이다.[15]

마르크스는 주어진 생산과정에서 (고정 및 유동) 불변자본과 기술적으로 요구되는 (지불 및 불불) 노동량의 가치 비율의 변화가 투입물 가치의 변동이나 생산의 기술적('유기적') 변화에서 유래한다는 것을 명확히 인지하고 있다. 마르크스는 OCC의 이러한 정의, 그리고 기술 변화와 가치의 변화를 뒤섞어서는 안 된다는 점에 근거하여 ≪자본론≫ 3부의 2장에서 다음을 다루려고 계획하였다.

1. 자본들의 서로 다른 유기적 구성은, 이것이 **생산단계**에서 발생하는 한, 부분적으로 가변자본과 불변자본의 차이, 즉 한편으로 기계와 원자재, 그리고 이들을 작동시키는 노동량의 절대적인 양적 관계에 의해 규정된다. 이러한 차이는 노동과정과 관련되어 있다. 유통과정에서 나타나는 고정자본과 유동자본의 차이 역시 고려되어야 한다. ······
2. 자본들 일부에서 나타나는 유기적 구성에서 유래하지 않는 상대가치의 차이는 특히 원자재들이 서로 다른 두 부문에서 동일한 노동량을 흡수한다고 가정하는 경우에도 원자재들의 가치의 차이에 의해서

발생한다.

3. 이러한 차이의 결과로 자본주의적 생산의 부문별로 다양한 이윤율이 나타난다.[16]

결과적으로 마르크스는 이러한 문제들을 적절히 다루려면 상이한 기술들의 적용의 효과와 가치량이 다른 투입물의 사용이 낳는 결과를 더 정교하게 구분해야 한다는 것을 인식하였다. 이 때문에 그는 ≪자본론≫에서 자본의 가치 구성(VCC) 개념을 도입한다. VCC는 교환의 개념이다. 이것은 한 단위의 상품을 생산하는 데 필요한 불변자본의 (고정자본의 감가를 포함하는) 유동 부분의 가치와 가변자본의 가치 사이의 비율이다.[17]

동일한 문제에 대한 마르크스의 논의를 VCC 도입 이전과 이후로 나누어 살펴보자. 이를 통해 마르크스의 분석에서 VCC가 차지하는 위치와 VCC와 TCC 및 OCC와의 관계를 살펴볼 수 있다. 마르크스는 만약 두 자본의 기술적 구성과 유기적 구성이 동일하지만 소비된 생산수단의 가치가 다른 경우, 유통의 관점에서의 TCC의 가치 평가는 두 자본의 TCC가 서로 다르다는 잘못된 결론으로 이어질 수 있다는 점을 지적하고자 하였다. ≪잉여가치학설사≫에서 마르크스는 다음과 같이 언급한다.

동일한 크기의 자본들의 경우 …… 유기적 구성은 서로 다른 생산 부문에서 동일할 수 있다. 그러나 불변자본과 가변자본의 주요 구성 요소들의 가치 비율은 사용되는 생산수단과 원자재의 가치의 차이에 따라 다를 수 있다. 예를 들어, 철 대신 구리, 납 대신 철, 면 대신 모직이 사용되는 경우 등을 들 수 있다.[18]

VCC를 통해 마르크스는 좀 더 엄격하고 세련된 분석을 할 수 있었다. ≪자본론≫에서 마르크스는 다음과 같이 언급한다.

가변자본이 노동력의 단순한 지표이고, 불변자본이 이 노동력에 의해 운동되는 생산수단량의 단순한 지표인 한에서는, 산업부문이 다르더라도 자본의 기술적 구성은 동일할 수 있다. 예컨대 구리를 취급하는 어떤 작업과 철을 취급하는 어떤 작업에서, 노동력과 생산수단 사이의 비율이 동일할 수 있다. 그러나 구리는 철보다 더 비싸기 때문에, 두 경우에 가변자본과 불변자본 사이의 가치의 비율은 다를 것이며, 따라서 두 자본의 가치 구성도 다를 것이다.[19]

이러한 사례들은 동일한 TCC와 OCC를 갖는 서로 다른 부문들에서 한 시간의 노동이 소비하는 생산수단의 가치의 차이가 미치는 영향을 설명한다. 예를 들어, 만약 구리로 만든 도구와 철로 만든 도구(혹은 모직으로 만든 옷과 면으로 만든 옷, 은제 보석류와 금제 보석류)가 동일한 기술들로, 따라서 동일한 기술적 구성, 유기적 구성을 갖는 자본들에 의해 생산되는 경우에도, 마르크스는 이들의 가치 구성이 원재료 투입물의 서로 다른 가치 때문에 다를 수 있다고 언급한다.[20] 첫 번째 인용에서, 마르크스는 TCC를 오직 OCC를 통해서만 측정한다. 생산 관점에서는 OCC가 TCC를 반영하기 때문에, 이것은 사용된 투입물의 서로 다른 가치를 무시한다. 마르크스는 각기 다른 가치를 갖는 생산수단을 사용하는 경우에도 자본들이 동일한 TCC와 OCC를 가질 수 있다는 점만을 지적할 수 있다. 두 번째 예에서 마르크스는 다른 방식으로 주장하는데, 만약 서로 다른 부문의 두 자본이 동일한 기술적(따라서 유기적) 구성을 갖지만 다른 가치를 갖는 생산수단을 사용하는 경우, 이들의 TCC와 OCC의 동일성은 서로 다른 VCC에 의해 왜곡된 형태로 나타날 것이라는 점을 직접적으로 주장한다.

마르크스는 반대의 경우에도 주목하였다. 만약 두 부문이 동일한 VCC를 갖는 경우 이들이 서로 다른 OCC(따라서 서로 다른 TCC)를 가질 수 있을까? 마르크스는 이에 대하여 긍정적으로 답한다.

유기적 구성이 낮은 자본도 가치 구성의 관점에서 보면 그 불변 부분의 단순한 가치 증대에 의해 유기적 구성이 높은 자본과 동등하게 될 수 있다. …… 이처럼 유기적 구성이 동일한 자본들이 다른 가치 구성을 가질 수 있으며, 가치 구성이 동일한 자본들이 다른 수준의 유기적 구성을 가질 수 있고 따라서 사회적 노동생산성의 다른 발전 수준을 표시할 수 있다.[21]

따라서 만약 서로 다른 두 생산과정에서 동일한 양의 동질적인 노동력이 다른 양의 생산수단을 최종생산물로 변형한다면, 이 자본들은 서로 다른 TCC와 OCC를 가질 것이다. 그러나 만약 이 투입물들의 가치가 불변자본과 가변자본의 [가치의] 비율을 동일하게 하는 경우

에는 이들의 VCC는 동일할 것이다.[22]

이러한 예들은 서로 다른 부문에서 사용되는 불변자본과 가변자본의 가치의 차이가 OCC가 아니라 VCC에 의해서 포착된다는 것을 보여 준다. 대조적으로, 생산기술의 차이는 OCC에는 영향을 미치지만 VCC에는 반영되지 않는다. OCC의 개념은 이것이 상응하는 가치의 차이(나 변화)에 관계없이 생산에서의 기술적 차이(나 변화, 6.3절을 보라)에 대한 연구를 가능하게 하는 반면에 VCC는 이를 구분하지 못한다는 점에서 중요하다. 마지막 예는 OCC 개념의 범위와 한계, 그리고 VCC의 역할을 보여 준다.

원자재와 (숙련도가 더 높은) 노동이 같은 비율로 비싸지는 경우를 가정해 보자. 자본가 A는 5명의 노동자를 고용하는 반면 자본가 B는 25명을 고용하는데, 비용은 똑같이 100파운드가 든다. A가 고용한 노동자들의 노동이 더 비싸(고 따라서 이들의 잉여노동이 더 가치 있)기 때문이다. 이 5명의 노동자는 100킬로그램의 원재료 y를 가지고 일하는데 그 값어치는 500파운드다. B의 노동자들은 1000킬로그램의 원재료 x를 가지고 일하는데 값어치는 마찬가지로 500파운드다. …… 여기서 가치 비율 — v와 c의 비율, 즉 100파운드 대 500파운드 — 은 두 경우가 동일하지만, 유기적 구성은 다르다.[23]

이 예는 명쾌하다. 자본가 A와 B가 동일한 양의 화폐를 생산수단과 노동력에 지출하지만 — 이는 이 자본들의 가치 구성이 동일하다는 것을 의미한다 — 그 유기적 구성은 생산기술의 차이 때문에 다르다.

요컨대, OCC와 VCC는 모두 TCC의 가치 평가이지만, 생산수단과 노동력에 대한 평가 기준이 서로 다르다는 점에서 상이한 개념들이다. 두 산업에서 사용하는 생산기술들의 OCC의 비교는 자본의 요소들의 가치의 차이와 무관한데, 이는 OCC가 생산에서 정의되기 때문이다. 대조적으로, 불변자본과 가변자본의 가치의 차이(나 변화, 6.3절을 보라)는 교환의 개념이다.[24] 오직 이 경우에만 마르크스의 정의를 완전히 이해할 수 있다.

자본의 구성은 두 측면에서 고찰할 수 있다. 가치의 측면에서 고찰하면, 이 구성은 자본이 불변자본 …… 그리고 가변자본 …… 으로 분할되는 비율에 의해 결정된다. 생산과정에서 기능하는 소재의 측면에서 고찰하면, 어떤 자본이든 생산수단과 살아 있는 노동력으로 분할되는데, 이 구성은 사용되는 생산수단의 양과 이 생산수단의 활용에 필요한 노동량 사이의 관계에 의해 결정된다. 나는 전자를 자본의 가치 구성이라고 부르고 후자를 자본의 기술적 구성이라고 부른다. 양자 사이에는 긴밀한 상호 관계가 있다. 이 상호 관계를 표현하기 위해 나는 자본의 가치 구성이 자본의 기술적 구성에 의해 결정되고 또 기술적 구성의 변화를 그대로 반영하는 경우 그것을 자본의 유기적 구성이라고 부른다.[25]

6.3 자본축적

자본주의의 본질적 특징 중 하나는 생산기술의 발전의 경향이다(5.2절을 보라). 기술 변화는 보통 개별 기업에 도입되어 기업의 TCC를 높이며 결과적으로 OCC와 VCC를 높인다.[26] 혁신 기업은 생산성 상승 덕분에 더 높은 이윤율을 얻는다. 동일 부문의 기업들 사이의 경쟁은 이러한 기술 발전을 일반화하는 경향이 있는데, 이 때문에 상품의 가치가 하락하고 혁신 기업의 이득이 사라진다. 좀 더 일반적으로는, 자본 일반의 기술적, 유기적 구성은 매 회전마다 상승하며, 여타의 조건들이 동일하다고 가정할 때, 상품의 가치는 하락하는 경향이 있다.[27]

기술 변화가 직접적으로든 간접적으로든 모든 상품의 가치를 잠재적으로 변화시키기 때문에 동태적 환경에서의 자본 구성의 규정은 생산에서의 변화가 상품유통에 영향을 끼치는 방식에 달려 있다. 이에 대한 분석은 자본 일반 수준에서 가장 적합한데, 여기서는 순환의 시작점에 존재하는 가치('이전의 가치') — 이 가치만큼 투입물을 구매한다 — 가 산출물이 판매되는 가치('이후의 가치')보다 높다.[28] 이러한 개념적 구분은 축적의 분석에서 필수적이다.

> 자본의 유통 과정은 하루에 끝나는 것이 아니라 자본이 그 본래의 형태로 돌아올 때까지 상당히 긴 기간 동안 진행되기 때문에 …… 이 기간 동안 **시장**과 …… 노동생산성에서, 그리고 따라서 상품의 실제 가치에서 상당히 커다란 변화가 일어난다. 또한 출발점 — 사전에 필요한 자본 — 과 이러한 기간들 중 하나의 종료 시점 — 이 자본이 되돌아온 시점 — 사이에 상당한 파국이 반드시 발생할 것이며 위기의 요소들이 분명히 축적되고 발전되었으리라는 것은 상당히 명확하다. …… 동일한 상품의 한 시점의 가치와 이후 시점의 가치의 **비교**

는 현학적 환상이 아니며 …… 오히려 자본 유통 과정의 기본적 원칙을 구성한다.[29]

이제 OCC와 VCC의 계산에 어떤 가치를 사용해야 할까? 이전의 높은 가치인가, 아니면 이후의 낮은 가치인가? 마르크스의 대답은 명확하다. OCC는 TCC를 자본 구성 요소들의 초기의 (높은) 가치로, 즉 새로운 기술들이 산출물의 가치에 영향을 미치기 전의 가치로 반영한다. 대조적으로, VCC는 변경된 생산 조건에 의해 결정되고 교환에 의해 새롭게 성립되는 불변자본과 가변자본의 요소들의 최종의 (낮고 동기화된) 가치로 TCC를 반영한다. 따라서 사회적 VCC의 변화는 사회적 TCC의 상승뿐만 아니라 이에 따른 상품 가치의 하락 ─ 투입물로 사용된 상품을 포함해 ─ 을 포착한다. 결과적으로, VCC는 사회적 TCC와 OCC보다 천천히 상승한다.

자본의 기술적 구성의 이러한 변화는 …… 자본의 가치 구성, 즉 자본 가치의 가변적 구성 부분을 희생으로 하는 불변적 구성 부분의 증대에 반영된다. …… 그러나 …… 자본의 가치 구성의 변화는 자본의 소재적 구성 부분들의 구성 변화를 대체적으로 표시할 뿐이다. …… 그 이유는 간단하다. 즉 노동생산성의 증대에 따라 노동이 소비하는 생산수단의 양은 증대하지만 그 양에 비해 그것의 가치는 감소하기 때문이다. 그리하여 생산수단의 가치는 절대적으로 증가하지만 그 양의 증가에 비례해 증가하지는 않는다.[30]

대조적으로, 사회적 OCC는 '이전의' 가치로 측정되며 사회적 TCC
와 더불어 상승한다. 발전한 자본주의에서는 기술적 진보가 축적의
주요 동력인데, 여기서 우리는 TCC와 OCC가 사회적 자본 그 자체보
다 훨씬 빠르게 상승한다는 것을 발견하게 된다.

노동생산성의 발전, 그리고 그것에서 유래하는 자본의 유기적 구성의
변동은 축적의 진전 또는 사회적 부의 증가와 보조를 맞추는 것이 아
니라 그보다 훨씬 더 빠른 속도로 발전한다. 왜냐하면, 단순한 축적,
즉 사회적 총자본의 절대적 증대는 총자본의 개별 요소들의 집중을
수반하며, 또 추가 자본의 기술적 구성의 변혁은 최초 자본의 기술적
구성의 변혁을 수반하기 때문이다.[31]

6.4 결론

VCC와 OCC는 서로 다른 상황들에서의 비교에 의해서만 구분 가능하
다. 만약 두 자본을 동일한 시점에 비교한다면, 생산적으로 소비된 시
간당 불변자본의 가치(이는 VCC를 정의한다)를 동일한 시간에 처리
된 생산수단의 양(이는 TCC와 OCC를 규정한다)과 비교할 것이다.
이 경우는 이론적으로 중요한데, 마르크스는 ≪자본론≫ 3권 2부에서
다양한 유기적 구성을 갖는 자본들의 정태적 비교를 통해 가치의 생
산가격으로의 전형(7장을 보라)을 설명하였다.
　　동태적 환경에서는 기술 변화를 겪는 자본의 OCC와 VCC 둘 모두를
계산할 수 있다. OCC가 한 시간의 (지불 및 불불) 노동에 기술적으로

필요한 (고정 및 유동) 불변자본의 사전적 평가인 반면, VCC는 최종 생산 국면에 소비되는 (유동) 고정자본과 가변자본의 새로운 가치 사이의 사후적 비율이라는 점을 앞에서 살펴보았다. 따라서 OCC는 생산 시점에 측정되는 반면, VCC는 유통에서 규정되며 노동이 정규화·동기화·동질화되어 새로운 가치가 결정되고 상품이 교환 영역에 투입되려 할 때 계산된다. 바로 이러한 맥락에서 마르크스는 ≪자본론≫ 3권 3부에서 이윤율 저하 경향의 법칙을 제시하였다.[32]

마르크스의 TCC, OCC, VCC의 사용은 때때로 애매해 보이는데, 이는 OCC와 VCC가 모두 TCC를 가치 기준으로 평가한 것이기 때문이다. 그러나 이러한 개념들은 매우 다양한 의미와 중요성을 지니며, 마르크스의 점차적 용어의 변경은 축적, 가치의 생산가격으로의 전형, 이윤율 저하 경향, 다양한 종류의 지대 등의 분석에 있어 자본 구성의 중요성에 대한 그의 점증하는 인식을 거의 정확히 반영한다. 그러나, 그리고 아마도 더 중요하게는, 이러한 개념들은 축적이 사회적 자본의 재생산에 미치는 영향을 조명하는 데 도움을 준다. 계속되는 기술 변화는 TCC, OCC, 총투입물의 가치를 높인다. 그러나 산출물의 가치, 미래의 투입물의 가격, VCC는 저하하는 경향이 있다.* 실제의 조정 과정이 — 특히 거대한 고정자본에 대하여 — 어떻게 일어나는지는 축적의 과정에서 중요한데, 이는 자본의 커다란 부분의 갑작스러운 가치 파괴가 금융 격변과 위기로 이어질 수 있기 때문이다.

---

* VCC가 저하하는 것이 아니라, TCC나 OCC보다 천천히 상승한다고 하는 것이 정확할 것이다.

7장
가치의 생산가격으로의 전형

상이한 부문의 자본들 사이의 경쟁은 ≪자본론≫의 분석 수준에 중대한 변화를 가져온다. 이러한 유형의 경쟁과 자본 이동의 가능성은 경제 전체에 걸친 자본 및 노동의 분배를 설명하며, 가격으로서의 가치 표현을 전형시킨다. 이제 [가치의 표현으로서의] 가격은 **생산가격**이 된다. 가치(더 정확하게는 RSNLT에 비례하는 '가치', '단순'하거나 '직접적'인 가격, 5.4절을 보라)의 생산가격으로의 전형은 각각의 자본의 원천과는 무관하게 그 규모에 따른 잉여가치의 배분에 의한 것이다.

마르크스의 저작에서 전형의 중요성, 그리고 언뜻 보기에 직관에 반하는 듯한 마르크스의 접근법으로 인해 전형 문제는 여러 그룹에 속하는 다수의 학자들의 주목을 끌었다.[1] 종종 전형이 마르크스의 방법의 근본적 문제점들을 드러내며 그의 가치론에 기반한 분석들이 실패할 수밖에 없음을 보여 준다는 주장들이 제기되었다.[2] 이러한 주장들은 방대한 연구 성과 — 이것은 반드시 마르크스주의적인 것은 아니다 — 를 통해 기각되었는데, 이에 따르면 마르크스의 전형 과정을 (비록 여러 다른 방법을 통해서이지만) 손쉽게 수정할 수 있다. 또한 마르크스의 접근법에는 설득력이 있으며, 이것은 수정이 필요한 것이 아니라 제대로 이해되어야 한다.[3] 이 장은 이러한 전통에 기초를 두되, 또 다른 관점에서 전형을 다룬다. 이전의 분석들은 명시적이지는 않더라도 전형이 투하자본들의 가치 구성의 차이에서 기인한다고 주장한다. 대조적으로, 마르크스가 이것을 유기적 구성의 차이의 결과로 보았다는 것은 잘 알려져 있다. 이 개념들(가치 구성과 유기적 구성의 유사점과 차이점은 6장에서 살펴보았으며, 이 개념들이 전형과 어떻게 관련되어 있는지는 아래에서 다룬다.[4]

이 장은 네 절로 구성되어 있다. 1절에서는 잉여가치, 이윤, 이윤율의 개념을 도입하며, 이윤의 규정에 있어 OCC의 역할에 대해 살펴본다. 2절에서는 마르크스의 전형 과정을 투하된 자본들의 상이한 OCC에 입각하여 해석한다. 3절에서는 투입물 가치의 전형과 전형이 마르크스의 가치형태 분석에 미치는 영향을 논의한다. 마지막으로 4절에서는 마르크스에 대한 이러한 해석의 의미를 평가한다.

7.1 잉여가치, 이윤, 자본 구성

≪자본론≫ 3권은 잉여가치와 이윤 개념의 구별에서 출발한다. 잉여가치는 노동력 가치와 새롭게 생산된 가치의 차이이며, 이윤은 상품의 가치와 불변자본(c) 및 가변자본(v)의 가치의 차이이다(4.1절을 보라).

착취율(e=s/v)은 가변자본 한 단위당 생산된 잉여가치이다. 대조적으로 이윤율(r)은 자본의 성장률을 측정하는데, 이 경우 생산에서 생산수단과 노동력이 수행하는 상이한 역할은 중요하지 않다. 이윤율은 다음과 같다.[5]

$$r = \frac{s}{c+v} = \frac{e}{(c/v)+1}$$

여기서 c/v는 자본의 가치 구성이다.[6]

이어서 마르크스는 투입물의 양과 질, 가치의 변화가 이윤율에 어떤 영향을 미치는지, 회전 기간과 잉여가치율의 변화가 어떤 의미를 갖는지를 검토한다. ≪자본론≫ 3권의 8장에서 마르크스는 일반 이윤율에 영향을 미치는 요인들이 각기 다른 부문의 개별 자본들의 이윤율의 차이로 이어질 수도 있음을 지적한다.

나란히 존재하는 서로 다른 생산 부문들의 이윤율은, 기타의 조건들이 동등한 경우, 투하자본들의 회전 시간이 다르거나 이 자본들의 유기적 구성 부분들 사이의 가치 비율이 다르다면, 달라질 것은 당연하다. 우리가 이전에 동일한 자본이 시간상 계기적으로 겪는 변화들로서 고찰한 것을, 이제는 다른 생산 분야들에 나란히 존재하는 자본 투하들 사이의 동시적 차이들로서 고찰하게 된다.[7]

이 구절은 분석 수준의 이동, 즉 서로 다른 부문에 속하는 자본들 간의 경쟁을 도입한다. 이러한 이동은 전형의 필요성을 제기한다. 따라서 마르크스가 이 문제를 즉각 다루지 않는 것이 놀랍게 받아들여 질 수 있다. 오히려 마르크스는 이어서 자본의 기술적, 유기적, 가치 구성(의 차이점들)을 분석한다(TCC, OCC, VCC, 6장을 보라). 마르크 스는 이러한 명백한 우회 이후에야 ≪자본론≫ 3권의 9장에서 전형 과정을 다룬다.

상이한 부문들에 투자된 자본의 이윤율은 이 자본들의 유기적 구 성이나 가치 구성 때문에 다를 수 있다. 예를 들어, 강철 제품과 알 루미늄 제품(혹은 면직물과 모직물)을 동일한 기술로 생산하는 두 자본은 TCC와 OCC가 동일하다. 그러나 투입물 가치의 차이는 직접 가격으로 측정되는 [두 자본의] VCC와 이윤율이 상이할 수 있음을 의미한다. 이것이 기존의 연구에서 전형의 필요성을 설명하는 방식 이다. 그러나 마르크스는 다른 문제에 관심이 있었다. 이번에는 동일 한 두 자본이 각기 다른 기술로 재화를 생산하는데, 하나는 상대적 으로 더 많은 기계를 사용하고 다른 하나는 상대적으로 더 많은 노 동을 사용한다고 가정해 보자. 이 경우, 투입물의 비용(과 VCC)에 관계없이 더 많은 노동을 사용하는 자본의 OCC가 더 낮고, 더 많은 가치와 잉여가치를 생산하며, 다른 조건들이 동일할 때 이윤율이 더 높다.

이러한 예는 OCC가 이윤율과 **생산영역** — 여기에서 살아 있는 노동이 가치와 잉여가치를 생산한다 — 을 서로 연관시킨다는 것을 보여 준다는 점에서 중요하다. 대조적으로, VCC는 이윤율과 **교환 영 역** — 여기에서 상품들이 서로 거래되며 투하자본의 확대가 새롭게 성립된 가치에 의해 측정된다(5장과 6장을 보라) — 을 연관시킨다.

마르크스는 OCC와 VCC의 차이와 변화가 이윤율에 미치는 영향을 다음과 같이 설명한다.

자본의 유기적 구성의 변동이나 자본의 절대량의 변동과는 무관하게 이윤율이 변동할 수 있는 것은 투하자본의 가치가 …… 상승하거나 저하하는 …… 경우뿐이다. …… 변화한 사정 아래에서 동일한 물적 자본(physical capital)을 재생산하는 데 두 배의 노동시간 또는 절반의 노동시간이 든다면, 화폐의 가치가 불변인 경우 …… 이윤도 또한 두 배의 화폐액 또는 절반의 화폐액으로 표현될 것이다. 그러나 이 가치 증감이 자본의 유기적 구성(자본의 가변 부분과 불변 부분 사이의 비율)의 변화를 수반한다면, 기타의 조건들이 불변인 경우, 이윤율은 가변자본의 상대적 증대에 따라 상승하고 상대적 감소에 따라 하락할 것이다.[8]

만약 마르크스가 투하자본 요소들의 가치의 차이가 가격에 미치는 영향, 즉 상이한 불변자본과 가변자본의 지출 비율(expenditure ratios)이 이윤율에 미치는 영향에 주된 관심을 가졌다면, 그의 전형은 VCC를 중심으로 이루어졌을 것이다. 대부분의 선행 연구는 이러한 관점에서 문제에 접근하지만 이것은 마르크스의 전형 과정이 아니다. OCC에 대한 마르크스의 강조는 그가 무엇보다 투하자본의 서로 다른 (잉여)가치 창조 능력이 가격에 미치는 영향, 즉 생산수단의 가치에 관계없이 생산수단을 산출물로 변형하는 데 필요한 서로 다른 노동의 양이 가격에 미치는 영향에 관심을 가졌음을 보여 준다.[9] 이러한 접근법은 **노동가치론의 관점**에서는 직관적으로 명백하다. 그러나 이 문제를 좀 더 자세히 논의해 보자.

6.2절에서 TCC와 OCC의 정태적 비교는 소비된 노동력과 생산수단의 가치의 차이와는 무관하게 이루어지며, 단지 생산 조건들의 차이만이 의미를 갖는다는 것을 보았다. 이를 통해 마르크스는 단순하지만 강력한 결론에 도달한다. 즉, 투입물의 가치를 고려하지 않는다면, 어떤 상품을 생산하든 OCC가 가장 낮은 자본이 상대적으로 더 많은 노동자를 고용하고 더 많은 잉여가치를 생산한다.[10]

이러한 결론은 OCC가 두 가지 측면에서 이윤 창조의 분석에 유용함을 보여 준다. 첫째, OCC는 잉여가치와 이윤의 원천이 **불불노동**임을 명확하게 밝힌다. 이를 통해 마르크스는 기계가 가치를 창조하지 않으며 잉여가치와 이윤은 부등가교환에서 유래하는 것이 아니고, 산업이윤, 이자, 지대는 단지 생산된 잉여가치의 배분에 불과하다는 자신의 주장을 입증할 수 있다(3.2절과 4.1절을 보라).[11] 둘째, OCC는 이윤율, 노동의 배분, 잉여가치와 생산가격의 개념을 교환이 아닌 **생산영역**과 연관시킨다. 이어서 마르크스는 서로 다른 OCC를 갖는 다섯 자본의 비교를 통해, 어떻게 일반이윤율이 형성되며 어떻게 생산가격이 규정되는지를 보여 준다.

7.2 가치에서 생산가격으로

≪자본론≫ 3권 9장의 잘 알려진 전형표에서 마르크스는 (고정자본과

유동자본을 포함해) 각기 100파운드의 다섯 자본을 비교하고, 서로 다른 이윤율은 서로 다른 OCC에서 기인한다고 주장한다. 마르크스는 이들의 개별 이윤율로부터 평균을 계산하고, 이 평균으로부터 산출물의 생산가격을 도출한다(표 1을 보라).

표 1 : 마르크스의 전형[a]

자본 (M=c+v)	소비된 불변자본 (c')	비용가격 (k=c'+v)	잉여가치율 (s/v)	잉여가치 (s)	상품의 가치 (M'=k+s)	'가치' 이윤율 (r=s/M)	이윤 (π=MR)[b]	생산가격 (p=k+π)	'가격' 이윤율 (r'=π/M)
I. 80c+20v	50	70	100%	20	90	20%	22	92	22%
II. 70c+30v	51	81	100%	30	111	30%	22	103	22%
III. 60c+40v	51	91	100%	40	131	40%	22	113	22%
IV. 85c+15v	40	55	100%	15	70	15%	22	77	22%
V. 95c+5v	10	15	100%	5	20	5%	22	37	22%
390c+110v	202	312	100%	110	422	22%	110	422	22%

(a) : 마지막 행은 총합이나 평균을 표시한다.

(b) : R은 평균 '가치' 이윤율이다.

출처 : *Capital 3*, pp 255~256[국역 : 《자본론》 3권 (상) 184~186쪽].

이 전형표의 중요성에도 불구하고, 지금까지의 연구들은 마르크스가 동일한 규모, 즉 100파운드의 자본들을 도입하며, 단위 가격이 아니라 개별 자본의 총생산물의 생산가격을 측정하는 까닭을 주의 깊게 다루지 않았다. 이는 서술의 편의나 용이함 때문일 수도 있다. 그러나 마르크스가 OCC에 관심을 두고 있다는 점에서 이러한 방식은 필연적이다. 투하된 자본의 동일한 규모에서 시작해 보자.

자본의 유기적 구성은 ⋯⋯ 백분율에 의해 고찰되어야만 한다. 어느 자본이 5분의 4의 불변자본과 5분의 1의 가변자본으로 구성되어 있다면 우리는 이 자본의 유기적 구성을 80c+20v라는 공식으로 표현한다.[12]

마르크스는 백분율 형태를 전형 문제와 여타의 분석에서 여러 번 사용한다. 그가 백분율 형태를 사용하는 이유는, OCC를 직접 측정할 수 없는 경우, 이것이 정태적 분석에서 OCC를 평가할 수 있는 유일한 방법이기 때문이다. 만약 마르크스가 그랬던 것처럼 노동의 가치 생산성이 모든 기업에서 동일하고 잉여가치율이 경제 전체에 대하여 [동일하게] 규정된다고 가정하면(4.1절을 보라), 백분율 형태(예를 들어, 6c+4v나 180c+120v가 아닌 60c+40v, 8c+2v나 2400c+600v가 아닌 80c+20v)는 상당한 중요성을 갖는다. 가변자본은 구매한 노동력의 양, 수행된 노동, 생산된 가치와 잉여가치의 지표(index)가 된다.[13] 여기에 더해, 가동 중인 노동의 양, 생산물의 가치와 이윤율은 직접적으로 관련되어 있다. 이것이 마르크스가 전형에서 강조하고자 한 것이다. 이 관계들은 생산에서 수립되기 때문에 자본의 (가치 구성이 아니라) 유기적 구성과 관련이 있다.

동일한 크기의 자본들 또는 다른 크기의 자본들을 100단위로 환원시킨 것은, 노동일과 노동 착취도가 동일하다 하더라도, 매우 다른 잉여가치량(따라서 이윤)을 생산하게 된다. 왜냐하면 각각의 생산 분야에서 자본의 유기적 구성이 달라 자본의 가변 부분이 다르며(즉 운동되

는 살아 있는 노동의 양이 다르며), 이에 따라 잉여노동 ─ 잉여가치
와 이윤의 실체 ─ 의 취득량이 다르기 때문이다. …… 주어진 노동
착취도에서는 자본 100이 운동시키는 노동량과 취득하는 잉여노동량
은 그 자본의 가변 부분의 크기에 달려 있다. …… 각각의 생산 분야
에서 동일한 크기의 자본, 즉 다른 크기의 자본을 100단위로 환원시
킨 것은 불변자본과 가변자본으로 균일하게 분할되지 않고, 다른 양
의 살아 있는 노동을 운동시키며 따라서 다른 양의 잉여가치 또는 이
윤을 생산하기 때문에, 이윤율 ─ 잉여가치를 총자본의 백분율로 계
산한 것 ─ 은 각각의 경우 다르다.[14]

백분율 형태의 사용은 이윤이 생산에서 창조되고 이것이 무엇보
다 생산수단의 가치가 아닌 가동 중인 노동력의 양에 의존한다는 원
리를 명확히 보이는 데 도움이 된다. 마르크스에게 이것은 이윤이 사
회적 잉여가치로부터의 '배당(配當)'이라는 것을 보여 준다.[15] 마지막
으로 백분율 형태는 총가치가 총생산가격과 일치하며 총잉여가치가
총이윤과 일치함을 명백히 보여 준다.

이 총계 일치 명제들은 마르크스에게 상당히 중요하다. 마치 이러
한 총계 일치 명제들이 실증적으로 증명되지 않는 경우 마르크스의
가치론을 논파할 수 있는 것처럼 간주하여, 이들을 두 개의 독립된
조건이나 '검증할 수 있는 가정'으로 이해해서는 안 된다. 마르크스에
게 이 총계 명제들은 하나이자 동일한 명제이며, 언제나 성립하지만
서로 다른 수준에서 의미가 있다. 총가격은 총가치와 동일한데, 이는
가격이 단순히 가치의 형태이며 총이윤이 총잉여가치와 일치하기 때

문이다. 달리 표현하면, 개별 가격은 가치와는 다른데, 이것은 이윤이 잉여가치와 다르기 때문이며 [가격과 가치의 차이는] 전형에서의 잉여가치의 재분배에 기인한다. 이 총계 일치 명제들은 언제나 성립하는데, 이는 이들이 동일한 개념 — 사회적 노동 — 의 여러 분석 수준에 걸친 전개를 표현하기 때문이다(1.1절을 보라).[16]

투입물 가치와 화폐상품의 가치의 전형의 배제는 OCC에 기반한 마르크스의 분석에서 자연스럽게 도출되며, 이는 총계 명제들을 무엇보다 개념적으로 이해해야 한다는 것을 입증한다. 이 총계 명제들은 가치와 잉여가치의 관계를 그 현상 형태인 가격과 이윤으로 표현한다. 생산가격은 상대적으로 복잡한 가치의 형태인데, 여기서 가치와 가격의 차이는 각각의·산업부문의 평균 자본이 동일한 이윤율을 갖도록 잉여가치를 재분배한다.[17]

이러한 관계를 다른 각도에서 살펴보자. 상품의 가치와 가격은 다양한 수준에서 분석될 수 있다. 가장 추상적인 수준에서 가치는 생산의 사회적 관계이며, 양적으로는, 개별 상품을 재생산하기 위해 사회적으로 필요한 노동시간이다. 가치를 이 노동시간의 화폐적 표현으로서의 직접가격, 생산가격이나 시장가격으로 볼 수도 있다(5장을 보라). 이러한 [분석 수준의] 이동은 개념들이 더 복잡한 수준에서의 재생산을 통해 정교화되기 때문인데, 이는 가격 형태, 따라서 가치관계의 좀 더 복잡한 규정들을 포착한다. 이에 대한 상세한 연구는 마르크스의 저작, 좀 더 일반적으로는, 마르크스 가치론의 주요 부분을 구성한다.[18]

위에서 투하자본의 OCC의 차이가 이윤율에 미치는 효과를 강조한다는 점에서 백분율 형태의 사용이 알맞다는 점을 보았다. 그러나 백분율은 모든 자본을 그 실제 규모에 관계없이 100파운드로 균등화하기 때문에 평균이윤율을 변화시키며 각각의 원래의 자본이 생산하는 [가치]량을 수정한다.

일반적 이윤율의 형성에 관한 우리의 예에서는 각각의 생산 분야의 자본을 100이라고 가정하였는데, 이것은 이윤율의 백분율 차이를 분명히 하며 그리고 동일한 크기의 자본에 의해 생산되는 상품들의 가치의 차이를 분명히 하기 위한 것이었다. 그러나 각각의 생산 분야에서 생산되는 현실의 잉여가치량은 사용되는 자본의 크기에 달려 있다는 것은 명백하다. …… 사회적 자본 100단위에 대한 평균이윤, 즉 평균이윤율(또는 일반적 이윤율)은 각각의 생산 분야에 투하된 자본들의 상대적 크기에 따라 크게 달라질 것이다.[19]

백분율로 계산된 가치, 잉여가치, 가격, 이윤은 그 원래의 양과는 다르기 때문에 마르크스의 전형 과정을 통해 가격벡터를 계산해 내는 것은 불가능하다. 백분율이 OCC의 평가를 위해 필요한 것이고 백분율 형태를 사용하여 가격을 계산하는 것이 불가능하다는 점에서, 전형에서의 마르크스의 주요 목적이 가격벡터 계산을 위한 방법을 고안해 내는 것이라고 주장할 수 없다. 어떤 이들은 이것이 실망스럽거나 바람직하지 않다고 생각할 수 있지만, 전형 '문제'가 가격의 계산을 우선적으로 다루는 것이 아니라는 점에서 이것은 전혀 놀라운 것이 아니다. 전형은 본질적으로 질적인 문제로서, 생산가격이 경제 전체에 걸친 잉여가치와 노동의 배분을 반영한다는 점에서 가치에 비해 사회적 노동을 표현하는 더 복잡한 형태라는 것을 보여 준다.[20] 투입물 가치의 분석은 이러한 목적하에서는 중요하지 않으며, 이를 고려하는 것은 본질적 문제들을 조명한다기보다는 오히려 불명확하게 한다.

7.3 투입물 가치의 전형

위에서 설명한 전형의 첫 번째 단계는 모든 자본이 새롭게 생산한 잉여가치를 경제 전체에 걸친 이윤율의 균등화를 위해 배분하는 것이다. 그러나 전형은 또 다른 단계를 가지고 있는데, 여기서는 투입물의 가치와 화폐의 가치가 전형된다. 이 단계는 분석적으로 부차적이며, 마르크스의 관심을 거의 끌지 못하였다. 그러나 이것이 전형의 의미와 의의에 대한 대부분의 논쟁의 근원이었다.

흔히 마르크스가 전형 과정에서 투입물 가치의 전형을 무시하였다고 주장한다. 그러나 이러한 주장은 아무리 좋게 보더라도 불충분하다. 마르크스는 투입물 가치(6.2절에서 논의된 범위 안에서)를 [전형으로부터] 배제하는데, 이것은 두 가지 이유 때문이다. 첫째, 투입물 가치는 가격이 가치의 현상 형태이며, 이윤이 잉여가치의 현상 형태라는 마르크스의 주장과 관계가 없다. 둘째, 투입물 가치와 산출물 가치의 동시 전형은 전형의 개념적 핵심인 잉여가치의 생산과 분배를 찾아낼 수 없게 한다. 만약 투입물과 산출물이 동시에 전형된다면, 단지 서로 대립되고 서로 연관이 없어 보이는 두 개의 상대가격체계

— 가치체계와 가격체계 — 가 존재할 것이다. 가격과 이윤은 가치체계에 의해 평가될 수 없으며, 가치와 잉여가치는 가격체계에는 부재하다. 이들의 본질적 관계는 드러나지 않는다. 대조적으로 우리가 마르크스의 과정을 따르고 생산수단의 가치를 배제한다면, 이러한 양분을 피할 수 있으며 산업부문들에 걸친 잉여가치의 이동을 통해 추상수준의 변동을 '볼' 수 있다.

생산수단의 가치의 배제는 전형에 의해 야기되는 교환 비율의 체계적 수정과는 무관하게 잉여가치의 분배와 이에 따른 생산가격의 규정을 드러낸다. 여기에 더해, 화폐상품 가치의 전형의 효과를 상쇄한다. 화폐상품 가치의 전형은 가치와 가격 사이의 관계를 좀 더 복잡하게 만들며, 특히 화폐 생산 부문의 VCC가 사회적 평균과 다를 경우, 도입되는 개념들을 불명료하게 한다.[21] 요컨대, 가격벡터가 마르크스의 전형 과정으로부터 계산될 수 없는 세 가지 이유가 있다. (a) 마르크스는 단위 가격이 아니라 투하된 100파운드에 의해 생산된 상품들 전체의 생산가격을 다룬다. (b) 마르크스는 투입물 가치의 전형을 배제한다. (c) 마르크스는 화폐상품의 가치의 전형을 배제한다.[22]

달리 표현하면, 마르크스의 전형이 투입물 가치의 전형에 실패하였기 때문에 잘못되었다는 오래된 반론은 논점을 벗어난 것이다. 왜냐하면, 만약 전형이 OCC를 중심으로 이루어진다면, 생산수단의 가치는 중요하지 않으며 생산수단의 가치의 전형이 결과에 영향을 미칠 수 없기 때문이다. 동일한 주장을 통해 마르크스가 화폐상품의 가치를 전형하는 것을 '잊었다'(거나 이 문제를 다루기에는 수학적으로 서틀렸다)는 비판,[23] 또는 그가 '별 근거 없이' [100파운드에 의해 생산된 상품들 전체의 생산가격이 아닌] 단위 가치와 단위 생산가격에 기초하여 문제를 정의하지 않았다는 비판을 반박할 수 있다. 마르크스의 과정은 생산가격의 개념을 도출하는 데 (비록 그 계산에 직접적으로 적합하지는 않더라도) 적합한데, 이는 원인(생산에서의 노동 수행과 잉여가치 추출을 통한 착취)을 결과(양의 이윤율과 부문별 균등화를 유도하는 힘의 존재)로부터 분리하기 때문이다.[24]

생산가격의 개념을 도입한 후 마르크스의 분석은 더 복잡한 수준에 도달하는데, 여기서 전형의 두 번째 단계를 고려할 수 있다. OCC의 영역이 자리를 내주고 노동력과 생산수단의 가격을 분석에 포함시키면 상품의 가격이 그 가치와 달라질 수 있는데, 여기에는 두 가지 이유가 있다.

(1) 상품에 포함된 잉여가치 대신에 평균이윤이 상품의 비용가격에 더해지기 때문이다.
(2) 가치로부터 괴리된 상품의 생산가격이 다른 상품의 비용가격의 요소로 들어가기 때문인데, 이는 소비된 생산수단의 가치로부터의 괴리가 평균이윤과 잉여가치로부터 발생하는 괴리와는 완전히 별도로 이미 비용가격에 포함될 수 있기 때문이다.[25]

가격의 개념적 도출로부터 가격 수준에서의 경제에 대한 연구로의 이러한 관점의 변화는 생산가격 개념의 추가적 규정으로 이어지며 마르크스의 전형 과정을 결론짓는다. 가격의 도출은 생산수단과 노동력 가치를 배제하는 잉여가치의 분배에서 출발하지만, 가격벡터의 계산에는 잘 알려진 바와 같이 현재의 생산기술, 임금률, 이윤(의 가격)율이 필요하다.[26] 요컨대, 1장에서 본 바와 같이 마르크스의 방법은 어떤 개념들의 다른 개념들로의 발전적 변형일 뿐만 아니라, 분석의 발전을 반영하기 위해 개별 개념의 의미의 점진적 변화를 수반하기도 한다.[27] 이후 마르크스는 생산가격에 대해서 다음과 같이 주장한다.

사실상 애덤 스미스의 '자연 가격', 리카도의 '생산가격' 또는 '생산비', 그리고 중농학파의 '필요 가격'과 동일한 것이지만, 이들 중 아무도 생산가격과 가치 사이의 차이를 해명하지 못하였다. ⋯⋯ 우리는 또한 상품의 가치가 노동시간 ⋯⋯ 에 의해 결정된다는 것을 반대하는 바로 그 경제학자들이 왜 생산가격을 시장가격의 변동의 중심으로서 항상 이야기하고 있는가를 이해할 수 있다. 그 이유는, 생산가격이 이미 상품 가치의 완전히 외면화된 명백히 비합리적인 형태 — 경쟁에서 나타나며, 그리하여 세속적인 자본가의 의식에, 따라서 또 속류 경제학자의 의식에 들어 있는 형태 — 이기 때문이다.[28]

이 단계에서,

상품의 가치가 직접적으로 등장하는 것은, 노동생산성의 변화가 생산가격의 등락에 미치는 영향 — 즉 생산가격의 최후의 한계에 미치는 영향이 아니라 생산가격의 변동에 미치는 영향 — 을 통해서일 뿐이다.

이윤은 이제 오직 부차적으로만 노동의 직접적 착취에 의해 결정되는 것처럼 보인다. …… 이것도 …… 이 착취가 자본가에게 평균이윤보다 높거나 낮은 이윤을 실현할 수 있게 해 주는 경우에만 그렇다.[29]

마르크스의 가격 이론에는 두 가지 측면이 있다. 한편으로는, 이것은 고전파 경제학과 비슷한 생산비 이론이다. 다른 한편으로는, 마르크스의 이론은 가격 형태를 자본주의에서의 노동의 사회적 분업 ─ 이는 점점 더 복잡한 수준에서 분석된다 ─ 을 통해 설명한다는 점에서 특유하다. 전형은 네 가지 측면에서 ≪자본론≫의 구조에 영향을 끼친다. 첫째, 전형은 왜 시장 교환이 각각의 상품을 재생산하는 데 사회적으로 필요한 노동시간에 의해서 직접적으로 규율되지 않는지를 설명한다. 둘째, 전형은 가격이 사회적 노동의 상대적으로 복잡한 형태라는 것을 보여 준다. 셋째, 전형은 마르크스의 가치형태 분석을 좀 더 복합적으로 이해할 수 있게 해 준다(아래를 보라). 넷째, 전형은 경제 전체에 걸친 노동의 분배를 설명한다.[30] 비록 미완성인 채로 남았지만, 마르크스의 [전형] 과정은 마르크스의 자본주의 경제의 [사고 속에서의] 재구성을 더욱 발전시키고 생산수단으로 표현되는 죽은 노동이 아니라 살아 있는 노동만이 가치와 잉여가치를 생산한다는 주장을 확증한다는 점에서 중요하다.

대조적으로, 투입물 가치가 처음부터 고려되어야 하고 산출물 가치와 함께 전형되어야 한다고 주장하는 접근법은 종종 가치의 생산에 있어 살아 있는 노동과 죽은 노동의 역할을 뒤섞어 버리고, 생산에서 노동자와 기계를 구분해 내지 못한다. '투입물의 비전형'은 오류라고 간주될 수 없다. 오히려 이것은 마르크스의 방법의 한 특징이다. 투입물과 화폐상품의 가치(의 변화)의 배제를 통해, 마르크스는 이윤의 원천이 생산에서의 노동의 수행임을 밝히고, 유통이 분석에 투입되어 분석의 전개에 긍정적으로 기여할 수 있게 하는 조건들을 신중하게 만들어 나간다.

7.4 결론

이 장에서는 마르크스의 가치에서 생산가격으로의 전형이 두 단계를 포함한다는 것을 보았다. 먼저 그는 생산수단의 가치(의 차이)를 배제하는데, 이는 가치가 노동에 의해서만 생산되며, 달리 표현하면, 가동 중인 살아 있는 노동의 양이 많을수록 더 많은 잉여가치가 생산된다는 원칙을 강조하기 위해서이다. 개별 자본의 규모에 따른 잉여가치의 분배는 가치와는 다른 가격을 형성한다. 두 번째 단계에서 경제는 생산가격의 수준에서 분석된다. 모든 상품은 그 가격에 따라 판매되며 투입물의 가격 역시 고려된다. 전형의 역할은 사회적 노동의 형태의 더 복잡한 수준에서의 규정을 가능하게 하고 경제 전체에 걸친 노동과 잉여가치의 분배를 설명하는 것이다.

자본의 유기적 구성의 사용은 이 단계들의 구분에 필수적인데, OCC가 전형의 원인을 파악하고 가격과 가치 사이의 관계를 해명하는 데 도움이 되기 때문이다. 여기에 더해, OCC는 마르크스의 관심이 가격이나 이윤율의 대수적 계산이 아니라 노동, 가격, 이윤 사이의 개념적 관계에 있다는 것을 보여 준다. 마지막으로, OCC는 이 경우

균형(또는 단순재생산)의 가정이 정당화 될 수 없음을 보여 준다. 전형의 이러한 해석은 ≪자본론≫ 3권의 서술이 마르크스의 방법에 부합하며 그의 자본주의 경제의 주요 범주들에 대한 재구성의 일환임을 보여 준다.

대부분의 선행 연구는 VCC를 바탕으로 전형 과정을 연구한다. 이것이 그 자체로 잘못된 것은 아니며 중요한 이론적 발전으로 이어질 수도 있지만, 이러한 접근법은 마르크스의 문제와는 별 관계가 없다. 이러한 접근법이 낳을 수 있는 다양한 해결책들을 이들이 주목하는 구조들, 중심적 위치에 있는 과정들, 그리고 이를 취급하는 방식(달리 표현하면, 정규화 조건의 본질, 상호 작용, 또는 연립방정식의 사용 등)을 통해 서로 구분할 수 있다. 선행 연구에서 발견되는 대부분의 전형 과정은 마르크스의 전형 과정과는 다르다. 이들이 마르크스의 전형 과정을 '수정'한다고 주장할 수는 없는데, 이는 이들이 서로 다른 문제들을 다루고 있으며 마르크스의 것과는 다른 가격-가치 관계의 개념을 포함하기 때문이다. 마르크스의 전형에 대한 부적절한 이해는 종종 그가 부당하게 생산기술의 명세(specification)를 빠뜨렸다거나, 더욱 빈번하게는 투입물 가치를 전형하지 않았다는 불평으로 이어진다.[31] 이 장에서는 이러한 반론들이 전형에서 마르크스의 주요 관심사가 아니었던 문제들을 강조하며 마르크스의 연구 주제를 명확히 하는 데 기여하기보다는 이를 더 불명확하게 한다는 점에서 잘못된 것임을 보였다.

8장
화폐, 신용, 인플레이션

이 장은 화폐, 신용, 인플레이션 이론에 대한 마르크스주의적 공헌을 비판적으로 검토하며, 이를 통해 앞서 제시한 가치분석을 요약한다. 이 장은 네 절로 구성되어 있다. 1절에서는 화폐의 형태와 기능을 포함하는 마르크스의 화폐와 신용 이론을 간단히 검토한다. 2절에서는 화폐와 생산가격 사이의 관계를 설명하며, 마르크스의 체계 내에서 무가치 지폐 통화의 [성립] 가능성을 상세히 설명한다. 3절에서는 세 가지 마르크스주의 인플레이션 이론을 비판적으로 분석하며, 이들이 어떻게 좀 더 발전될 수 있는지를 다룰 것이다. 4절에서는 이 장의 결론을 제시한다.

8.1 노동과 화폐

마르크스가 ≪자본론≫ 1권 1장에서 상품 교환으로부터 화폐를 도출한 것은 화폐의 기원을 역사적으로 설명한 것이 아니며 상품으로부터 화폐의 개념을 순수하게 논리적으로 도출한 것도 아니다(1.1절을 보라). 마르크스의 분석은 우선 화폐와 교환이 분리가능하지 않다는 것을 전제한다. 둘째, 전자본주의 사회에서 교환이 주변적이었던 데 반해, 화폐는 종교의식이나 예식에서 관습적으로 사용되었다고 본다.[1] 화폐는 역사적으로 상품 소유자 간의 상호 교류, 특히 서로 다른 공동체 간의 교환을 통해서 발생하였다.[2] 따라서 화폐는 교환에 있어 최소 수준의 복잡성과 규칙성을 의미하지만, 일반화된 물물교환이나 모든 생산물이 교환되어야 한다는 것을 요구하지는 않는다.

마르크스의 가치형태 분석은 화폐 형태에서 정점에 이르는데, 화폐가 **본질**(essence)[즉, 가치]을 가지고 있으며 교환 가능성을 독점하고 보편적 등가물이 된다는 것을 보여 준다. 간단히 표현해, 화폐는 어떤 상품과도 교환될 수 있는 데 반해, 상품은 일반적으로 서로 교환되지는 않는다. 여기에 더해, 마르크스의 분석은 신고전파나 포스트케인지언 이론들이 가정하는 것과 달리 화폐의 기능들이 화폐의 본질의 **결과로 나타나는** 것이지 그 역이 아니라는 것을 함의한다.

마르크스의 화폐에 대한 접근법은 "화폐의 기능은 화폐의 본질로부터 도출된다"는 것을 함의한다. 화폐가 교환 가능성을 독점하기 때문에 가치를 측정하고 교환을 촉진하며 부채를 청산하는 등의 기능을 할 수 있는 것이다. 이러한 방식으로 보았을 때, 화폐

의 기능들에는 임의성이 아니라 질서와 내적 응집성이 있다.[3]

화폐의 본질과 기능들을 포함하는 화폐의 사회적, 역사적 규정들은 화폐가 상품 생산자들 간의 접합의 형태에서 유래하는 사회적 관계임을 보여 준다. 상품 교환은 오직 자본주의에서만 완전히 발전하는데, 여기서는 교환이 일반화되며 화폐의 비인간적·종교의식적·예식적 측면은 대부분 중요하지 않다.

마르크스는 화폐로서의 화폐(money as money)와 자본으로서의 화폐(money as capital)를 구분한다.[4] 화폐로서의 화폐는 가치의 척도이자 유통의 수단이고, 세 가지 기능 — 지불수단, 가치의 저장, 세계화폐 — 을 수행한다. 자본으로서의 화폐는 잉여가치의 생산이나 이전을 위해 투입되는 화폐이다. 자본으로서의 화폐는 화폐로서의 화폐와 밀접하게 관련되어 있는데, [두 경우에서] 화폐의 형태들과 기능들은 동일하며 화폐가 이 두 가지 역할을 동시에 할 수 있기 때문이다. 예를 들어 임금을 지불하거나 지출할 때, 노동자에게는 $C-M-C'$에 해당하는 것이 자본가에게는 $M-C-M'$이다. 이제 화폐의 기능들과 형태들을 간단히 살펴보자.

가장 높은 추상 수준[즉, 가장 추상적인 분석 수준]에서, 화폐는 어떤 상품의 RSNLT를 그 자신과 단순 비교해 상품의 가치를 측정하며, 그 결과를 가격의 표준 단위로 표현한다.[5] 만약 예를 들어 화폐단위(1온스의 금[6]이라고 하자)의 RSNLT가 30분(0.5 사회적 필요 노동시간, hSNL)이고 1파운드가 이것의 화폐적 이름이라면, 가격의 표준 Ω는 1파운드이다. 이 경우, 노동의 화폐 등가물(MEL, m)은 다음과 같다.

$$m \equiv \frac{\Omega}{\lambda^g} = \frac{£1}{0.5hSNL} = £2 / hSNL \qquad (8.1)$$

이 m의 값은 1시간의 추상노동이 2파운드의 가치를 창조함을 의미한다. 여기서 5시간(λ^i=5hSNL) 동안 생산된 상품 i의 가격이 다음과 같이 도출된다.

$$p^i = m\lambda^i = £10 \qquad (8.2)$$

가격을 규정하기 위해 개별 상품을 실제로 화폐와 비교해야 하는 것은 아니다. 따라서 가치척도로서의 화폐는 단지 관념적 화폐이다.[7] 5.3절에서 가격 형태가 상품의 가치를 표현하고 가치와 가격 사이의 차이를 허용함을 보았다. 노동가치론, 특히 마르크스적 해석과 리카도적 해석 사이에서 화폐, 가치, 가격 사이의 관계에 대한 상당한 논쟁이 벌어져 왔다(2.1절을 보라).[8]

덜 알려져 있지만 비슷하게 흥미로운 논쟁이 마르크스와 '노동화폐(labour-money)'의 주창자들인 '리카도적 사회주의자들', 특히 존 그레이, 존 브레이, 알프레드 다리몽, 피에르 조제프 프루동 사이에 있었다.[9] 이 논쟁은 가치척도의 기능에 대한 올바른 이해의 중요성을 보여준다.

그레이는 지폐 형태의 노동화폐(paper labour-money)에 대한 가장 훌륭한 주장을 제시하였다. 그가 제안한 화폐개혁은 노동만이 가치를 부여하며, 따라서 노동이 가치의 척도이어야 한다는 믿음에서 유래한다. 그는 값어치가 나가는 상품(예컨대, 금)을 화폐로 사용하는 것은 두 가지 측면에서 문제가 있다고 주장하였다. 첫째, 그레이는 화폐상품의 공급의 증가가 다른 모든 상품의 공급 증가 속도에 결코 미치지 못한다고 주장한다. 따라서 모든 생산물을 판매하는 것이 일반적으로 불가능해질 것이며, 생산이 만성적으로 잠재 생산에 미치지 못할 것이고, 이러한 화폐 시스템의 문제점이 실업을 비롯해 상당한 손실을 야기할 것이라고 주장하였다.[10] 이러한 주장은 분명히 잘못된 것이다. 왜냐하면 그레이는 명시적이지는 않지만 유통 속도가 언제나 필연적으로 동일하며 화폐퇴장과 신용이 가능하지 않다고 가정하기 때문이다. 둘째, 이것은 좀 더 흥미로운데, 리카도적 사회주의자들은 화폐가 교환을 은폐하며, 자본가의 노동자에 대한 착취와 채권자의 채무자에 대한 착취를 가능하게 한다고 믿고 있다. 그러나 만약 노동자가 노동화폐로 지불받는다면, 이들의 사회적 생산에 대한 기여분(participation)이 정확히 확인될 것이며, 노동자들은 전체 생산물로부터 [이 기여분과] 동일한 가치를 갖는 상품들을 확보할 수 있을 것이다.[11]

마르크스는 ≪정치경제학 비판 요강≫과 여타의 저작에서 노동화폐 개념을 두 가지 이유에서 조롱하였다.[12] 첫째, 만약 상품 구매를 위해 지불되는 '공정가격(just price)'이 상품을 생산하는 데 필요한 구체노동시간에 의해 규정된다면 경제는 무질서에 빠지게 될 터인데, 이는 생산자들이 덜 집중적으로 일하는 방식으로 자신들의 상품을 좀 더 '가치 있게' 만들려 할 것이기 때문이다.* 이러한 어리석은 생각은 노동의 정규화를 회피할 수 있고, 노동의 동질화를 개별 노동시간과 화폐 사이의 동일성으로 간주할 수 있다는 잠재적 가정에서 유래하는 것이다(5장을 보라).

둘째, 만약 '공정가격'이 어떻게 결정되든 RSNLT에 기반을 둔다면, 생산성 증가는 RSNLT를 하락시킬 것이며, 이는 노동화폐의 가치 증가(디플레이션)로 이어질 것이다.** 이러한 부당한 결과는 괘씸한 채권자들에게 이익이 될 것이며 투자를 감소시키고 기술 진보를 지연시킬 것이다. 여기에 더해,

> 평균 노동시간을 표현하는 시간 전표는 실제의 노동시간과 결코 일치하거나 그것으로 변환될 수 없을 것이다. 즉, 어떤 상품에 객관화되어 있는 노동시간의 양은 그 자신과 동등한 노동시간의 양을 획득해낼 수 없으며, 그 반대의 경우도 마찬가지다. 오히려 그보다 많거나 적은 노동시간의 양을 획득하게 되는데, 이는 현재 시장가치의 등락이 모두 상품의 금 가격이나 은 가격의 등락으로 표현되는 것과 마찬가지다.[13]

이러한 난점들은 상품생산에 있어 노동이 필연적으로 동기화되고 동질화된다는 것을 그레이가 이해하지 못한 것에 기인한다. 상품이 판매될 때, 화폐는 유통(교환) 수단이다.[14] 다시 가장 높은 추상 수준

---

*   예를 들어, 동일한 제품을 각각 3시간과 6시간의 노동으로 생산한다고 하자. 노동화폐 관점에 따르면, 후자가 전자에 비해 두 배의 가치를 생산한다.

**   다시 말하여, 동일한 양의 화폐로 더 많은 상품을 구매할 수 있다.

에서 살펴보면, C—M—C' 교환에서 상품 소유자는 항상 동일한 가치를 소유하며, 최초의 상품, 화폐상품, 새롭게 구매한 상품을 번갈아 교환한다. 이러한 가정은 단순(등가) 교환의 본질을 포착한다. 그러나 금화 사용은 화폐의 소모로 이어지(고 화폐 훼손을 촉진할 수 있)는데, 이는 일반적으로 상품이 액면가보다 가치가 낮은 화폐와 교환되는 것을 함의한다. 이러한 상황에서 교환의 연속성은 유통되는 화폐가 단지 가치의 대리자이며 상징임을 의미한다. 따라서 불환지폐와 같은 화폐의 상징은 순금과 동일한 기능을 할 수 있다.

화폐를 끊임없이 한 사람의 손에서 다른 사람의 손으로 이전시키는 과정에서는 화폐의 단순한 상징적인 존재만으로도 충분하다. 이를테면, 화폐의 기능적 존재가 화폐의 물질적 존재를 흡수하는 것이다. 화폐가 상품 가격의 순간적인 객체화된 반영일 경우, 화폐는 다만 그 자신의 상징으로서 기능할 뿐이고, 따라서 다른 상징에 의해 대체될 수 있다. 그러나 화폐의 상징은 자기 자신의 객관적인 사회적 정당성을 가져야 하는데, 지폐는 이 정당성을 강제통용력에 의해 얻고 있다.[15]

이제 마르크스가 어떻게 가치의 저장, 지불수단, 세계화폐로서의 기능을 분석하는지 살펴보자.

화폐가 퇴장될 때, 화폐는 가치의 저장소로서의 기능을 수행한다. 화폐퇴장은 종종 개인적 선호나 불확실성에 의해 정당화된다. 이러한 요소들이 화폐퇴장의 형성에 중요한 역할을 할 수 있지만, 자본주의 생산에서 화폐퇴장이 형성되는 데는 구조적 이유들이 존재한다.[16] 가장 중요한 이유는 생산이 판매 매출의 발생과 일반적으로 분리된 통상의 지출을 수반하기 때문이다. 또한 생산자들은 예상치 못한 지출에 대한 대처, 고정자본의 유지나 교체, 그리고 생산의 확대나 배당의 지급 및 가격 변동의 상쇄를 위해 적립금을 쌓아 둬야 한다. 이렇게 사용되지 않고 있는 적립금들은 일반적으로 은행 시스템에 예치되며, 은행 준비금(bank reserve)의 기초를 형성한다. 신용 시스템의 발전은 개별 자본가의 화폐퇴장 필요성을 감소시키는데, 자본가계급의 화폐퇴장이 대출에 이용될 수 있기 때문이다.[17] 은행 대출은 장기적인 대규모 투자 프로젝트의 실현을 촉진한다. 그러나 동시에 투기 행위를 부추기며, 더 광범위하게는 국지적 불안(재고의 축적, 가격의 변동, 기술혁신 등)이 확산되어 경제 위기를 일으킬 가능성을 높인다.

화폐는 과거에 수행된 거래를 결제하고 지불보증을 청산할 때, 지불수단으로 기능한다. 이것은 상업신용과 은행신용에서 특히 중요한데, 상업신용은 생산된 상품의 판매를 위한 자금을 제공하며, 은행신용은 새로운 생산을 위한 자금을 제공한다.

마지막으로, 세계화폐 — 세계적으로 인정되는 순수한 형태의 가치이자 추상노동의 결정체 — 에 의해 화폐의 기능은 국제적 영역에서 수행된다. 국가 통화는 세계화폐와 태환이 가능해야 하는데, 이는 국내에서 생산된 상품들이 해외의 재화와 교환될 수 있도록 하고 국내 노동의 국제 생산 시스템으로의 편입을 촉진하기 위해서이다.

유통에 필요한 화폐량의 조정은 화폐의 모든 기능을 포괄하는 복합적 과정이다.[18] 단순 상품화폐 시스템에서는 화폐상품의 가치가 가격의 규정에 주요한 역할을 한다는 것을 위에서 다룬 바 있다(8.2절을 보라). 그러나 좀 더 복잡한 수준에서의 분석에서는 화폐의 양과 유통 속도가 가격으로서의 가치의 표현에 좀 더 중요한 결정 요인(determinants)이 된다.

금의 경우에 마르크스는 화폐수량설(Quantity theory of money : QTM)을 부정하는데, 그가 보기에 유통화폐량은 생산된 가치를 실현하기 위해 변화하기 때문이다. 이러한 변화는 무엇보다 화폐퇴장과 퇴장된 화폐의 재투입, 채금 부문의 생산량, 금의 국제적 흐름, 화폐 유통속도의 변화에 기인한다. 예를 들어, 만약 생산량이 증가하는 경우, 이것의 유통을 위해서 추가로 필요한 화폐는 위에서 언급한 수단을 통해서 준비될 것이다. 그렇지 않고, 만약 (다른 모든 것이 변하지 않은 상태에서) 금의 총량(stock)이 증가하는 경우, 추가된 금은 퇴장되거나 유통 속도가 하락할 것이다. 화폐수량설(과 리카도)에서와는 달리 두 경우 모두 가격은 불변인 상태로 남는다.[19]

불환지폐(fiat money)의 경우는 이와 다르다. 재정적자 운용이나 공개시장조작을 통해 국가가 임의의 양의 불환지폐를 발행하는 것이 가능하다. 마르크스는 유통에 투입되는 불환지폐의 양이 증가할수록 불환지폐의 교환가치가 영속적으로 하락할 것이라는 데 일반적으로 동의한다(인플레이션, 8.3절을 보라). 불환지폐가 적절한 유통수단이기는 하지만, 금과 같은 규모의 화폐퇴장에는 부적합한데, 이는 불환지폐의 국내(와 국외) 교환가치가 불안정하기 때문이다. 이러한 불안정성은 불환지폐의 공급과 자본축적이 직접적으로 연관되어 있지 않기 때문이다.[20]

은행이나 국가가 발행하는 태환화폐(convertible money)와 신용화폐(credit money)의 경우에는 사정이 또 다르다. 태환화폐의 가치는 이것이 대신하는 금의 가치를 중심으로 변동하는데, 가치의 일시적 괴리는 경기순환 중에 자연적으로 발생한다.[21] 이러한 시스템에서는 유통 영역에 지폐가 넘쳐나면 인플레이션이 일어날 수 있다. 그러나 이 과정은 제한적으로 발생한다. 재정 거래(arbitrage)로 인해 상품의 가격이 상품의 금 생산가격으로부터 영속적으로 괴리되는 것은 불가능하기 때문이다. 그러나 이는 순조롭게 진행되는 과정이 아니며, 순수하게 화폐적인 과정도 아니다. 교환의 갑작스러운 혼란, 경기후퇴, 전면적 화폐 위기와 경제 위기 — 이때 화폐상품이 지불수단과 화폐퇴장의 수단으로서 중요한 역할을 한다 — 는 금의 가치가 화폐의 교환가치에 상응하도록 만드는 여러 방식들 중 일부이다.[22]

마지막으로, 현대적 화폐 시스템은 주요하게 두 종류의 화폐를 포함하는데, 이는 중앙은행에서 발행하는 불환지폐통화(inconvertible paper currency, 모든 채무를 상환할 수 있는 법정통화)와 상업은행에서 발행하는 신용화폐(별도의 형태의 화폐에 대한 잠재적 청구권을 제공하는 민간 금융기관의 채무로 예금과 은행권을 포함한다)이다. 신용화폐의 양과 교환가치는 신용의 제공과 상환, 즉 생산과 축적의 과정에 의해, 더 광범위하게는 금융 시스템의 작동에 대한 중앙은행의 영향력에 의해 간접적으로 규율된다.[23]

신용화폐의 공급과 수요의 일시적 괴리는 두 가지 이유에서 불가피하다. 첫째, 그리고 좀 더 일반적으로는, 구체적 분석이 이루어짐에 따라 화폐의 양과 유통 속도의 경험적 규정성(determinacy)이 줄어든다. 화폐의 양과 유통 속도는 재산 관계, 금융 규칙과 규정, 금융 시스템의 구조, 금융 시스템과 생산의 관계, 국제 관계, 자본의 집적(concentration) 정도, 그리고 '공급'과 '수요'를 이론적으로 규정하기 어렵게 하는 다른 변수들을 포함하는 사회적 관습에 의존한다. 둘째, 그리고 좀 더 구체적으로는, 신용화폐의 공급이 필연적으로 개별적 수요에 부합한다고 하더라도(신용화폐는 항상 대출 요청에 의해 창출된다), 총신용공급은 경제 전체의 필요를 반영하지 않을 수 있다. 이것은 투기적 대출이 부동산과 주식시장의 거품을 부풀리거나, 은행이 실수로 수익성이 없거나 시장성이 없는 재화의 생산에 자금을 제공하는 경우에 명백히 드러난다. 초과공급은 특히 금융자산 가격의 상승이 낙관적 분위기를 촉진할 때 발생하는데, 이러한 금융자산 가격의 상승은 계속되는 낙관주의에 기반을 두면서 그것을 한층 심화시킨다. 달리 표현하면, 투기나 축적의 급격한 증대에 의해 발생한 초과신용은 가격의 상승으로 이어질 수 있지만, 국가의 개입을 배제할 경우(8.3절을 보라), 이 과정은 [계속 지속될 수는 없는데] 금융 불안과 위기의 가능성을 필연적으로 높이기 때문이다.[24]

화폐의 교환가치의 결정에서의 이러한 매개들이 식 8.1에서와 같이 노동의 화폐 등가물(MEL)을 사후적으로 규정하는 것이 잘못임을 의미하는 것은 아니다. 그러나 MEL에 초점을 맞추는 것은 추상 수준을 뒤섞는 것이며, 이렇게 되면 MEL 규정의 모순적 요소들을 이해하기 어려워진다. 이 경우, 금융 불안과 위기의 가능성은 이후의 단계에 임의로 재도입되어야 하는데, 아마도 이는 제한적 방식을 통해서일 것이다(2.2.2절을 보라).

8.2 화폐와 생산가격

가치의 생산가격으로의 전형(7장을 보라)은 마르크스의 사회적 노동의 형태에 대한 분석뿐만 아니라 그의 화폐론에 대해서도 중대한 함의를 지닌다. 현대의 (무가치) 불환지폐의 지배는 마르크스의 이론의 한 가지 측면에 대한 문제를 제기한다. 만약 화폐에 내재적 가치가 없다면, 어떻게 상품의 가치가 측정되며 가치가 가격으로 표현되는지가 즉각적으로 명확하지 않다.[25] 이러한 잠재적 한계는 상당한 함의를 갖는다. 신용화폐의 공급, 인플레이션, 환율의 규정을 포함하는 현대의 문제들을 분석하려면, 무가치 지폐에 대한 만족할 만한 해명이 필요하기 때문이다.

어떤 학자들은 이 문제를 다루기를 거부하는데, 이는 이들이 불환지폐를 환상 또는 일시적 이상(異狀) 상태로 보거나,[26] 화폐를 상품이 아니며 언제나 국가에 의해 창조되는 것으로 가정하기 때문이다.[27] 그러나 두 관점 모두 어떻게 무가치 화폐가 가치를 측정할 수 있는지를 해명하지 못한다. 이 절은 마르크스의 가치형태의 분석을 전개해 마르크스의 분석이 불환지폐와 완전히 양립할 수 있음을 보인다. 이 절은 이러한 목표에만 논의를 제한하기 때문에, 귀금속이 유통 바깥으로 밀려나게 된 역사적 과정이나 현대 화폐 시스템의 구조를 다루지는 않는다.[28]

무가치 화폐의 해명은 등가교환에서 출발한다. 가장 높은 추상 수준에서는(8.1절을 보라), 등가교환은 동일한 RSNLT에 의해 생산된 상품들, 즉 C—C'를 포함한다. 화폐에 의한 교환의 매개 C—M—C'는 등가교환의 의미를 수정하는데, 심지어 금 화폐의 경우에도, (마멸 때문에) 상품 소유자가 더는 필연적으로 동일한 가치를 지니지는 않기 때문이다. 좀 더 일반적으로는, 태환화폐에 의한 교환의 매개는 교환에서 중요한 것이 화폐의 내재적 가치가 아니라 그것의 교환가치임을 보여 준다(우리는 여기서 우발적 가격 변동을 무시한다).

등가교환의 개념은 가치의 생산가격으로의 전형으로 인해 다시 한 번 변화한다. 전형 후의 등가교환은 더는 동일한 RSNLT에 의해 생산된 상품들 사이에 일어나지 않는다. 오히려 등가교환은 그 생산이 동일한 이윤율[더 정확하게는 동일한 크기의 이윤을 낳는 상품들 사이에서 일어난다.[29] 마찬가지로 식 8.1과 식 8.2는 더는 일반적으로 성립하지 않는데, 이는 MEL이 (지금까지와는 달리 상품 가격의 결정 이전이 아니라) 이후에만 규정되며 개별 상품이 아니라 총계 수준에서만 성립하기 때문이다. 좀 더 일반적으로는, 생산가격은 상품의 가치와 화폐상품의 가치의 일대일의 이상적 관계를 통해서 규정되지 않는다. 오히려 생산가격은 투하자본의 가치 증식률에 의해 **동시적으로** 규정된다(2.1.2절과 5.3절을 보라).

$$p = (pA + wl)(1 + r) \qquad (8.3)$$

이 등식은 "생산가격은 …… 장기에 걸쳐서 보면 …… 각각의 특정한 생산 분야에서 상품의 공급 조건이며 상품의 재생산 조건"[30]이라는 마르크스의 관점을 반영한다.

전형에 따른 가격 형태의 변화는 어떤 상품도 가치의 척도로서의 기능을 수행할 수 없다는 것을 의미한다. 이러한 분석 단계에서는 가치 측정은 투하자본의 성장률 평가와 위에서 제시한 상대적으로 복합적인 의미에서의 등가교환의 ─ 일관된 상대가격체계를 통한 ─ 성립을 포함한다. 달리 표현하면, 화폐상품은 예전(이때는 절대가격이 상대가격 이전에 논리적으로 규정되었다)과는 달리 더는 다른 상품들이나 생산과정으로부터 독립적으로 가치를 측정하지 않는다.

전형 후에는 금의 가치, 금의 가치 구성, 회전주기 등이 절대가격 수준의 결정을 위해서만 의의가 있다(절대가격은 이제 상대가격 결정 후에 논리적으로 결정된다). 이러한 분석 수준에서는 가치의 척도가 더는 화폐상품이 아니라 상대가격체계에 고정된 일반 이윤율이기 때문이다. 식 8.3은 생산가격이 투입물의 현재 가격에 의해 규정되며, 이는 각각의 자본이 평균이윤율을 획득하도록 정해진 것이라는 점을 보여 준다(이 비율[평균이윤율]은 총잉여가치에 의해 제한된다. 4.1절을 보라).[31] 이러한 분석 수준에서는 금 화폐는 분석에서 배제될 수 있다. 또한 경제의 안정성이나 이에 대한 우리의 이해와 금 화폐는 아무런 연관을 갖지 않게 된다.

금이 유통 바깥으로 밀려나면, 절대가격은 이전의 수준에서 유지될 수 있거나(보통 정부가 통화가 더는 금과 태환 가능하지 않다고 공표할 경우), 아니면 다른 임의적 수준으로 변경될 수 있다(화폐개혁이 시행될 경우). 따라서 발전된 자본주의의 통화는 가치의 척도(일반 이윤율)와 교환의 매개물(금, 구리, 지폐, 전자신호 등 어떤 형태를 취하든)의 복합적 통일이며, 8.1절에서 제시된 기능들을 수행한다. 심지어 금 화폐 시스템이라 하더라도, 위의 분석은 자본주의에서 금이 결코 가치의 유일한 척도가 아니며 적절한 유통수단도 아님을 보여준다. 그러나 이론의 전개를 위해서는 상품화폐의 역할이 반드시 필요하다.

8.3 신용, 화폐, 인플레이션

화폐, 신용, 위기에 대한 마르크스주의적 분석은 광범위한 현대적 현상들을 조명하기 위해 다양한 방향으로 전개되었다. 이 절은 각각 분배 투쟁, 독점력, 신용화폐의 동학에 대한 국가 개입을 강조하는 세 가지 인플레이션 이론을 비판적으로 검토하여 이러한 접근법들의 잠재적 유용성을 설명한다.[32] 이는 크게 세 가지 이유에서 중요하다. 첫째, 인플레이션은 매력적인 이론적 문제를 제기한다.[33] 주류 경제학의 분석은 보통 화폐수량설에 기반을 두는데, 완전경쟁, 완전고용, 그리고 정태 균형들 간의 무비용 조정과 같은 용인될 수 없는 취약한 기반을 가지고 있다. 대조적으로, 마르크스주의적(그리고 다른 정치경제학) 연구들은 잠재력을 가지고 있기는 하지만 상대적으로 덜 발전되어 왔다. 둘째, 인플레이션에 대한 이해의 발전은 디플레이션의 연구로 쉽게 확장될 수 있으며, 현 시점에서는 이 둘 모두 중요하다.[34] 셋째, 인플레이션과 전통적 인플레이션 억제 정책들은 보통 높은 경제적, 사회적 비용을 수반한다. 이는 종종 높은 실업률과 낮은 실질임금, 높은 착취율로 이어지며, 소득분배와 사회적 힘의 균형을 자본, 특히 금융 세력 쪽으로 이동시킨다. 인플레이션과 전통적 인플레이션 억제 정책의 결과에 대항하기 위해서 대안적 분석을 개발하는 것이 명백히 중요하다.

마르크스주의적 인플레이션 분석을 발전시키려는 시도는 기대에 미치지 못해 왔는데, 이는 두 가지 이유 때문이다. 첫째, 인플레이션은 상당히 복합적인 과정으로서 각기 다른 추상 수준의 다양한 규정 요인들 — 생산, 통화량, 이자율, 산업과 금융의 구조, 외부 충격, 분배 투쟁 등의 변수들 — 과 연관되어 있다. 이러한 영향 요인들을 적절한 이론으로 체계적으로 정리하는 것은 매우 어렵다. 둘째, 불환지폐 시스템에서의 인플레이션을 스튜어트, 투크, 마르크스, 칼레츠키와 대부분의 포스트케인지언 학자들의 반화폐수량설 전통에 기반을 두고 설명하는 것은 특히 어렵다. 간단히 표현해, 생산과 교역의 필요가 화폐를 유통으로 끌어들인다(내생성)는 주장을 유지하고 동시에 화폐가 '실재' 변수에 영향을 끼칠 수 있다(비중립성)는 것을 인정하면서 인플레이션 이론을 전개하기는 쉽지 않다. 국가와 상업은행 — 이들은 각각 자본축적과 특수한 관계를 맺고 있다 — 이 발행하는 다양한 종류의 화폐들을 포함하면 이러한 시도는 훨씬 더 복잡해진다. 이러한 난점들에도 불구하고, 이 절은 인플레이션의 일반적 조건들을 간략히 제시하는 것이 가능하다는 것을 보여 준다.

투쟁 인플레이션(conflict Inflation)

많은 마르크스주의자들과 대부분의 포스트케인지언, 신구조주의자들을 포함하는 매우 다양한 그룹에 속하는 비주류 경제학자들은 보통 분배 투쟁이 인플레이션의 가장 중요한 원인이라고 주장한다(일부 마르크스주의자들에게 이 접근법은 계급투쟁 개념이 정당함을 명백히 입증한다는 점에서 매력적이다).[35]

투쟁 [인플레이션] 분석은 1950년대와 1970년대 사이에 인기 있었던 비용인상설(cost-push theories)에 기반을 둔 것이다. 비용인상설은 일반적으로 균형[이론]에서 출발하며, 통화량이 완전히 내생적이고 재정 및 통화 정책은 수동적이며 주요 주체들(특히 독점자본가와 조직노동자들)이 시장에 대한 영향력을 가지고 있고 수요로부터 상당히 독립적으로 자신들의 재화와 서비스의 가격을 정할 수 있다고 가정한다. 인플레이션은 중앙은행이 금융 안정과 생산의 연속성을 위해 통화정책을 완화하거나 금융 시스템을 지원하는 것을 통해 국민소득의 몫에 대한 부당한 요구를 허용하기 때문에 발생한다.[36] 인플레이션율은 보통 서로 겹치는 권리 청구의 규모, 가격과 임금 변동의 정도, 설비 가동 수준에 대한 양의 함수이며, 생산성 증가율에 대한 음의 함수다(목표 소득수준, 기대치, 반응 함수, 실업이 임금 인상 요구에 가하는 제한, 경쟁이 가격 인상에 가하는 제한을 반영해 기본 모형을 끊임없이 정교하게 다듬을 수 있다).

투쟁 접근법의 가장 중요한 단점은 명확한 내적 구조의 부재다. 이 접근법은 가치, 생산, 고용, 수요, 소득, 분배를 다루는 무척 상이한 이론들, 또 목표 소득수준을 규정하는 다양한 공식들(rules)과 양립 가능하다. 계급은 때때로 파트너로 간주되는데, 이 경우 소득정책의 협상을 통해 경제적 안정을 성취하는 것이 상대적으로 용이하다. 반대로 일종의 착취 이론이 제시될 수도 있는데, 이 경우 경제적 안정은 오로지 노동자를 힘으로 종속시켜야만 성취될 수 있다. 이러한 유연성 덕분에 광범위한 독자들에게 투쟁 분석이 매력적일 수 있다. 그러나 이 이론은 임의적이며 분석적 엄격성이 부족하다는 비판에 취약하다. 특히 인플레이션은 일반적으로 경제를 파레토 최적 균형으로부터 벗어나게 하는 전위(轉位)에서 시작된다. 따라서 '책임의 분배'의 문제가 내포되어 있으며, 대안적 경제정책들은 보통 경제를 최초의 균형으로 되돌릴 수 있는 능력에 따라 평가된다. 균형이 원래 어떻게 규정되었으며, 왜 그 균형으로 되돌아가야 하는지는 보통 해명되지 않는다. 게다가 2.2.2절과 4.1절에서 본 바와 같이 자본가와 노동자는 국민생산의 일정 몫을 놓고 직접 서로 대결하지는 않는데, 이는 첫째 임금이 선불되는 반면, 이윤은 잔여분이며, 둘째, 논쟁이 일반적으로 몫보다는 소득수준에 대한 것이기 때문이다.

이와 같은 애매함은 오직 투쟁 접근과 더 광범위한 경제 이론 사이의 유기적 연계를 통해서만 제거될 수 있다. 많은 경우 이러한 연계가 가능하지만, 불행하게도 그중 아무것도 필연적이지는 않다. 달리 표현하면, 투쟁 이론들은 보통 스스로 제시하는 바와 같이 전형적인 '중위(中位) 이론'이다.[37] 이 이론들은 정형화된 경험적 관찰들(예컨대, 경제주체가 재화의 판매를 통해 국민생산의 [자신의 몫에 대한] 청구권을 행사하는 것)에서 유래하며, 이러한 관찰의 결과들을 정형화된 사실들(예컨대, 분배 투쟁이 인플레이션의 원인이 된다는 것)의 해명에 사용되는 구조들로 변형한다. 이 접근법은 인플레이션이 분배적 함의를 지니기 때문에 소득에 대한 투쟁이 그 과정의 원인이 된다고 가정한다는 점에서 원인과 결과를 뒤섞는다. 그리고 이 분석은 분석의 기본적 개념들의 기반이 되고 분석의 결론들의 맥락을 규정하는 광범위한 구조의 뒷받침을 받지 못한다는 점에서 그 논거가 빈약하다. 생산 이론의 결여는 국가의 역할과 정책을 역시 적절히 근거 지을 수 없음을 의미하며, 이들은 보통 몇몇 정형화된 사실들로부터 유도된다. 결과적으로, 경제정책들의 논리적 근거와 능력은 해명되지 않으며, 분석가의 선호도에 상당히 의존한다.

이러한 중요한 한계들을 가지고 있지만, 투쟁 접근법은 잠재적 의의를 가지고 있다. 분배 투쟁은 인플레이션 이론의 한 부분이어야만 하는데, 국민소득의 수준과(이나) 분배에 대한 불만족, 국민소득의 몫에 대한 청구권의 화폐화 없이는 인플레이션은 지속되지 않을 것이기 때문이다.

독점자본, 과소소비, 인플레이션

많은 마르크스주의자들은 인플레이션이 대기업들의 시장 권력의 확대와 과소소비와 연관되어 있다고 주장하는데, 이는 독점자본학파(monopoly capital school)의 저술에서 가장 명확히 드러난다.[38] 이 접근법은 독점기업들이 가장 역동적인 기업들이며 가장 규모가 큰 투자자들, 고용주들, 생산자들, 수출업자들이라고 주장한다. 경제성장을 극대화하기 위해 국가는 구매, 저렴한 기반 시설의 제공, 세제 우대, 연구 개발을 위한 보조금 등을 통해 독점을 지원한다. 좀 더 광범위하게는, 국가는 공무원의 급여 및 소모품과 공공투자에 많은 금액을 사용하며, 의료·교육·국방비 지출에 필요한 재원을 조달하고, 사회보장과 연관된 상당한 이전지급을 한다. 이러한 지출은 직접적으로는 구매를 통해, 간접적으로는 [독점기업의] 고객에 대한 이전지급을 통해 독점이윤의 생산을 지원한다. 복지국가의 개입 정책은 특히 1940년대 말부터 1960년대 말 사이의 전무후무한 경제적 안정, 낮은 실업률과 높은 성장률을 가져왔다. 그러나 복지국가는 또한 영속적 재정 적자, 공공 부채의 증가와 완만형 인플레이션(creeping inflation)을 가져왔다. 요컨대, 인플레이션은 독점력과 독점가격 전략의 제약을 받는 경제에서 완전고용과 사회적 안정을 보장하기 위한 개입주의적 경제정책이 낳은 결과이다.[39]

이것은 중요한 통찰이지만, 이 접근법은 이론적으로 취약하다. 이 이론은 힐퍼딩(그는 독점기업이 초과이윤을 획득하기 위해 생산가격 이상으로 가격을 부과한다고 본다)과 칼레츠키(그는 독점력이 정형화된 사실이며, 독점기업이 초과이윤을 획득하는 것은 이들의 시장 장악력 때문이라고 본다)의 이론들을 대조하는 것을 제외하고는, 독점력과 독점가격 책정에 대한 이론을 포함하고 있지 않다.[40] 자본순환과 소득분배에 대한 독점의 영향이 해명되지 않으며, 수요 및 다른 제한 조건들의 역할, 자본의 집중과 집적 경향에 대한 반경향들이 거의 예외 없이 무시된다.

국가론 역시 불명확하며, 국가에 대한 언급은 잠재적으로 서로 모순된다. 한편으로 국가는 자본 전체의 재생산을 보장하기 위해 비교적 자율적으로 경제를 관리하는데, 이는 자본과 노동자의 여러 분파의 서로 다른 이해를 반영해야 하며 민주주의를 통해서만 가장 잘 성취될 수 있다. 다른 한편, 국가는 강력한 (독점) 이익을 위한 도구이며, 국가정책은 독점기업의 동의를 얻어야 할 필요성에 의해 제한되는데, 이 경우 파시즘의 성립이 분명히 가능하다. 마지막으로, 독점력, 국가정책, 인플레이션의 연관은 대개 해명되지 않는다. 통화량이 독점 수요나 국가의 지휘에 수동적으로 반응하며 (대부분 해명되지 않은) 금융의 발전이 기여 요소라는 가정 외에는 화폐, 신용, 금융에 대한 명확한 이론이 없다. 이것이 어떻게 인플레이션으로 이어지는지는 불명확하다.[41] 좀 더 일반적으로는, 인플레이션의 원인은 독점기업의 가격 결정과 국가가 만들어 낸 초과수요(역설적으로, 이것은 과소소비를 피하기 위한 국가의 노력의 결과이다) 사이에서 맴돈다.[42] 독점기업이 노동자와 명목상 고정된 수입을 얻는 여타 집단의 희생을 바탕으로 이득을 본다는 점 외에는 인플레이션이 분배에 미치는 영향은 분석되지 않는다. 이것이 어떻게 임금 이론이나 착취 이론과 연관되는지는 명확하지 않다.[43]

초과화폐 인플레이션

1970년대 중반에 대안적 분석이 제시되었는데, 여기서 인플레이션은 화폐 공급과 화폐에 대한 사회적 수요 사이의 불일치에서 기인하며 상품의 가격과 가치 사이의 관계에서 나타나는 영속적 괴리의 결과이다.[44]

분석은 자본의 순환에서 출발한다. 생산적 순환은 자본가가 생산 자금을 조달하기 위해 이전에 축적해 놓은 기금을 사용하거나 새롭게 창조된 신용화폐를 대출함으로써 시작된다. 이러한 기금을 경제에 투입하면 유통화폐와 생산물 가치 사이의 비율이 증가한다. 만약 더 많은 생산물이 생산되고 판매된다면 추가 소득이 창출되며, 이것이 화폐와 가치 사이의 관계의 최초 변동을 상쇄한다. 그러나 만약 산출물이 생산가격에 판매될 수 없다면 기업은 손실을 입게 되는데, 이는 두 가지 방식으로 흡수될 수 있다. 만약 '시장 논리'가 존중된다면 한정된 경제주체들이 비용을 부담하는데, 이들은 보통 기업이나 기업에 대출해 준 은행이다. 이러한 종류의 해결책은 불안정을 야기할 수 있는데, 이것이 체계적으로 실업, 설비 가동률 저하, 노동조건 악화와 금융 불안으로 이어질 수 있기 때문이다.

그 대신에, 만약 부채의 재융자(refinance)가 이루어지거나 기업이 정부의 보조금을 받을 경우에는 손실이 사회화된다(극단적으로는 부채가 국가에 귀속되거나 공적 자금에 의해 '재조정될' 수 있다). 어떤 경우든 유통 화폐와 생산물 사이의 최초의 불일치를 영속화하는 구매력의 투입이 존재한다. 달리 표현하면, 최초의 (아마도 일시적인) 노동의 화폐 등가물(MEL)의 상승은 영구화된다. 시장 논리를 위배하여 경제에 투입된 화폐가 **초과화폐**(extra money)이다.[45] 초과화폐는 또한 중앙은행의 금융기관 지원, 국제수지 흑자의 태화(non-sterilisation), 기업이나 가계의 부(負)의 저축(dissaving)이나 투기적 목적의 대출에 의해 창조될 수 있다.[46] 초과화폐는 일반적으로 생산물의 가치가 일정하게 유지됨에도 불구하고, 또 현재나 과거의 균형의 존재와 무관하게 전체 비금융 부문의 명목소득이나 유동자산을 증가시킨다. 만약 초과화폐가 양적 반응을 유도해 낸다면, 가치와 화폐 사이의 이전의 관계가 회복될 수도 있다. 그렇지 않다면, MEL은 상승할 것이다. 이것이 **초과화폐 인플레이션**이다.

초과화폐 인플레이션은 통화정책의 기조에 따라 촉진될 수 있지만, 국가가 초과화폐와 관련해 일반적 '비난'을 받아야 하는 것은 아니다. (은행 대출을 포함하여) 국가의 통제 범위를 벗어나는 사적 의사 결정들이 일상적이고 필연적으로 초과화폐를 창조하기 때문이다. 여기에 더해, 초과화폐가 국가에 의해 창조되는 경우에도 이것이 통화량이나 물가, 혹은 둘 모두에 영향을 미칠 것인지를 미리 아는 것은 불가능하다(타기팅은 가능하지만, 이는 필연적으로 부정확하다). 유통화폐량과 수요 사이의 불일치는 적절한 시기에 생산물, 통화 유통속도, 화폐퇴장의 변화에 의해 제거되는 경향이 있다. 그러나 이러한 조정에는 시간이 걸리며, 이 조정이 물가, 환율, 국제수지나 이자율에 영향을 미쳐 추가적 불안정성을 만들어 낼 수도 있다. 만약 이러한 화폐의 불일치가 계속해서 되풀이된다면, 이는 지속적인 인플레이션, 심각한 국제수지의 불균형, 장기화된 경기침체로 이어질 수 있는데, 이것은 화폐의 비중립성, 그리고 축적 과정에 대한 화폐의 잠재적 영향을 분명히 보여 준다.

장기적 인플레이션은 국가가 지속적으로 경제성장을 이끌어 가려고 하거나 성장세가 주춤할 때 디플레이션을 회피하고자 하는 시도에 기인한다. 좀 더 일반적으로는, 초과화폐는 경기 상승기에 중앙은행의 지원을 받는 민간 부문에 의해 주로 발생하는데, 이는 소비와 신규 투자에 필요한 재원을 조달하기 위한 것이다. 따라서 성장은 필연적으로 가치와 화폐 사이의 이미 확립된 관계를 깨뜨리며, 항상 잠재적으로 인플레이션을 유발한다(이는 공급과 수입(import)의 반응에 의존한다). 경제가 성장함에 따라, 불비례와 병목현상이 필연적으로 발전하며, 금융 구조는 더욱 취약해진다. 값싼 수입품을 즉시 공급받지 못하면, 물가가 (아마도 임금 역시) 상승하는 경향이 생긴다. 이 단계에서 지불 억제나 긴축정책의 채택 때문에 자연적으로 위기가 발생한다. 만약 위기가 악화되고 디플레이션이 나타나면, 국가는 보통 시장에 개입하여 의도적으로 초과화폐를 투입한다(혹은 민간 부문의 초과화폐의 창출을 촉진한다).[47]

초과화폐 인플레이션 이론은 겉보기에는 화폐수량설과 유사하지만 이와는 뚜렷이 구분된다. 화폐수량설의 가정은 통화량이 외생적이며, 화폐가 단지 교환의 매개물이고 퇴장되지 않는다는 것인데, 이는 초과화폐 접근법에서는 받아들여질 수 없다. 첫째, 이 접근법은 초과화폐가 중앙은행, 상업은행, 기업 사이의 상호 작용에 의해 규칙적으로 그리고 자발적으로 만들어지며, 국가가 그 양을 통제할 수도, 또한 정확히 파악할 수도 없다고 주장한다. 대조적으로, 화폐수량설은 은행 시스템이 항상 대출 한도를 채우며, 중앙은행이 자율적으로 직접적으로든(재정적자의 화폐화, 또는 정부 발행 유가증권의 구매를 통해) 간접적으로든(의문의 여지 없이 전체 대출 규모에 변화를 가져오는 의무적 은행 지불준비금의 변경을 통해) 통화량을 규정할 수 있다고 가정한다. 통화량에 변화를 가져오는 다른 원인들은 보통 무시되며, 중앙은행에 의해 발생한 통화량의 변화가 화폐퇴장이나 채무 상환, 은행 대출의 보상적 변화(compensatory change)에 의해 상쇄될 수 있다는 점을 화폐수량설은 일반적으로 무시한다.

둘째, 초과화폐는 단기적으로든 장기적으로든 비중립적이다. 초과화폐는 초과화폐가 창조되고 유통되는 방식에 따라 국민생산의 수준과 구성, 수요의 구조를 불가역적인 방식으로 바꿔 버릴 수 있다. 대조적으로, 화폐수량설은 화폐가 장기적으로도, 그리고 극단적인 경우에는 심지어 단기적으로도 중립적이라고 가정한다. 셋째, 초과화폐의 (통화량, 물가, 또는 둘 모두에 대한) 효과를 예측할 수 없다. 단지 높은 수준의 설비 가동률과 적극적 국가정책이 초과화폐 인플레이션의 가능성을 높인다는 것만을 주장할 수 있다. 그러나 이들 사이에는 어떠한 단순한 관계도 존재하지 않는다. 대조적으로, 화폐수량설에서 통화량과 인플레이션 사이의 관계는 보통 직접적이다. 내재적으로 완전경쟁, 완전고용, 화폐의 중립성을 가정하기 때문에 (중앙은행을 통해 촉발되어 통화승수를 통해 자동으로 상업은행에 전파되는) 통화량의 변화는 언제나 가격수준의 예측 가능한 변화로 이어진다.

초과화폐 접근법은 노동가치론의 주요 주장과 여타 마르크스주의 인플레이션 분석의 귀중한 통찰을 포함하는 인플레이션 이론의 발전을 위한 기반을 제공한다. 그러나 이 접근법은 중요한 측면에서 여전히 충분히 발전하지 못하였으며, 시급히 해결해야 할 단점들과 불명확함을 가지고 있다. 예를 들어, 중앙은행의 화폐 공급과 신용화폐의 분석은 보통 단순한데, 이는 최근의 포스트케인지언 이론의 발전,[48] 순환학파(circuitist)의 연구 성과,[49] 칼레츠키의 연구[50]의 수용의 확대, 그리고 이 이론들과의 대결을 통해 보완될 수 있을 것이다. 더 구체적인 분석 수준에서는 현대 자본주의의 금융 불안정에 대한 민스키의 중요한 연구 성과가 상세히 평가되어야 하며 정당한 근거가 있는 경우 이를 분석에 포함시켜야 한다.[51]

여기에 더해, 초과화폐 접근법의 구조들과 범주들이 마르크스의 가치론과 양립 가능하도록 하기 위해서 많은 작업들이 이루어져야 한다. 예를 들어, 통화량과 노동의 화폐적 표현 사이의 관계는 보통 명확하지 않으며, 초과화폐 접근법은 종종 분석의 수준을 임의로 이동시키고, 경쟁의 지위를 애매하게 남겨 둔다. 마지막으로, 초과화폐에 의해 야기된 가격 상승과 다른 종류의 통화량 증가에 의한 가격 상승을 구분하기 위한 연구가 필요하다. 이는 초과화폐 접근법과 화폐수량설 사이에 남아 있는 불명확함 ― 특히 인플레이션의 기폭제로서의 초과수요의 역할에 대하여 ― 을 명확히 하는 데 도움을 줄 것이다.

이러한 문제들을 체계적으로 해결하면, 예컨대 금융의 발전과 금융 및 자본계정 자유화와 같은 다른 중요한 현상들을 분석에 포함하는 것이 가능해질 것이다. 또한 잠재적으로 인플레이션을 야기할 수 있는 공공부채 급증의 영향 ― 공공부채 급증으로 인한 유동성 증가는 경제에 초과화폐를 투입하는 것과 동일하게 볼 수 있다 ― 과 같은 구체적 문제들에 대한 분석이 가능해질 것이다.[52]

8.4 결론

마르크스의 화폐론은 종종 주해의 방법을 통해 검토되어 왔다. 이는 마치 마르크스의 화폐론이 완전히 전개되었고 단지 《자본론》 1권 1장의 가치형태들의 연속적 도출이라는 측면에서만 화폐론이 중요하다고 간주하는 것과 같다. 이러한 관점은 아무런 도움이 되지 않는다. 이 장에서는 마르크스의 이론이 중요한 방식으로 발전될 수 있음을 보았는데, 이는 불환지폐와 인플레이션에 대한 해명을 포함한다. 불환지폐에 대한 분석은 마르크스의 접근법이 내적으로 설득력이 있고 이것이 현대 자본주의의 사실들과 모순되지 않음을 보여 준다는 점에서 중요하다. 인플레이션에 대한 분석은 현 시점의 중요한 문제이다. 이 주제를 창조적이고 일관된 방식으로 파고드는 것은 정치적으로 중요하며, 이것은 마르크스 접근법의 생명력을 명확히 보여 준다.

이 장에서는 또한 가치의 생산가격으로의 전형이 가치척도로서의 화폐의 기능과 노동의 동질화를 수정한다는 것을 보았다. 이것은 화폐의 다른 기능들과 노동의 정규화와 동기화에 영향을 미치지는 않는다. 마지막으로, 인플레이션 이론이 동일한 변수들에 초점을 맞추어야 함을 보았다. 인플레이션은 가치의 가격으로의 표현에 영향을 미치는 거시 경제적 과정이며, 전체 생산물과 화폐 사이의 관계에 영향을 끼친다.

인플레이션 분석은 훨씬 더 발전되어야 하는데, 이것의 정책적 함의 중 일부는 이미 명백하다. 첫째, 인플레이션은 기능적일 수 있지만, 그것의 역기능적 측면은 인플레이션이 심해짐에 따라 점점 지배적이 되는 경향이 있다. 특히 경제적 계산이 점점 복잡해지며 자본의 구조조정이 더 어려워지는데, 비효율적인 자본, 비효율적인 생산과정이 '시장' 과정에 의해 소멸하기보다는 보존되기 때문이다. 둘째, 인플레이션은 그 누진적 특징 때문에 더욱 불안정한 부채 구조의 형성을 통해 금융 위기로 이어진다. 위기는 초과화폐의 공급 증가를 통해 지연될 수 있지만, 이는 하이퍼인플레이션으로 이어질 수 있다. 셋째, 흔히 주택, 증권과 여타 자산과 관련된 투기적 거품과 연관된 순수하게 화폐적 이유 때문에 인플레이션이 생길 수 있는데, 이는 실제 축적 과정의 자금을 고갈시켜 축적 과정에 지장을 초래할 수 있다. 넷째, 은행, 독점기업, 노동자의 힘이 어떠하든, 영속적 인플레이션이 필연적인 것은 아니다. 그러나 금융의 심화, 자본의 집적, 무역 규모의 감소, 노동자의 전투성은 인플레이션에 대한 경제의 취약성을 증가시키고, 인플레이션이 시작될 경우 이를 되돌리기 어렵게 한다.

맺음말

이 책은 마르크스의 가치론에서 노동, 가치, 화폐, 가격의 관계를 분석한다. 이 범주들은 자본주의적 사회관계들의 역사적으로 규정된 존재 양식이며, (신고전파 경제학과 달리 개인 수준에서 출발하는 것이 아니라) 우선적으로 총계 수준이나 계급 수준에서 분석된다. 네 가지 중요한 결론이 명확히 제시되었다.

첫째, 추상노동, 가치, 가격은 자본주의 노동과 착취에 대한 마르크스의 분석의 본질적 측면들이다. 이들의 중요성에도 불구하고, 이들의 의미, 중요성, 상호 관계에 대한 상당한 논쟁이 마르크스주의 학문 안팎에서 벌어져 왔다. 이 책은 다른 연구에서 발견되는 [마르크스의] 비일관성에 대한 비판을 극복하는 마르크스의 가치론에 대한 해석을 제시하였으며, 이는 향후 연구를 위한 중요한 시사점을 포함한다.

둘째, 자본주의적 생산은 필연적으로 생산과 분배에서 사회적 투쟁을 야기한다. 이러한 투쟁은 이 사회체제를 정의하는 생산관계들에서 일어나기 때문에 피할 수 없다. 분배 투쟁은 다른 계급사회의 투쟁과 비슷한데, 이는 분배 투쟁이 어떻게 케이크(국민생산)를 체제의 안정성을 유지하면서 서로 경쟁하는 청구권 사이에 분배할지에 대한 논쟁을 포함하기 때문이다. 대조적으로, 생산에서의 투쟁은 자본주의를 다른 생산양식으로부터 구분하는 계급 관계에서 유래한다. 생산에서의 투쟁은 얼마나 많은 임금노동이 어떠한 조건에서 수행되어야 하는지에 대한 다툼에 기인하며, 이 결과는 분배 투쟁에서 제한적 역할만을 수행한다.

셋째, 부문 내 경쟁은 개별 이윤율을 다양하게 하는 경향이 있다. 왜냐하면 수익성이 더 높은 자본은 더 장기간 동안 더 많은 금액을 투자할 수 있고 생산기술을 더 넓은 범위에서 선택할 수 있으며 최상급의 노동자를 고용할 수 있는데, 이것이 이 자본의 최초의 이점을 더욱 강화하기 때문이다.[1] 대조적으로, 부문 간 경쟁은 이윤율의 수렴으로 이어지는데, 이는 자본 이동이 사회의 생산적 잠재력을 재분배하며 수익성이 더 높은 부문의 [자본] 공급을 증가시켜 초과이윤을 감소시키기 때문이다. 금융 시스템은 두 과정 모두에서 중요한 역할을 한다. 자본축적의 모순적 동학에 대한 마르크스의 분석은 고정된 결론 ─ 이윤율의 균등화나 자본의 끊임없는 집적 ─ 으로 귀결되지 않는다. 이것들은 결코 원활한 과정이 아니며 종종 불안정성을 만들어 내고 경제 위기를 촉발하는데, 이는 [개인들에게] 고통을 주고 삶을 파괴할 수 있다. 경제 위기와 실업은 자본주의가 가장 생산적일 뿐만 아니라 역사적으로 가장 체계적으로 파괴적인 생산양식임을 보여 준다.

넷째, 그리고 좀 더 일반적으로, 자본주의 경제는 경쟁 조건하에서의 잉여가치의 추출, 실현, 축적과 관련된 서로 모순되는 힘들로 인해 불안정하다. 이러한 불안정성은 **구조적이며**, 심지어 최선의 경제 정책도 이를 완전히 회피할 수는 없다. 경쟁 때문에 모든 자본이 노동생산성을 높이기 위해 노력하지 않을 수 없다. 이는 일반적으로 기계화 정도, 기업 내부와 기업 간 노동과정의 통합, 생산의 잠재 규모를 증가시키는 기술 변화를 수반한다. 따라서 **경쟁은 자본주의적 생산을 사회화한다.**

생산은 사적 성격을 상실하고 사회적 과정이 된다. …… 생산수단이 공동의 사회적 생산수단으로 이용된다. 따라서 사회적 생산수단은 개인의 재산이라는 사실로 규정되는 것이 아니라 생산과의 관계에 의해 규정되며, 노동도 마찬가지로 사회적 규모로 수행된다.[2]

생산의 사회화는 원활한 과정이 아니다. 이것은 거대한 고정자본의 투자, 신용 관계의 발전과 투기, 비숙련화, 노동시장의 변화, 구조적 실업, 파산, 위기와 연관되어 있다. 이 과정들은 종종 파괴적이다. 이는 작업장에서의 저항과 정치적 대립을 일으켰으며, 역사적으로 사회 개혁과 반자본주의 운동에 강력한 자극이 되었다.

그러나 이것이 전부가 아니다. 자본주의는 계속해서 변화하며, 마르크스는 이 생산양식이 사회적, 경제적 모순 때문에 점점 불안정해지는 경향이 있다고 주장한다. 이것은 본질적으로 **경쟁이 생산의 자**

본주의적 기반을 파괴하기 때문이다.

> 자본은 …… 모든 기술과 과학을 이용해 대중의 잉여노동시간을 증가
> 시킨다. …… 그리하여 자본은 스스로가 자본임에도 불구하고 사회적
> 잉여혹은 가처분 시간을 늘리는 수단을 만들어 내는 데 유용한데,
> 이것은 사회 전체의 노동시간을 최저한도로 감소시키고, 따라서 모든
> 이들의 시간을 그들 자신의 발전을 위해 해방시키기 위해서이다. 그
> 러나 이 경향은 언제나, 한편으로는 가처분 시간을 창조함과 동시에,
> 다른 한편으로는 이것을 잉여노동으로 바꿔 놓는다. 자본이 전자에 지
> 나치게 성공하면 잉여 생산에 어려움을 겪게 될 것이며, 그러면 어떠
> 한 잉여노동도 자본에 의해 실현될 수 없기 때문에 필요노동이 중단
> 된다. 이 모순이 발전하면 할수록, 생산력의 증가가 더는 타인의 노
> 동을 전유하는 데 묶여 있을 필요가 없으며, 노동자 대중 자신이 자
> 기 자신의 잉여노동을 전유해야만 한다. …… 가치척도로서의 노동시
> 간은 부 자체를 빈곤에 기반한 것으로, 가처분 시간을 잉여노동시간
> 과의 대립 속에서 그리고 그 대립 때문에 존재하는 것으로 규정한다.
> 즉, 개인의 모든 시간을 노동시간으로 규정하며, 따라서 개인을 단순
> 한 노동자로 전락시키고 노동에 포섭되도록 한다. 따라서 가장 발전
> 한 기계는 노동자로 하여금 야만인보다, 즉 스스로 가장 단순하고 조
> 야한 도구를 이용하던 경우보다 더 오래 노동하도록 강요한다.[3]

이 긴 인용문은 자본주의적 축적의 핵심에 해당하는 두 가지 중요
한 모순을 강조한다. 첫째, 위에서 본 바와 같이, 경쟁은 노동생산성

의 증가와 자본의 기술적, 유기적 구성의 상승 경향을 내포한다. 만약 더 많은 산출물이 동일한 노동 투입으로 생산될 수 있다면, 노동시간 이 감소해도 생활수준은 향상될 수 있다. 예를 들면, 세계에서 가장 부유한 나라들에서는 주요 부문 노동자의 주당 노동시간이 19세기 중 반 이후 상당히 감소해 왔다. 그런데도 생활수준은 상당히 개선되었 다. 그러나 주당 노동시간의 감소는 일반적으로 기술 진보의 속도를 따라가지 못하는데, 자본주의가 착취율을 줄이는 수단에 저항하는 경 향이 있기 때문이다. 경험적으로, 노동시간을 줄이려는 시도의 성공 은 노동자계급의 힘과 정치적 역량에 달려 있는 반면, 기술의 상태는 중요하기는 하지만 부차적으로만 영향을 끼친다. 그러나 주당 노동시 간의 감소는 단지 노동자에게만 중요한 것이 아니다. 만약 기술이 발 전하는데도 노동시간이 줄어들지 않는다면, 경제는 점점 과잉생산 위 기에 노출되게 된다. 주당 노동시간을 늘려서 절대적 잉여가치를 추 출하려는 개별 자본가들의 이해와, 높은 수준의 고용을 포함하는 경 제적(그리고 정치적) 안정성의 유지를 위해 필요한 경우 절대적 잉여 가치를 감소시켜야 하는 자본의 집단적 이해 사이의 모순 때문에 가 장 높은 착취율과 고도성장이 장기적으로는 양립 불가능하다.

둘째, 그리고 이것은 장기적 관점에서 더욱 중요한데, 노동생산성 의 상승은 사용가치를 생산하고 결과적으로 가치를 규정하는 살아 있 는 노동의 중요성을 감소시킨다. 자본주의에서 기술 진보가 고된 노 동과 장시간 노동을 완전히 제거하지는 못할 것이다. 이들이 계속 유 지되는 것은 기술적 장벽보다는 사회적 장벽 때문이다. 좀 더 구체적 으로는, 기술 진보는 비(非)시장 과정을 통한 필요의 충족을 촉진하고 노동시간의 감소, 그리고 반복적이고 위험하며 건강에 좋지 않은 업무를 자동화하는 것을 가능하게 한다. 그러나 이것은 자본의 가치 증식과 착취 관계들의 재생산과 충돌을 일으키기 때문에 자본주의에게는 저주이다. 어느 단계에서는, 마르크스는 다수가 자신들의 개인적, 집단적 잠재력의 성취를 제한하는 이러한 한계들을 더는 받아들이지 않을 것이라고 믿는다.

마르크스에게 자본주의의 폐지는 인간 사회의 전사(前史)의 마감을 나타낼 것이다.[4] 그러나 또 다른 생산양식 ─ 공산주의 ─ 으로의 이행이 불변의 것이거나 필연적인 것은 아니다. 자본주의 핵심의 사회관계는 다수에 의한 압도적 압력이 있을 때에만 변할 것이다. 여기에 실패하면, 자본주의는 그 인간적, 환경적 손실을 무릅쓰고 무한정 존속될지도 모른다.

한편, 우리 시대의 중요한 문제들, 즉 환경오염, 장기적 실업, 부국과 빈국 모두에서의 풍요 속의 빈곤, 치료 가능하거나 통제 가능한 질병의 확대, 문맹, 문화적 · 민족적 · 경제적 억압 등의 다양한 난제들의 해결을 위해서는 의식 있는 대중의 개입이 필요하다. 이러한 문제들과 이들의 잠재적 해결책들을 연구함에 있어, 칼 마르크스는 현재의 일반적 편견들에 얽매이지 않은 분석을 제공하며, 이는 창조적 해결책을 이끌어 낼 수 있다.

후주

머리말

1 Oakley(1983, 1984, 1985)와 Rosdolsky(1977)는 마르크스의 경제적 사고의 발전을 다룬다. 기본 개념들은 Bottomore(1991)에 명쾌하고 간단하게 설명되어 있다. 마르크스주의 정치경제학의 역사적 개관을 위해서는 Howard and King(1989, 1991)을 참조하라.

2 Meek(1973, p 241). 이러한 편견은 다른 선구자들이 겪은 것과 비슷하다. "진화론이 사실에 의해 적절히 뒷받침되지 않는다며 거만하게 거부하는 사람들은 자신들의 이론이 전혀 사실에 의해 뒷받침되지 않는다는 점을 완전히 잊고 있는 듯하다. 정해진 믿음을 가지고 살아가도록 태어난 대다수의 사람들처럼 그들은 자신들에게 반대되는 믿음에 대해서는 가장 엄격한 증명을 요구하지만, 자신들의 믿음은 아무런 증명도 필요하지 않다고 간주한다"(Herbert Spencer, "The Development Hypothesis", *The Leader*(1852)에 먼저 실렸음). 이 참고 문헌을 제시해 준 앤드류 베리(Andrew Berry)에게 감사한다.

3 마르크스의 이론은 종종 모종의(심지어 유일한) 가치의 노동이론(labour theory of value)으로 불린다. 이것은 잘못된 것이며 적절한 용어는 원래의 독일어 표현인 'Arbeitswertlehre', 즉 노동가치의 이론(theory of labour value)이다.(다이앤 엘슨(Diane Elson)은 '노동의 가치론(value theory of labour)'을 제안한다. 이에 대해서는 Elson 1979b을 참조하라.) 그러나 나는 전통을 고수하는데, 이는 알레한드로 라모스마르티네스(Alejandro Ramos-Martínez)의 통찰 덕분이다.

4 Lipietz(1985b, p 83)를 보라.

5 "가장 넓은 의미에서 정치경제학은 인간 사회에서 물질적 생계 수단의 생산과 교환을 지배하는 법칙들에 대한 과학이다. …… 인간의 생산과 교환의 조건들은 나라마다 다르며, 또한 개별 국가 내에서도 세대에 따라 다르다. 따라서 정치경제학은 모든 역사적 시대와 모든 국가에 대해서 동일할 수 없다. …… 정치경제학은 따라서 본질적으로 **역사적 과학이다**"(Engels 1998, pp 185~186). Fine(1989), Foley(1986), D Harvey(1999), Weeks(1981)에는 마르크스 정치경제학에 대한 뛰어난 개관이 제시되어 있다.

6 Mohun(1991, p 42).

7 Fine(1980, 1982, 1989), Weeks(1981, 1990)를 보라. Arthur(2001), Chattopadhyay(1994), Elson(1979b), Gleicher(1983), Itoh and Lapavitsas(1999), Lebowitz(1992), Postone(1993) 등도 나의 연구에 중요한 영향을 끼쳤다.

8 Heller(1976, p 22). Lebowitz(1992, p 1) 역시 참조하라.

9 Elson(1979b, p 171). 더 광범위한 측면에서, Weeks(1981, pp 8, 11)는 다음과 같이 올바르게 주장한다. "가치론은 우선적으로 교환이나 할당에 대한 이론이 아니라, 상품생산 사회 근저의 계급 관계들을 드러내는 이론이다. …… 마르크스가 전개한 가치론은 또한 (1) 자본주의가 단지 착취적 (계급) 사회의 한 형태임을 드러내며, (2) 전자본주의 사회로부터 자본주의 사회로의 역사적 이행에 대한 설명이며, (3) 자본주의 경제의 구체적 작동에 관한 이론이며, (4) 왜 다른 이들이 자본주의 경제의 작동을 다른 이론적 체계를 통해 설명하려 하는지에 대한 설명이다."

1장

1 마르크스는 생전에 약간의 저작들을 출판하였는데, 이 중 중요한 저작은 ≪철학의 빈곤≫, ≪공산당 선언≫, ≪정치경제학 비판을 위하여≫, ≪자본론≫ 1권이다. 중요한 수고들은 그의 사후 편집되어 출판되었는데, 이는 ≪자본론≫ 2권, ≪자본론≫ 3권, ≪잉여가치학설사≫, ≪정치

경제학 비판 요강≫ 등이다(Oakley 1983을 참조하라).

2　*Capital 1*, p 99[국역 : ≪자본론≫ 1권 (상), 15쪽].

3　T Smith(1990, p 32; 1993a, p 47)를 보라.

4　*Capital 1*, p 104[국역 : ≪자본론≫ 1권 (상), 21쪽]. 이 문장은 ≪자본론≫ 1권의 프랑스어 번역판을 시리즈로 발간하려는 제안에 대한 마르크스의 승인을 표현한다.

5　엥겔스에게 보낸 편지, 1861년 12월 8일, Murray(1988, p 109)에서 재인용.

6　*Capital 1*, p 104[국역 : ≪자본론≫ 1권 (상), 21쪽].

7　Arthur(2000a, p 107 n10). 또한 Arthur(1993a, pp 63~64; 1997, p 11)를 참조하라.

8　마르크스와 헤겔의 관계에 대한 자세한 분석은 Zelený(1980, chs 12~17)를 참조하라.

9　"마르크스는 과학적 방법론에 대해서 엄격하였으면서도 자신의 과학적 저작의 방법론의 문제를 감추어 놓았다"(Murray 1988, p 109). Reichelt(1995) 역시 참조하라.

10　Lenin(1972, p 319).

11　'유물론적 변증법'에 대한 설명은 Ilyenkov(1982, pp 77, 114, 162, 278)를 참조하라.

12　Arthur(1998, p 11), Carver(1980, p xi), Ilyenkov(1982, pp 32~33, 57, 88), Kosik(1976, pp 16~23), Lebowitz(1992, p 2), Ollman(1993, pp 12~13)을 참조하라. 변증법에 대한 훌륭한 개론으로는 Ollman(1993, ch 1; 1998)을 참조하라. Scott(1999)은 변증법의 역사에 대한 훌륭한 개관을 제공한다.

13　이러한 접근은 신고전파 경제학에서 전형적으로 찾아볼 수 있다. 이것의 논리적 단점을 조명하는 분석으로는 Schotter(1990, chs 4~5)를 참조하라.

14　관념적 일반화는 경험적 추상(Gunn 1992), 형식적 추상(Ilyenkov 1982, pp 61~62)이나 일반적 또는 추상적 추상(Murray 1988, pp 114, 122~129)이라는 용어로 사용되기도 한다. 이에 대한 비판적 분석은 Ilyenkov(1977, essays 3, 5 and 10)를 참조하라.

15 *Grundrisse*, pp 85~89, Gunn(1992, p 23), Ilyenkov(1977, p 64; 1982, pp 18~19, 29~35, 48, 60~66, 78, 85)를 참조하라.

16 Ilyenkov(1982, pp 21~28, 47~48, 60~61, 76, 81~86)를 참조하라. 비슷한 관점에 대해서는 Albritton(1986, pp 190~191), Arthur(1979, pp 73~77; 1993a, pp 85~86), Aumeeruddy and Tortajada(1979, pp 5~9), Elson (1979b, pp 145, 164), Fine and Harris(1979, p 11), Gunn(1992, pp 18~24), Himmelweit and Mohun(1978, p 75), Kapferer(1980, p 77), Lebowitz (1992, pp 39~40), Murray(1988, pp 114~115, 122~128), Shaikh(1982, p 76), T Smith(1998, p 467), Sohn-Rethel(1978, pp 20, 69~ 70)을 참조하라. 마르크스의 추상 개념에 대해서는 Ollman(1993, pp 26~33)을 참조하라.

17 Ilyenkov(1982, p 22). Brown(2001), Ilyenkov(1977, essays 1~2) 또한 참조하라.

18 Lenin(1972, pp 360~361)은 다음과 같이 주장한다. ≪자본론≫에서 "마르크스는 먼저 가장 간단하고, 가장 평범하고 근본적이며, 가장 일반적인 부르주아 (상품) 사회의 매일 매일의 관계, 즉 수십억 번 마주치게 되는 관계, 바로 상품의 교환을 분석한다. 이 매우 간단한 현상(부르주아 사회의 이러한 '세포')에서 분석은 현대 사회의 모든 모순들(또는 모든 모순들의 근원들)을 드러낸다. 이어지는 서술은 이러한 모순들과 개별 부분들의 합으로서의 이 사회의 전개(성장 그리고 운동)를 그 시초에서부터 결말에 이르기까지 보여 준다. …… 변증법 일반의 서술(이나 연구) 방법은 이와 같아야만 한다. …… 가장 간단하고, 가장 평범하며, 가장 일반적인 것으로부터 출발하는 것, 아무 명제로부터라도 시작하는 것 …… 여기에 이미 변증법이 들어 있다."

19 Ilyenkov(1982, p 84). 또한 Ilyenkov(1977, p 369), Zelený(1980, pp 31~38)를 참조하라. Lenin(1972, p 152)의 경우, "법칙과 본질은 동일한 종류라기보다는 동일한 수준의 개념들이며, 현상과 세계 등에 대한 인간

지식의 심화를 표현한다." 이어지는 내용에서 본질은 "합법칙적 내적 구조"이며, 이 구조는 구체의 전개의 법칙들을 규정하는데, 법칙들은 경향들로서 체계적으로 나타난다. 경향과 반경향 사이의 상호 작용은 현실의 발전 형태를 형성한다(이 책의 1.2절, Marx 1975, pp 259~260, Reuten 1997을 참조하라).

20 Rosdolsky(1977, pp 114~115)는 "독자는 경제적 범주들이 실재 관계들의 반영 이외의 것이라거나, 이러한 범주들의 논리적 도출이 그들의 역사적 도출과 무관하게 진행될 수 있다고 상상해서는 안 된다"고 주장한다. 비슷하게, Foley(1986, p 1)는 "마르크스는 자신이 분석하는 사회적 현실을 그 내부의 모순들에 의해서 발전하는 과정으로서 파악한다. 달리 표현하면, 마르크스가 다루는 현상들은 그 현상들을 생산해 내는 역사로부터 분리해서 이해할 수 없다"고 올바르게 주장한다.

21 유물론적 변증법에서 "어떤 개념의 보편적 특징에 대한 문제는 다른 영역, 실재의 **발전 과정**의 연구 영역으로 이전된다. 따라서 발전에 대한 접근법은 **논리**에 대한 접근법이 된다"(Ilyenkov 1982, pp 76~77). 또한 Ilyenkov (1977, pp 354~355; 1982, pp 83~84, 94~96)를 참조하라.

22 "개별은 보편으로 이어지는 연관 속에서만 존재한다. 보편은 오직 개별 내에서만 그리고 개별을 통해서만 존재한다. 모든 개별은 (어떤 방식으로든) 보편이다. 모든 보편은 개별(의 일부이거나 한 측면이거나 본질)이다. …… 여기에 이미 필연성과 실재하는 객관적 연관 등의 요소, 근원, 개념이 들어 있다. 여기에 이미 우연성과 필연성, 현상과 본질이 들어 있다"(Lenin 1972, p 361). Bonefeld, Gunn and Psychopedis(1992a, pp xv~xvi; 1992b) and Gunn(1992, pp 20~24) 또한 참조하라.

23 Ilyenkov(1982, pp 217~222, 232, 244)를 보라. Thompson(1978, pp 231~238)은 이와 다소 비슷한 접근법 ― '역사적 논리학(historical logic)' ― 을 제시하였다. 유물론적 변증법은 Engels(1981)와 Meek(1973)의 '논리 역사적' 방법과는 분명히 구분된다. 2.1.1절을 보라.

24 Gunn(1992, p 23).

25 *Capital 1*, pp 133, 283~284, 290을 보라[국역 : ≪자본론≫ 1권 (상), 53쪽, 235~236쪽, 243~244쪽].

26 *Theories of Surplus Value 1*, pp 409~410을 보라.

27 "개념에 표현된 구체적 보편자는 …… 그것이 모든 특수한 사례들을 파악하고 이 사례들에 일반적으로 적용될 수 있다는 의미에서의 [구체의 — 지은이] 풍부함을 포함하지는 않는다"(Ilyenkov 1982, p 84). Foley(1986, p 4) 역시 더 높은 수준의 규정들을 추가하는 것은 "근본적 규정들과 모순되는 것처럼 보이는 현상들을 만들어 낼지도 모른다. …… 그러나 이러한 종류의 모순은 외견상으로만 나타난다. 설명이 이론의 구조에 부합하는 경우에는 근본적 규정들은 여전히 설명에 타당하고 중요하며 더 복잡한 상황에서도 계속 작동한다"고 비슷한 주장을 한다.

28 *Grundrisse*, pp 460~461를 보라. 마르크스에게는 "어떤 현상, 어떤 사회적 현상도 결코 그 역사적 맥락을 떠나 이해될 수 없다. 만약 어떤 명제가 영원한 진리, 즉 역사적 상황에 관계없이 진리로 받아들여진다면, 그 의미를 잃어버릴 것이다"(Baumol 1983, p 307). 좀 더 구체적으로는, "이론적 작업이 항상 역사적 현실의 사실들을 다룬다는 것이 마르크스주의 분석의 주요 특징 중 하나이다. …… 마르크스의 ≪자본론≫ 전반에서 추상적인 변증법적 전개와 구체적인 역사적 현실 사이의 끊임없는 이동이 나타난다. 동시에 …… 마르크스주의적 분석은 계속해서 역사적 현실의 순서와 피상성으로부터 **분리되며**, 사고 속에서 이 현실의 필수적 관계들을 표현한다"(Zelený 1980, p 36). 또한 Albritton(1986, p 18), Colletti(1972, p 3), Murray(1988, p 113), Thompson(1978, p 249)을 참조하라.

29 마르크스는 "보편적 범주들을 상당히 의심스러워하였다. …… 그는 범주들 그 자체를 특수한 사회의 산물로 보았으며, 자본주의를 다른 생산양식으로부터 구분해 낼 수 있는 개념들, 그래서 이에 기반하여 자본주의의 내적 원리를 상세히 분석할 수 있는 개념들을 찾고자 하였다. 이러한 방법으로, 마

르크스는 자신의 유물론을 진정 역사적인 것으로 만들고 싶어 하였다"(D Harvey 1999, p 6).

30 마르크스의 포이어바흐에 관한 두 번째 테제(Marx 1975, p 422)와 Moseley (1995a, pp 93~94)를 참조하라.

31 2장과 Fine(1980, p 123), Ollman(1993, p 61)을 참조하라.

32 Böhm-Bawerk(1949, pp 69~70).

33 뵘바베르크의 비판에 대한 반박은 Glick and Ehrbar(1986~1987, pp 464~ 470), Hilferding(1949), Ilyenkov(1977, essay 10, and 1982, pp 62, 73~81) 를 참조하라.

34 "마르크스는 자신의 가치 개념의 기초를 실재 세계로부터 분리되어 있고 모든 종류의 임의적 가정을 요구하는 관념적 개념(construct)에 두지 않았 다. 오히려 그의 주장은 모든 형태의 노동을 공통의 기준으로 환원하는 것 이 실재하는 세계 그 자체의 산물이라는 사실에 근거를 두고 있다"(Fine 1980, p 124).

35 가치는 "인간 활동(노동)의 명확한 사회적 존재 양식이다"(*Theories of Surplus Value 1*, p 46). 다른 말로 표현하면, "자본주의에서 노동이 일반 적인 것은 단지 노동이 모든 다양한 특수한 종류의 노동의 공통적 [생리학 적 — 지은이] 요소이기 때문만은 아니다. 그보다는, **노동이 일반적인 것은 노동의 사회적 기능 때문이다.** 노동은 사회적 매개 활동으로서, 그 생산물 의 특수성으로부터 추상되며, 따라서 노동 그 자체의 구체적 형태의 특수 성으로부터 추상된다. 마르크스의 분석에서 추상노동 범주는 추상의 이 실 재적 과정을 표현한다. 이것은 단지 개념적 추상화 과정에 바탕을 둔 것이 아니다"(Postone 1993, pp 151~152). 또한 *Contribution*, pp 276~277과 *Grundrisse*, pp 296~297를 참조하라.

36 마르크스의 분석이 역사적인 것은 단지 자본주의의 일시적 존속이라는 가정 때문만은 아니다. 아리스토텔레스와는 대조적으로 — 예컨대, 아리스토텔레 스는 가치의 본질에 대해서 단지 추측만 할 수 있었다(*Capital 1*, pp

151~152를 보라[국역 : ≪자본론≫ 1권 (상), 75~77쪽) — 마르크스는 발전한 자본주의 사회에서 살았으며, 추상노동이 가치의 본질임을 관찰할 수 있었다. "모든 현상을 '노동 일반' — 모든 질적 차이점을 사상한 노동 — 으로 환원하는 것은 …… 추상을 만들어 내는 이론가들의 머릿속이 아니라 …… 경제적 관계들의 현실에서 발생하였다. 가치는 **목표**가 되었는데, 각각의 사물은 이 목표를 위해 노동에서 실현된다. 가치는 '활동 중인 형태(active form)', 즉 각각의 분리된 사물과 각각의 분리된 보편의 운명을 지배하는 구체적인 보편적 법칙이 되었다. …… 모든 차이점을 사상한 노동으로의 환원은 여기서 추상으로서 나타나지만, '날마다 사회적 생산과정에서 만들어지는' 실재적 추상이다. …… 여기서 노동 일반, 노동 그 자체는 구체적이고 보편적인 실체로서 나타나며, 한 개인과 그의 노동 생산물은 **이 보편적 본질의 현시(manifestations)로서 나타난다**"(Ilyenkov 1982, p 97).

37 비슷한 주장으로는 Perelman(1987, pp 198~201), Rubin(1975, pp 109~110; 1978, pp 130~131), M Smith(1994a, p 74)를 보라. T Smith(1998, p 468)는 다음과 같이 올바르게 주장한다. "자본의 좀 더 복합적인 분류들로 접근함에 따라 우리는 구체적 보편자로서의 가치에 대한 좀 더 포괄적인 설명으로 다가가게 된다. 또한 사회생활의 좀 더 많은 영역이 가치의 지배 아래 종속되어 간다. …… 마르크스에게는 …… 가치가 헤겔적 의미에서 구체적 보편자라는 것을 보이는 것으로는 충분하지 않았다. 마르크스는 **어떻게** 그러한 외부적 힘이 사회생활을 지배하게 되었는지 해명하고자 하였다. 추상노동은 이 해명에서 중요한 역할을 수행한다."

38 Murray(1988, pp 177~179).

39 8.1절을 보라. M Smith(1994a, pp 63~65), Thompson(1978, pp 253~255), 특히 Rosenthal(1999, pp 296~300; 2000, pp 505, 513)을 보라.

40 마르크스는 자본 분석을 통해 "다음을 구분하였다. (a) 자본이 그 자신의 순환을 통해 창조해 내는 자본의 존재 조건들과 전제들. (b) 자본 창조의 역사 — 이것은 단지 자본주의의 발전 단계에 불과하며, 자본이 스스로 작동하기

시작하자마자 사라진다 — 에만 속하는 자본의 존재 조건들과 전제들 ……
자본이 나타나자마자 화폐 — 이 화폐는 자본가의 손에서 화폐자본으로서
기능한다 — 가 축적되고 가치 생산의 자본주의적 과정을 위한 실재의 조건
들은 더는 역사적 전제가 아닌 자본의 특수한 활동의 결과로서 이해된다.
이러한 방식으로 자본은 그 자신의 존재와 성장을 위한 조건들과 전제들을
창조한다"(Zelený 1980, p 37).

41 Ilyenkov(1982, p 282)와 *Grundrisse*, p 776, Arthur(2000a, p 121)를 참조
하라. Rosenthal(1997, pp 161~162)도 비슷한 결론에 도달한다. "자본순환
을 자신의 방식대로 제시하는 것에 대한 마르크스의 정당화는, 가치가 상품
안에 단순히 직접적으로 존재하는 것을 넘어선다는 의심스러운 필연성에서
찾을 수 있는 것이 아니라 …… 오히려 화폐가 실제로 자신이 제시한 방식
으로 유통된다는 사실에 있다. 마르크스는 이러한 순환이 경험적으로 일어
난다는 것에 주목하였으며, 순환의 양극단이 표현하는 가치들 간의 양적 차
이만이 이것이 연관되어 있는 사회적 행위(즉, 판매하기 위한 구매)를 불러
일으킬 수 있음을 입증한다. 이어 그는 유통을 통한 이러한 명백한 가치의
증가가 (a) 어떻게 가능하며 (b) 어떻게 단순상품유통을 규율하는 기본적
'가치법칙'(즉, 상품들이 같은 양의 가치와 교환되어야 한다)과 양립할 수 있
는지를 해명하고자 한다."

42 마르크스는 자신의 방법을 *Grundrisse*, pp 100~102, 107~108와 *Capital 1*,
pp 99~102[국역 : ≪자본론≫ 1권 (상), 15~19쪽]에서 설명한다. 마르크스가
'모순'을 어떻게 이해하였는지에 관해서는 Ollman(1993, pp 15~16)과 특히
Zelený(1980, pp 86~88, 222~223)를 참조하라. 일리엔코프에게 유물론적
변증법은 "내적 모순들을 통한 발전[혹은 전개]의 과학이다"(1982, p 278).
그는 여기에 더해 다음과 같이 언급한다. "모순들의 해결이라는 변증법적
유물론의 방법은 …… 실재의 운동이 모순들을 새로운 표현 형태로 해결하
는 과정을 추적하는 것에 있다. 객관적으로 표현하면, 목표는 새로운 경험
적 재료의 분석을 통해 현실의 발생을 추적하는 것이다. 이 현실에서 이전

에 성립된 모순은 그 자신이 실현되는 새로운 객관적(objective) 형태 속에서 상대적으로 해결된다"(pp 262~263). 또한 Ilyenkov(1977, pp 329~331)를 참조하라.

43 Lenin(1972, p 196)에게는, "현상과 실재의 **모든** 측면, 그리고 이들 간의 (상호) 관계들의 총체, 이것이 진리를 구성한다. 개념들의 관계들(=이행들=모순들)이 논리학의 주요 내용이며, 이것이 이 개념들(그리고 개념들 사이의 관계들, 이행들, 모순들)이 객관적 세계의 반영임을 보인다. 사물들의 변증법이 관념들의 변증법을 만들어 내며, 그 반대가 아니다." 좀 더 일반적으로는, 그는 "논리학은 사고의 외부적 형태의 과학이 아니라, '모든 물질적, 자연적, 정신적 존재들'의 전개 법칙, 즉 세계의 구체적 내용 전체와 그것의 인식, 즉 총체의 전개 법칙에 대한 과학이며, 세계에 대한 인식[혹은 지식]의 역사의 종결점이다"(pp 92~93) 하고 주장한다.

44 *Grundrisse*, p 278를 보라. Lenin(1972, p 183)에게 "논리학의 법칙들은 객관이 인간의 주관적 의식 안으로 반영되는 것이다." 레닌은 다른 곳에서 다음과 같이 추가로 언급한다. "인식은 대상에 대한 사고의 영원하고 끝없는 근사(近似) 과정이다. 인간의 사고 속으로의 자연의 반영은 '생명이 없거나' '추상적이거나' 운동하지 않거나 모순이 없는 것으로 이해되어서는 안 되며, 영원한 운동의 과정, 모순과 그 해결책이 발생하는 영원한 과정 속에서 이해되어야 한다"(p 195, 또한 p 182를 참조하라).

45 '지양하다(sublate)'라는 단어는 헤겔의 'Aufhebung'(이전의 범주를 제거하고 대체함과 동시에 이를 보존하는 것)을 영역한 것이다. 다른 문헌에서는 '대체하다(supersede)', '중단시키다(suspend)', '초월하다(transcend)' 등이 비슷한 역할을 수행한다. Hegel(1991, pp xxxv~xxxvi, 154)을 보라.

46 *Capital 3*, p 103[국역 : ≪자본론≫ 3권 (상) 17쪽]. Groll and Orzech(1989, p 57)는 다음과 같이 올바르게 주장한다. "마르크스의 개념들은 이들의 현상이나 전형에 있어 동적인 의미를 갖는다. 마르크스의 범주들은 현대의 경제학자들에게 익숙하거나 그들이 기대하는 바와 같은 직접적이고 명백한 의

미를 좀처럼 갖고 있지 않다. 그와 반대로, 이 범주들은 보통 다수의, 때로는 보완적이고 때로는 모순적인 의미들을 갖는다." 또한 7.3절, 특히 후주 25~27, Aglietta(1979, p 16), Arthur(1997, p 22), D Harvey(1999, pp 1~3), Lenin(1972, p 225), Zelený(1980, ch 2)를 참조하라.

47 Arthur(1998, pp 11~12).

48 Fine(1982, ch 1)을 보라.

49 *Theories of Surplus Value 3*, pp 112~113, 강조 추가.

50 *Capital 3*, pp 398[국역 : ≪자본론≫ 3권 (상), 345~346쪽]. 강조 추가.

51 이 용어는 Murray(1988), Shamsavari(1991), T Smith(1990) 등 기타 저작들을 설명하기 위해 Arthur(1993b)가 제시한 것이다. 이에 영향을 끼친 이전의 연구로는 Lukács(1971)를 들 수 있다. 또한 Albritton(1986, pp 179, 181~186), Banaji(1979), Fraser(1997), Reuten and Williams(1989)를 참조하라.

52 Lenin(1972, p 180). 이러한 위압적 과제에 더하여, Murray(1988, p 57)는 이렇게 언급한다. "≪자본론≫을 완전히 이해하려면, 헤겔의 철학, 청년헤겔학파의 철학, 그리고 관념적 사고 전체에 대한 마르크스의 비판을 연구해야 한다." ≪자본론≫의 이해를 위한 끝없는 철학적 필수과목들을 추가하는 것은 마르크스의 텍스트와 독자 사이에 장벽을 세운다는 점에서 유감스럽다 (Mattick Jr 1993, p 116을 보라).

53 "≪자본론≫을 위대하게 만드는 것은 바로 헤겔로부터 얻은 교훈들이다"(Murray 1993, p 37). "사실 체계적 접근과 양립할 수 없는 요소들이 ≪자본론≫에서 발견되는데, 이는 무엇보다 마르크스가 고전파 정치경제학과 완전히 단절하지 않았기 때문이다. 체계변증법적 해석이 이 책 전체를 포괄하지는 않는다. 그러나 나는 체계변증법이 ≪자본론≫을 통일하는 주된 내용이라고 생각한다"(T Smith 1993b, p 25).

54 T Smith(1990, pp 45~46). 또한 Reuten and Williams(1989, pp 19~20)를 참조하라. 또 다른 헤겔적 관점에 대해서는 Banaji(1979)를 보라.

55 Arthur(2000a, p 106), Reuten(1993, pp 92~93), Reuten and Williams(1989, pp 4, 21~22), T Smith(1990, p x; 1993a, p 115; 1993b, p 20)를 보라.

56 Reuten and Williams(1989, p 22). 또한 Arthur(1993a, p 67), Campbell(1993), T Smith(1990, p 13; 1997, p 191)를 참조하라. T Smith(1998, pp 464~465)는 ≪자본론≫을 여덟 개의 추상 수준을 이용하여 재구성하는데, 그 결과는 복합적이다.

57 Arthur(1993a, p 67). 또한 Reuten and Williams(1989, pp 5, 23)를 참조하라.

58 Reuten and Williams(1989, p 34)에 있어서는, "역사는 왜 실재하는 것이 존재하게 되었는지를 설명하기 때문에 중요하지만, 이 실재가 무엇이고 상호 연관된 전체로서 어떻게 재생산되는지를 설명하지는 못한다." 또한 Arthur(1992, p xiii), Murray(1988, p 182), T Smith(1993a, p 102)를 참조하라.

59 Saad-Filho(1997c)를 보라.

60 Clarke(1991), Holloway(1994), Lebowitz(1994)를 보라.

61 "개념에 대한 마르크스의 …… 온건한 태도는 '우발성'에 [상당한 — 지은이)] 중요성을 …… 부여하게 하였다. '우발성'에 대해서는, 이것은 추상적인 개념적 분석에는 포함되지 않지만, 여전히 역사적 현실 때문에 진실을 포함하고 있으며, 구체로서의 사회적 대상에 대한 완전한 서술 속에 반드시 포함되어야 한다"(Fracchia and Ryan 1992, p 60).

62 이윤율 저하 경향의 분석(≪자본론≫ 3권 3부)에서 마르크스는 이 추상적 경향이 추세(trend)의 존재를 의미하지는 않음을 보여주는데, 이것은 다양한 분석의 수준에서 영향을 끼치는 몇몇 반경향들 역시 이윤율에 영향을 미치기 때문이다(Fine 1989, ch 10; 1992; Reuten 1997을 보라).

63 Thompson(1978, p 253)은 알튀세의 저작을 비슷한 이유로 비판한다. 알튀세에게는, "자본이 등장한 이후, 자본의 자기 발전은 이 범주와 이에 수반하는 관계들에 내재적인 논리에 의해 규정된다. …… 자본은 그 자신의 발전

을 규율하는 활동하는 범주이며, 자본주의는 사회구성체들 안에서 이 법칙들이 미치는 효과이다. 이러한 분석 양식은 필연적으로 반(反)역사적임이 틀림없다. …… 이것은 유물론자에게게서는 찾아보기 힘든 특이한 사고방식인데, 왜냐하면 자본이 이념(Idea)이 되었고, 이것이 그 자신을 역사 속에서 전개하기 때문이다.” 또한 pp 275~276, 290, 345, 355, Albritton(1999), Bonefeld(1992), Callari and Ruccio(1996), Holloway(1992), Resnick and Wolff(1996)을 참조하라.

64 T Smith(1999b, p 166)의 “체계변증법과 역사적 이론화 사이에 메울 수 없는 간극”이 있다는 주장을 비판하면서, Fine, Lapavitsas and Milonakis(2000, p 136)는 새변증법의 역사에 대한 무시는 “특수한 역사적 현상의 해명에 있어 이론가에게 무한정의 자유를 허용하는 결과를 낳으며, 만약 그렇다면, 어떠한 설명도 동일한 현상에 대한 어떤 일반적인 (체계적) 이론과도 양립할 수 있게 된다. …… 우리는 논리와 역사를 분리하는 어떠한 시도도 상당히 잘못된 것이라고 생각한다. 오히려, 논리는 자본축적이 실현되는 역사적으로 특수한 형태들에 의존해야 하며, 이를 고려할 수 있어야 한다고 생각한다”고 올바르게 주장한다.

65 Rosenthal(1997, p 113).

66 Rosenthal(1997, p 141). 또한 로젠탈에 대한 다소 온건한 대응에 관해서는 pp 151~152, Mattick Jr(1993), Psychopedis(1992), T Smith(1999a)를 참조하라.

67 *Capital 1*, pp 102~103[국역 : ≪자본론≫ 1권 (상), 19쪽].

68 같은 책, 같은 쪽[국역 : ≪자본론≫ 1권 (상), 18~19쪽. [마르크스의] 이러한 비판은 이전의 [헤겔] 비판을 반복하는 것인데, 예컨대 “헤겔은 실재를, 스스로에 대해 명쾌하게 하고, 스스로 자신의 깊이에 대해서 탐구하며, 자기 자신으로부터 혼자 힘으로 스스로를 펼쳐 나가는 사고의 산물로서 파악하는 환상에 빠져 있다”(*Grundrisse*, p 101). 또는 “문제의 핵심은 헤겔이 모든 곳에서 이념을 주체로 상정하며, 동시에 참된 실재의 주체는 …… 속성으로

변해 버린다는 것이다"(Marx 1975, p 65). 또한 pp 61~73, 80~82, 98~100 을 참조하라. T Smith(1993a, pp 47, 76~77)는 헤겔에 대한 마르크스의 독해가 잘못되었다고 주장한다. Rosenthal(1997)은 이러한 주장을 성실하게 논박하였다. 헤겔적 마르크스주의의 신비주의적 측면에 대한 가차없는 비판으로는 Bradby(1982, pp 131~132)를 보라.

69 Ilyenkov(1982, p 82).

70 Ilyenkov(1982, p 28). "헤겔의 논리학은 사고의 근본적 범주들을 혹 있을지도 모르는 어떠한 경험적 사례로부터도 독립적인 순수 범주들로 다룬다. 그는 이 범주들을 가장 단순하고 추상적인 것으로부터 좀 더 복잡한 것, 따라서 좀 더 구체적인 것으로 체계적으로 배열된 형태로 서술한다. 이 범주들의 체계는 한 범주가 다른 대조적이며 포괄적인 범주를 가장 포괄적인 범주 ― 절대정신 ― 에 도달할 때까지 필연적으로 발생시킨다는 점에서 '자동으로 움직이는(self-moving)' 것이다. 헤겔은, 그리하여 그가 이러한 관계들이 실재 세계에서 일어나고 전개되는 것의 필연성을 밝혔다고 생각하는데, 그러한 한 절대적 관념론자이다"(Arthur 2000a, pp 107~108). 또한 Arthur(1993a, p 64), Ilyenkov(1977, essays 5 and 7), Murray(1988, p 116), Rosenthal(1997, pp 151~152), Rubin(1975, pp 91~92), Zelený(1980, p 64)를 보라.

71 Bharadwaj(1986, p 5). 또한 *Grundrisse*, p 90를 참조하라.

72 Marx(1989, pp 544~545). 또한 p 547을 참조하라.

73 "헤겔은 범주들을 그 불안정성으로부터 발생하고 소멸하는 것으로 보았다. 범주들이 사고(思考)인 한에서는, 그것은 어떤 '객관적 정신'에 의한 것이다. [헤겔이] 그의 논리학이 논리적 측면만큼이나 존재론적 측면에서도 타당하다고 간주하였다는 점에서 논리학의 객관주의적 성향은 더욱 강화된다. 논리의 일관성은 동시에 현실의 일관성이다"(Arthur 1993a, pp 67~68). 또한 Albritton(1999, p 57), Colletti(1972), Fracchia and Ryan(1992, p 59), Lenin(1972, pp 88~97, 146~147, 167~171, 177~180, 187, 190)을 참조하라.

74 Scott(1999, pp 3, 409). 또한 p 61과 Mattick Jr(1993, p 121)을 참조하라.
    같은 맥락에서 Thompson(1978, p 306)은 다음과 같이 주장한다. "흔히, 마
    르크스에게 어떠한 '방법'이 있었으며 …… 이것이 마르크스주의의 **본질**을
    구성한다고 말한다. 따라서 마르크스가 이 본질에 대해서 기술하지 않은 것
    은 …… 이상한 일이다. 마르크스는 많은 원고를 남겼다. 마르크스는 무엇
    보다 자기 의식적이고 분별력 있는 지적인 노동자였다. 만약 그가 보편에
    대한 어떠한 실마리를 가지고 있었다면, 그것에 관해 쓰기 위해 하루나 이
    틀 정도는 틈을 냈을 것이다. 우리는 이로부터 셰익스피어나 스탕달이 자신
    들의 작품을 단지 실마리로 되돌려 놓을 수 없었던 것처럼 마르크스가 **그것**
    [보편]에 관해 쓸 수 없었기 때문에 쓰지 않았다는 결론을 내릴 수 있다. 왜
    냐하면 그것은 방법이 아니라 실천이며, 실천하는 것을 통해 배우는 실천이
    기 때문이다. 따라서 변증법은 기록할 수 없는 것이며, 기계적 방법으로 배
    울 수 있는 것이 아니다."
75 Arthur(1993a, p 63)는 "과학은 연구 대상의 특수한 특징에 적합한 논리를
    채택해야 한다"고 올바르게 주장한다.

2장

1 그러나 Desai(1989, 1992), Dostaler and Lagueux(1985), Elson(1979a),
   Fine(1986a), Fine and Harris(1979), Foley(2000), Freeman and Carchedi(1996),
   Howard and King(1989, 1991), M. Smith(1994a), Saad-Filho(1997a), Steedman
   (1981)을 참조하라.
2 예를 들어, Hodgson(1981, p 88)은 리카도와 마르크스에 대해서 다음과 같
   이 주장한다. "상품의 투하노동가치는 [노동] 과정의 총생산물의 총투하노동
   가치가 모든 투입물의 투하노동가치[와 생산에 투입된 사회적 필요노동량
   을 더한 것과 같도록 정의된다." 또한 Böhm-Bawerk(1949, p 109),
   Garegnani(1985), Meek(1973, pp 164~165), Morishima(1973, p 15), Nuti
   (1977)를 참조하라.

3 Dobb(1940, 1967), Meek(1973), Sweezy(1968)를 보라. 이러한 접근법은 Arthur(1997), Postone(1993, ch 2), T Smith(1998), de Vroey(1982, 특히 1985), Weeks(1981, chs 1~2)에 의해 비판적으로 검토되었다. 마르크스에 대한 이와 같은 해석과 연관된 '잉여 접근법'에 대해서는 Chattopadhyay(2000), Pilling(1980, p 57), Roberts(1987), Roosevelt(1977)를 참조하라.

4 마르크스는 생산, 유통, 분배 간의 관계를 *Grundrisse*, pp 88~99와 Marx (1974, p 348)에서 설명한다. 또한 Engels(1998, pp 238~239)를 참조하라.

5 Winternitz(1948, p 277). 또한 Morishima(1974, p 624)와 Sweezy(1968, chs 2, 4, 7)를 참조하라.

6 "'가치로부터 가격의 도출'은 …… 논리적 과정일 뿐만 아니라 역사적 과정으로 간주되어야 한다. '가치로부터 가격을 도출'하는 과정에서 우리는 우리의 정신 속에, 실제로 역사 속에서 일어났던 과정을 논리적이고 단순화된 형태로 실제로 재생산한다. 마르크스는 자본주의에서 재화들이 '가치대로' 판매된다는 가정에서 출발했는데(이 경우 다양한 생산 부문들에서의 이윤율은 종종 상당히 다르다), 이것은 논리적 관점에서 올바른 출발점일 뿐만 아니라, 그가 이것이 '원래' 그러하였다고 생각하였기 때문이다. 마르크스는 이러한 기반에서 가치를 가격으로 전형하는 것으로 나아갔는데, 단지 이러한 과정이 논리적으로 필요하였기 때문만이 아니라, 그가 역사 그 자체가 이러한 전형을 이루었다고 생각하였기 때문이다"(Meek 1956, pp 104~105). 또한 pp xxiv, 152, 180~181, 241~242, 303~305을 참조하라. 이러한 관점은 Engels(1981)에 기반을 두고 있다. 이에 대한 비판으로는 Catephores(1986), Fine(1986b)을 보라. 또한 Brenner(1986), Milonakis(1990)를 참조하라.

7 Albritton(1986, pp 18~19), Reinfelder(1980, p 13)를 보라.

8 마르크스에 대한 '리카도적' 해석은 상당한 비판의 대상이 되었는데, 이러한 비판들로는 Faccarello(1986), Ganssmann(1986), Gerstein(1986), Shaikh(1977, 1981, 1982), Freeman and Carchedi(1996), Mandel and Freeman(1984)을 들 수 있다.

9 "마르크스의 가치론을 착취의 증명으로 간주하는 것은 가치를 탈역사화하고, 이를 노동시간과 동일하게 만들며, 마르크스의 잉여노동과 잉여가치의 구분을 불필요하게 만든다. 착취가 존재하는지의 여부를 확인하기 위해 우리는 생산수단의 소유와 통제, 그리고 노동일의 길이가 정해지는 과정을 검토해야만 한다. …… 마르크스는 자본주의에서 일어나는 착취의 특수한 형태에 관심을 가졌는데 …… 자본주의에서는 잉여노동이 단순히 즉각적 노동 생산물의 형태로 전유될 수 없기 때문이다. 생산물이 판매되어 화폐로 전환되는 것이 필수적이다"(Elson 1979b, p 116). 또한 Fine(1982), Postone(1993, p 54), Rubin(1979, part 4)을 참조하라.

10 Bortkiewicz(1949, 1952), Dmitriev(1974), Hodgson(1974, 1981), Pasinetti(1977), Seton(1957), Sraffa(1960), Steedman(1977, 1981), Sweezy(1968, ch 7), Tugan-Baranowsky(1905)를 보라. 또한 Shibata (1933)를 참조하라. 비판적 검토에 대해서는 Ramos-Martínez and Rodríguez-Herrera(1996)를 보라. Haberler(1966)와 Samuelson(1957, 1971, 1973, 1974)의 결론은 스라파적 접근과 상당히 일치한다.

11 전통적 마르크스주의자들은 초기의 스라파적 발전을 환영하였다. "나는 …… 이 연구가 약간 다른 개념적 틀 — ≪상품에 의한 상품의 생산 (Production of Commodities by Means of Commodities)≫에서 스라파가 제시한 이론적 틀 — 안에서 이루어져야 한다고 권하고 싶다. …… 나는 이 체계의 일부 기본적 요소들이 현대의 마르크스주의자들에 의해 어떻게 적합하게 변형되어 사용될 수 있을지를 보일 수 있도록 …… 노력할 것이다"(Meek 1973, p xxxii). 또한 보르트키에비치에 대한 Dobb(1943)의 지지를 참조하라.

12 예를 들어 Hodgson(1981, p 83)은 다음과 같이 언급한다. "비록 스라파적 체계가 개념적으로 발라(Walras)[혹은 왈라스적 형태의 일반균형 모델이나 심지어 폰 노이만(von Neumann) 모델과도 다르지만, 이들은 모두 한 가지

공통점을 갖고 있다. 이들은 화폐를 포함하지 않는다. 클라워(Clower)는 정
적 상태의 일반균형 모델에는 화폐가 결코 도입될 수 없음을 보인 바 있다."

13　전통적 관점에서 발생하는 이러한 난점들에 대한 검토로는 May(1948),
Meek(1956), Seton(1957), Sweezy(1968, ch 7), Winternitz(1948)를 보라.

14　어떤 상품도 '착취'되는 것이 가능하다는 주장은 Brödy(1974), Dmitriev(1974),
Hodgson(1981), Vegara i Carrio(1978), Wolff(1984)에 의해 제시되었
다. 이 접근법 내에서의 반대자들은 노동력의 비상품적 특징에 착안하여 체계
를 비대칭적으로 만들었고, 이를 통해 노동의 역할을 구해 내려 시도하였다(예
컨대, Bowles and Gintis 1981). [이에 대한 비판으로는 Glick and
Ehrbar(1986~1987), M Smith(1994b)를 참조하라.

15　Morishima(1974)를 보라. 이에 대한 비판으로는 Mohun(2000), Naples(1989)
를 보라.

16　스라파주의에 대한 상세한 비판으로는 Fine(1980), Fine and Harris(1979,
ch 2), Gleicher(1985~1986), Goode(1973), Kliman and McGlone(1988),
Ramos-Martínez and Rodríguez-Herrera(1996), Rowthorn(1980, ch 1),
Savran(1979, 1980, 1984), Schwartz(1977), Shaikh(1977, 1981, 1982,
1984), M Smith(1994a, pp 77~94), Yaffe(1974)를 보라.

17　"문제는 투하노동의 개념에 추상이 관여되지 않는다는 것이 아니다. 오히려
이 추상이 특정 역사적 과정에 상응하는 사회적 추상이 아니라, 임의적이고,
관념적 편의(convenience)에 불과하다는 점이다. 명백히 그렇지 않은데도
노동이 동질적이라고 가정하는 것이다"(Himmelweit and Mohun 1978, p
81). 또한 Weeks(1982b, p 65)를 참조하라.

18　예를 들어 Steedman(1977, p 19)은 모든 노동은 단순노동이고, 강도와 숙련
도가 동일하다고 가정한다, "따라서 노동시간의 각각의 개별적 지출은 사회
적 필요노동시간의 지출이다."

19　"노동과정에서 상품의 가치를 규정하는 가장 중요한 기술적 투입물을 찾
고자 하는 시도는 가치에 대한 오해에서 비롯한다. 추상노동은 생산에 투

입되는 가장 중요한 투입물이 아닌데, 이는 추상노동이 결코 생산의 투입물이 아니기 때문이다. …… 단지 상품생산 사회의 특수한 사회적 관계들 때문에 추상노동이 (가격표로서) 생산물에 부착되는 것이다"(Glick and Ehrbar 1986~1987, p 472). 또한 p 465, Ilyenkov(1982, pp 87, 284), Lipietz(1985b, p 90), Mattick Jr(1991~1992, p 58), Shaikh(1981, 1982)를 참조하라.

20 이에 대한 통렬한 비판으로는 Rowthorn(1980, ch 1)을 보라.

21 Yaffe(1974, p 31).

22 Shaikh(1982, pp 71~72)를 보라.

23 Gleicher(1985~1986, p 465). 또한 Lee(1993, p 464)를 참조하라.

24 Glick and Ehrbar(1986~1987, p 473~476), Fine(1996, p 11), D Harvey(1999, pp 35~36), Yaffe(1995, p 95)를 보라.

25 각기 다른 가치형태론이 Backhaus(1974), de Brunhoff(1973a, 1978c, 1976), Eldred(1984), Eldred and Hanlon(1981), Lipietz(1985a), Reuten(1993), Reuten and Williams(1989), de Vroey(1981, 1982, 1985)에 의해 제시되었다. 이에 대한 명확한 서술로는 N Taylor(2000)를 보라. 비판으로는 Elson(1979b), Gleicher(1985), Likitkijsomboon(1995), Moseley(1997), Saad-Filho(1997a), Weeks(1990)를 보라.

26 Althusser(1969, 1970), Backhaus(1969), de Brunhoff(1973b, 1978b, 1978c), Rubin(1975, 1978). 또한 Gerstein(1986), Himmelweit and Mohun (1978), Pilling(1972)을 참조하라.

27 Rubin(1975, p 114, 강조 삭제). 또한 pp 63~64, 92, Benetti and Cartelier (1980), de Brunhoff(1973a, ch 2)를 참조하라. Meek(1973, p 302 n 2)에게는, "마르크스주의적 의미에서 '상품생산'은 개략적으로는 서로 간에 다소 분리되어 활동하는 개별 생산자나 생산자 그룹이 일종의 시장 교환을 위해 재화를 생산하는 것을 의미한다."

28 Rubin(1975, pp 1, 22~24, 31, 47, 62~64, 70, 85, 89~94, 114, 125, 141).

29 Aglietta(1979, p 278), de Brunhoff(1978c), Guttman(1994, p 20), de Vroey (1981, p 185)를 보라.

30 Rubin(1975, pp 96~97, 142; 1978, pp 118~119). 또한 Rubin(1975 pp 66~71, 97~99, 120, 127~130, 141~146, 150; 1978, pp 124~125)을 참조하라. de Vroey(1981, p 176)에게는, "노동은 처음에는 사적 노동으로 수행되며, 독립적 결정에 의해 시작된다. 이것은 노동 생산물의 판매를 통해, 그리고 오직 이것을 통해서만 사회적 노동으로 전형된다. 사회적 노동이 이러한 맥락에서 형성될 때 이것을 추상노동이라고 부르며, 여기서 형용사[추상적 (abstract)]는 시장에서 교환에 의해 이루어지는 동질화 또는 추상화의 작동을 지칭한다." 따라서, "가치는 단지 노동의 투하 — 기술적 과정 — 와 연관되어 있다기보다는, 상품의 화폐와의 교환을 통한 사적 노동의 인정 (validation)을 의미한다. …… 사적 노동은 그 생산물이 팔리는 한에만 인정된다(즉, 사회적 노동의 일부이며 이 재생산에 효과적으로 공헌하는 것으로 평가된다). 그렇지 않으면 사적 노동은 낭비된 것이다"(de Vroey 1982, p 40). 또한 Eldred and Hanlon(1981, pp 26, 35), Himmelweit and Mohun(1978, pp 73~74; 1981, pp 232~234), Mattick Jr(1991~1992, p 33~35), Mohun(1991), Reuten(1995), Reuten and Williams(1989, pp 66~70), T Smith(1990, p 72; 1993b, p 21), de Vroey(1981, pp 176, 184; 1982, p 46; 1985, p 47)를 참조하라.

31 de Brunhoff(1978b), Reuten and Williams(1989), de Vroey(1981, pp 184~186; 1985, pp 45~46)를 보라.

32 루빈은 이러한 주장이 성립될 수 없음을 이해하였다. "어떤 비판자들은 우리의 구상이 추상노동이 단지 교환 행위에서만 유래하며 따라서 가치도 단지 교환에서만 유래한다는 결론으로 이어진다고 말한다"(Rubin 1975, p 147. 또한 Rubin 1978, p 121을 참조하라). 루빈은 생산과정의 사회적 형태로서의 교환과, 생산과 번갈아 일어나는 재생산의 한 단계로서의 교환을 구분하는 것을 통해 이러한 난점을 피해 나가려고 한다. Rubin(1975, pp 95,

100~101, 144~151; 1978, pp 122~124)은 가치가 교환에서 결정된다는 자신의 주장이 교환의 (두 번째가 아닌) 첫 번째 의미를 지칭한다고 주장한다. 그러나 이러한 구분은 타당하지 않으며, 루빈 자신도 생산자들 간의 관계는 사회적 구조가 아니라 교환 행위에 의해 성립하는 것이라고 언급한다(Rubin 1975, pp 7~9, 61, 64, 70, 80~88, 143; 1978, p 114를 보라).

33 *Capital 1*, p 482[국역 : 《자본론》 1권 (상), 486~487쪽], *Theories of Surplus Value 1*, pp 78, 409와 *Theories of Surplus Value 3*, p 272를 보라.

34 Postone(1993, p 155)은 상품이 자본주의 노동의 이중적 특징의 물질적 대상화라고 올바르게 주장한다. 따라서 상품은 생산물이자 사회적 매개이다. 상품은 "가치를 갖는 사용가치가 아니다. 구체노동과 추상노동의 물질적 대상화로서, 상품은 가치인 사용가치이며, 따라서 교환가치를 갖는다."

35 Weeks(1990, p 8). 마르크스에게 있어 "매뉴팩처 안의 분업은 한 자본가의 수중에 생산수단이 집적되는 것을 전제하고 있지만, 사회 안의 분업은 서로 독립된 다수의 상품 생산자 사이로 생산수단이 분산되는 것을 전제하고 있다. 매뉴팩처 안에서는 비례관계의 철칙이 일정한 수의 노동자들을 일정한 기능들에 종속시키지만, 매뉴팩처 밖의 사회에서는 우연과 자의가 작용해 사회적 노동의 각종 부문들 사이에 생산자와 그들의 생산수단이 분배되는 것은 제멋대로다. …… 작업장 안의 분업이 의거하고 있는 계획되고 규제되는 사전적 체제는 사회 안의 분업에서는 생산자들의 규제받지 않는 변덕을 통제해야 하는 자연적인 사후적 필연성(이것은 시장가격의 변동에서 알 수 있다)으로 변한다. 매뉴팩처 안의 분업은 자본가에게 속하는 전체 메커니즘의 구성원에 지나지 않는 노동자들에 대한 자본가의 무조건적 권위를 내포하지만, 사회 안의 분업은 경쟁이라는 권위 밖에는, 즉 상품 생산자들 상호 간의 이익 대립이 자기들에게 가하는 강제 외에는 다른 어떤 권위도 인정하지 않는 독립적 상품 생산자들을 서로 대립시킨다. 이것은 마치 동물계에서 '만인에 대한 만인의 투쟁'이 대체로 모든 종의 생존 조건으로 되어 있는 것과 같다"(*Capital 1*, pp 476~477[국역 : 《자본론》 1권 (상), 480~481쪽]).

또한 pp 439~441[436~439쪽], 464~465[467~469쪽], 1019, *Capital 3*, p 172 [국역 : ≪자본론≫ 3권 (하), 90~91쪽], *Theories of Surplus Value 3*, p 378, *Contribution*, pp 321~322, *Grundrisse*, p 709를 보라.

36 "가치와 가격을 동등하게 여기고 따라서 가치 규정을 교환으로 환원하는 이들은 사실상 가치를 단순상품생산의 맥락에서 고려하는데, 이 상황에서 가치는 어떠한 규정적 역할도 가지고 있지 않다"(Weeks 1990, p 8). 또한 Saad-Filho(1997a)를 보라.

37 Weeks(1981, pp 31~32, 강조 추가). 또한 Arthur(1997, pp 13~15), Uno (1980, p 34), Weeks(1990, p 11)를 참조하라.

38 Duménil(1980, 1983~1984, 1984), Duménil and Lévy(1991), Foley(1982, 1983, 1986). 또한 Ehrbar(1989), Glick and Ehrbar(1987), Lipietz (1982, 1984, 1985a), Mohun(1994)을 참조하라. 이 절은 Fine, Lapavitsas and Saad-Filho(2000), Saad-Filho(1996a)에 기반을 두고 있다. 또한 Moseley(2000a)를 참조하라.

39 2.2.1절과 4.2절, Aglietta(1979), Rubin(1975, 1978)을 보라.

40 이 문제를 다루지는 않지만 Mohun(2000, forthcoming)을 참조하라.

41 Aglietta(1979, pp 38~39, 277), Duménil(1980, pp 13~14), Lipietz(1982, p 60)를 보라. Foley(1982, p 37)에게, 노동가치론은 "순상품생산물 전체의 화폐가치가 상품생산 경제에서의 전체 사회적 노동의 지출을 표현한다는 주장이다. …… 이러한 접근법에서는 순상품생산물의 속성으로서의 가치 개념이 가격 개념 ― 특정한 상품이 시장에서 가져오는 화폐의 양 ― 에 분석적으로 선행한다." 또한 Foley(1986, pp 14, 97), Glick and Ehrbar(1987, p 303), Mohun(1994)을 보라. 여기에 대한 비판으로는 Stamatis(1998~1999)를 보라.

42 Aglietta(1979, pp 41~44), Foley(1982)를 보라. 총생산물에 초점을 맞추는 대안적 관점에 대해서는 Shaikh(1991, p 78)를 보라. 마르크스는 총생산물과 순생산물을 명확히 구분하지 않는다. 예를 들어 *Capital 1*, pp 162~163

[국역 : 《자본론》 1권 (상), 89~91쪽], 297[252~253쪽], *Theories of Surplus Value 2*, pp 414, 416, 538을 보라.

43 "판매된 노동력 한 시간이 생산에서 한 시간의 노동시간을 낳는다고 가정하면, 노동력 가치는 0과 1 사이의 소수값일 것이며, 전체 노동시간에서 노동자들이 '그들 자신을 위해서' 일하는 부분, 즉 '지불노동'에 해당하는 노동을 표현한다. 또한 노동력 가치는 노동력 한 시간이 한 시간의 노동시간을 낳는다는 가정에서는 부가가치 중 임금의 몫을 의미한다"(Foley 1982, p 40). 또한 Duménil(1984, p 342), Lipietz(1984, pp 352~353; 1985b, p 92)를 참조하라.

44 임금률은 단순 미숙련 노동력의 한 단위당 지불되는 임금이다. [논의의] 단순화를 위해 다음의 세 가지를 가정한다. 노동자들은 모두 동등하며, 이들의 생산성은 동일하다. 그리고 이들은 판매한 노동력의 1시간의 [노동]시간 동안 동일한 가치를 생산한다(Lipietz 1982, p 62를 보라).

45 Duménil(1980, p 82)을 보라.

46 Duménil(1980, pp 62~63; 1983~1984, pp 441~442)을 보라.

47 Weeks(1983, p 220).

48 신해석의 창시적 논문에서, Foley(1982, p 41)는 독자들에게 다음과 같이 제안한다. "우리가 어떤 상품생산 체계를 가지고 있는데, 여기서는 어떠한 이유에서건 상품의 화폐가격이 노동가치에 비례하지 않는다고 …… 가정하자. 노동자당 투자된 자본의 [크기가] 각각의 부문에서 서로 다를 때 이윤율이 균등화될 수 있어야 한다는 것이 가격이 가치에서 괴리되는 한 이유일 것이다. 또 다른 이유로는 독점, 정부의 규제, 중개인에 의한 시장에서의 정보 격차 활용 등을 들 수 있을 것이다." 서로 다른 복잡도 수준의 범주들을 거시 경제적 항등식을 사용하기 위해 단순화하는 것은 정책 분석을 위해서는 유용할지도 모르지만, 생산양식을 규정하는 구조들을 감추기 때문에 분석적으로는 도움이 되지 않을 수 있다.

49 Foley(1982, pp 42~43; 1986, pp 15, 41), Lipietz(1982, p 75)를 보라.

50 마르크스는 소득의 분배에 우선 초점을 맞춘 착취 이론에 대해 상당히 비판
   적이었다. Marx(1974, pp 344~345), Saad-Filho(1993a)를 보라.

51 Flaschel(1984), Szumski(1991)를 보라.

3장

1 "매우 좁은 의미로 해석하였을 때, 사회적 재생산은 노동력의 재생산 — 생
   물학적으로 그리고 고분고분한 임금노동자로서 — 에 필수적인 과정들을 포
   함한다. 더 일반적으로는, 사회적 재생산은 어떻게 전체로서의 사회가 시간
   이 지남에 따라 재생산되고 변형될 수 있는지와 관련되어 있다"(Fine 2001,
   p 32).

2 이 초역사적 배경은 *Grundrisse*, p 108에서 명백히 찾아볼 수 있다. 또한
   Mattick Jr(1991~1992, pp 32, 42), Perlman(1977), M Smith(1994a, p 42)를
   참조하라.

3 "마르크스는 가격 또는 분배 이론에서 도출해 내는 결과에 의해서 가치 개
   념을 정당화하는 대신, 가치가 그 실재 세계에 존재하는 관계와의 상응에
   의해 설명되는 개념임을 보일 수 있기를 원하였다. 적절한 질문들은 무엇이
   가치이며 왜 그것이 존재하는지에 대한 것인데, 이것은 가격과는 달리 가치
   는 일상에서 단순히 관찰되는 사실이 아니기 때문이다. 상점의 창가에 진열
   된 재화는 세상에 보이는 가격을 가지고 있지만 그것의 가치는 그럴 수 없
   다. 결과적으로, 처음부터 가격과 가치가 동시에 이들[가격과 가치 사이]의
   관계에 대한 분석에 도입될 때 여기에는 어떤 방법론적 모순이 있다. 두 개
   념의 위상이 서로 다르기 때문에 한 개념은 그 존재에 대한 정당화가 필요
   한 반면, 다른 개념은 그렇지 않다"(Fine 1980, p 123).

4 사용가치는 어떤 재화가 인간의 특수한 필요를 만족시킬 수 있는 능력을 표
   현하는 관념적 일반화이다. *Capital 1*, pp 125~126[국역 : ≪자본론≫ 1권
   (상), 43~45쪽], Marx(1977, p 197)를 보라. D Harvey(1999, p 5)는 다음과
   같이 올바르게 주장한다. "마르크스의 세계에 대한 이해의 근저에는 인간이

자신들의 욕구와 필요를 만족시키기 위해 자연을 전유한다는 개념이 자리 잡고 있다. 이 전유는 생산과 소비 행위에 구체화된 물질적 과정이다. …… 상품의 물질적 측면은 상품과 인간 욕구 및 필요와의 관계라는 측면에서 사용가치라는 개념에 포착되어 있다." 사용가치 개념에 대한 상세한 분석으로는 Fine(2001, ch 2), Fine and Leopold(1993, Part IV), Lebowitz(1992, p 23), Pilling(1980, p 138)을 보라.

5   *Capital 1*, p 133[국역 : ≪자본론≫ 1권 (상), 53쪽]. Shaikh(1982, p 68)에게 있어 "자연에 대한 인간의 관계는 단지 인간들 간의 관계 속에서, 그 관계를 통해서만 존재한다. 따라서 이들은 사회생활의 (재)생산양식을 정의하는 동일한 관계들의 두 측면이다. 물질적 부의 생산은 사회적 관계들의 재생산과 긴밀하게 연관되어 있다. …… 사용가치가 때때로 자연 자체의 산물로서 나타날 수 있다는 것이 사실이지만(야생 포도 등), 어떠한 사회도 사용가치의 생산, 즉 노동이 없이는 존속할 수 없다는 것은 명백하다." 또한 *Capital 1*, pp 137[국역 : ≪자본론≫ 1권 (상), 58쪽], 283~284 [235~237쪽], 287[239~240쪽], 290[243~244쪽], Post(1996, pp 27~28), Shaikh(1977, p 114)를 참조하라.

6   "노동력 또는 노동능력이라는 것은 인간의 신체, 즉 살아 있는 사람 속에 존재하고 있는, 또 그가 어떤 종류의 사용가치를 생산할 때마다 운동시키는, 육체적 정신적 능력의 총체를 가리킨다"(*Capital 1*, p 270[국역 : ≪자본론≫ 1권 (상), 219쪽]).

7   "사람들이 어떤 방식으로든 서로서로를 위해 노동하게 되면, 그들의 노동도 또한 사회적 형태를 취[한다]"(*Capital 1*, p 164[국역 : ≪자본론≫ 1권 (상), 92쪽]). 또한 p 134[54~55쪽], *Theories of Surplus Value 3*, pp 168~169, Chattopadhyay(1999, p 1)를 보라.

8   *Capital 1*, pp 471~472[국역 : ≪자본론≫ 1권 (상), 475~476쪽], Rowthorn(1980, p 31), Lapavitsas(2000d)를 보라. Marx(1977, p 198)는 "생산물의 교환 양식은 그 생산양식에 의해 규율된다"고 주장한다. 어떤 이

들이 다른 이들에게 체계적으로 이득이 되는 방식으로 행동하도록 강요당한 다면 여기에 착취가 있다. "한 사람을 착취하는 것은 그를 착취자의 목표에 맞추어 활용하는 것이다. 착취자의 지위는 피착취자의 지위와 양적으로가 아니라 질적으로 다르다"(Naples 1989, p 149). 또한 Himmelweit(1991, pp 182~184), Schutz(1999, pp 307~310)를 참조하라. 착취 양식에 대한 역사적 분석은 Milonakis(1990, 1993~1994)를 보라.

9 "여러 경제적 사회구성체들 사이의 차이는, 예컨대 노예노동에 근거한 사회 와 임금노동에 근거한 사회 사이의 차이는 이 잉여노동이 직접적 생산자인 노동자로부터 착취되는 그 형태에 있다"(*Capital 1*, p 325[국역 : 《자본론》 1권 (상), 286쪽]). 또한 pp 344~345[310~311쪽], *Theories of Surplus Value 1*, p 390, *Theories of Surplus Value 3*, p 400, *Grundrisse*, pp 525~527, Post(1996)를 참조하라.

10 "마르크스에게 …… 자본주의적 소유의 본질은 생산과정의 통제, 따라서 노 동자에 대한 통제이다. 마르크스에 의하면 저임금보다는 강요된 노동, 노동 생산물의 소외보다는 노동의 소외가 자본주의적 착취의 본질이다"(Medio 1977, p 384).

11 Marx(1988a, p 68). 또한 Marx(1976, p 31), J Devine(1989), Fine(1996), Hilferding(1949, pp 130~131), Pilling(1980, pp 43~47)을 참조하라.

12 Grossman(1977, p 46). 또한 *Capital 1*, pp 473[국역 : 《자본론》 1권 (상), 477~478쪽], 949~954, *Theories of Surplus Value 2*, p 528, *Grundrisse*, pp 102, 776, Marx(1989, pp 551~552)를 참조하라.

13 *Capital 1*, pp 733~734[국역 : 《자본론》 1권 (하), 798~800쪽], *Capital 2*, p 461[국역 : 《자본론》 2권, 464쪽], *Theories of Surplus Value 1*, p 406, *Theories of Surplus Value 3*, pp 270~272, 491을 보라.

14 *Grundrisse*, pp 296~297, Ilyenkov(1982, pp 196~197)를 보라. 비록 상품생 산에 어느 수준의 분업의 발전이 필요하지만, 분업의 존재로 생산양식을 정 의하는 것은 불충분하다. Lapavitsas(2000c)를 보라. 시장 관계에 대한 광범

위한 연구로는 Polanyi(1944)를 보라. 노동시장에 대한 면밀한 분석에 대해
서는 Fine(1998)을 보라.

15 "상품생산과 상품유통은 자본주의적 생산양식의 일반적 전제이므로, 매뉴팩
처 안의 분업은 사회 안의 분업이 이미 일정한 정도로 발전하고 있을 것을
필요로 한다. 또한 거꾸로 매뉴팩처 안의 분업은 사회적 분업에 반작용해서
그것을 발전시키며 증가시킨다. 노동 도구의 분화에 따라 이 도구를 생산하
는 산업들도 더욱더 분화된다"(*Capital 1*, p 473[국역 : 《자본론》 1권 (상),
477쪽]).

16 Lapavitsas(2000d), Shaikh(1981, p 275)를 보라. Perelman(1987, p 142)은
다음과 같이 올바르게 주장한다. "한 기업 내에서 행사되는 권력은 가치관
계에 특수한 것이 아니다. 우리는 같은 종류의 관리 규칙들이 노예소유자,
그리고 어떠한 한계 내에서는 봉건영주에게도 적용된다고 생각할 수 있다.
······ 특수한 것은 자본주의 생산양식 내에서 시장에 의해 행사되는 간접적
권력이다."

17 Mohun(1991, p 564). Ilyenkov(1982, p 34)에게 추상노동은 "발달된 상품
생산, 즉 자본주의적 생산에서 인간 노동이 취하는 형태의 객관적 특징이
다." Shaikh(1982, p 70)는 자본주의에서 "상품생산에 종사하는 노동은 가
치를 생산하며, 교환은 이를 화폐 형태로 실현할 뿐"이라고 올바르게 주장
한다. 또한 *Theories of Surplus Value 3*, pp 131, 253, *Grundrisse*, pp
104~105, Arthur(2001), Cleaver(1979, p 108), Cohen(1974, pp 246~247),
Colletti(1972, pp 22~23, 80~84), Fine(1989 p 10), Himmelweit and Mohun
(1981, p 225), Shaikh(1981, p 273)를 참조하라.

18 "자본주의적 생산은 일반적으로 상품생산의 형태를 띤다. 이것은 노동력 그
자체가 상품으로 등장하며 노동자가 노동력을 그것의 재생산비에 의해 결정
되는 가치에 따라(우리가 지금까지 가정하였다) 팔기 때문에 그렇게 된 것
인데, 자본주의적 생산의 발달에 따라 더욱더 상품생산으로 될 것이
다"(*Capital 2*, p 196[국역 : 《자본론》 2권, 134쪽]). 또한 *Capital 1*, p 733

[국역 : ≪자본론≫ 1권 (하), 798~799쪽]을 보라.

19 *Capital 1*, pp 475~477[국역 : ≪자본론≫ 1권 (상), 479~481쪽]. 또한
Theories of Surplus Value 3, p 378을 참조하라. Cleaver(1979, p 164)에게
화폐는 “세계의 새로운 요소들을 자본에 편입시키는 마술 지팡이이다. ……
일정량의 화폐와 동일하다고 정해진 상품, 즉 가격을 가진 상품은 즉각적으
로 자본의 세계 전체와 관계를 맺는다. 어떻게? 가격을 설정하는 것을 통해,
어떤 종류의 유용노동에 의해 생산된 이 사용가치는 자본 통제의 보편적 도
구, 즉 노동의 특수한 산물일 뿐이라는 점이 확인된다.” 또한 Fine(2001, p
33), Kliman(2000), Shaikh(1977, p 112)를 참조하라.

20 *Capital 1*, p 125[국역 : ≪자본론≫ 1권 (상), 43쪽]. 또한 *Contribution*, p
269를 참조하라.

21 ≪자본론≫ 1권 1장에서, 마르크스는 종종 상품 관계, 화폐 관계에 대한 이
론의 기본적 내용들을 발달한 자본주의의 예를 들어 설명한다. 예컨대,
Capital 1, pp 237 n 52~53[국역 : ≪자본론≫ 1권 (상), 177~178쪽, 각주
52, 53], 238 n 54[178쪽, 각주 54], 327~329[287~290쪽]를 보라.

22 *Capital 3*, pp 1019~1020[국역 : ≪자본론≫ 3권 (하), 1067~1068쪽]. 또한
Capital 1, pp 174[국역 : ≪자본론≫ 1권 (상), 103쪽], 274[222~223쪽],
949~953, *Capital 2*, p 196[국역 : ≪자본론≫ 2권, 134~135쪽], *Theories of
Surplus Value 3*, pp 74, 112~113, Echeverría(1978, p 376), Ilyenkov(1982,
pp 77, 80, 104, 200, 232), Likitkijsomboon(1995, p 76), Postone(1993, pp
5, 271, 285), Sekine(1975, p 850), M Smith(1994a, p 48), Uno(1980, p
34), Weeks(1981, p 11)를 참조하라.

23 이러한 개념들에 대한 통렬한 비판으로는 Fine(1998, 2001)을 보라.

24 같은 이유로, “절제(abstinence), 기다림(waiting) 또는 시점 간 선호
(intertemporal preference)의 이론들은 이윤의 원천이 자본가의 현재 소비
의 희생[이라는 설명]에 의존한다. 누구도 (보통 풍부한 안락 속에서 이루어
지는) 이러한 ‘희생’이 이윤의 조건이라는 점을 부인하지 않지만, 수천 개의

다른 조건들과 마찬가지로 이것이 이윤을 발생시키는 것은 아니다. 자본이 없는 이들도 절제하거나 기다리거나 시점 간 선호 선택을 할 수 있지만, 그들 자신을 위한 이윤을 창조하지 못하고 기진맥진해질 것이다. 자본을 창조하는 것이 절제가 아니라, 절제를 요구하는 것이 자본이다. 기다림은 모든 사회에서 존재해 왔으며, 이것은 심지어 다람쥐들 사이에서도 발견된다. …… 경제적 범주들 ─ 추상적이건, 그렇지 않건 ─ 을 창조해 내는 것은 사물이 아니라 …… 사람들 사이의 명확한 사회적 관계라는 것을 명심해야 한다"(Fine 1989, p 25; 또한 *Grundrisse*, p 613를 참조하라). 자본 개념의 무분별한 확장은 신고전파 경제학자들이 다른 사회과학을 식민화해 나가는 '경제학 제국주의(economics imperialism)'의 일부이다(Fine 1997을 보라).

25 *Capital 1*, pp 1005~1006[이 부분은 ≪자본론≫ 1권의 내용이 아니며, 해당 영역본에 부록 형태로 수록되어 있다. 또한 pp 247[국역 : ≪자본론≫ 1권 (상), 189쪽], 764[국역 : ≪자본론≫ 1권 (하), 839쪽], 874~875[979~982쪽], 899~900, 927~928[1047~1049쪽], *Capital 2*, p 185[국역 : ≪자본론≫ 2권, 122~123쪽], *Capital 3*, pp 953~954[국역 : ≪자본론≫ 3권 (하), 991~993쪽], 965~968[1006~1010쪽], *Theories of Surplus Value 3*, p 272, *Theories of Surplus Value 3*, p 422, *Grundrisse*, pp 86, 512, Aglietta(1979, p 24), Bell (1977, p 173), Chattopadhyay(1994, p 7, 1998, p 233), Nell(1992, p xiii), M Smith(1994a, pp 62, 66), Zarembka(2000)를 참조하라. Nell(1992, p 53) 은 다음과 같이 올바르게 주장한다. "자본은 부분적인 생산적 공헌에 의해 이윤을 벌어들이는 '생산요소'가 아니다. 자본은 사회적 관계이다. 자본은 생산이 조직되고 생산물이 전유되는 방식이다. 자기 확장하는 가치로서의 자본의 존재는 임금노동의 착취에 의존한다. …… 따라서 다국적 자본이 이전에는 비자본주의적으로 조직되던 새로운 영역으로 이동할 때, 새로운 제도적 장치가 창조되어야만 한다. 적절한 '투자 여건'이 구축되어야 한다. 이것은 노동력, 노동에 대한 규율, 생산수단과 적절한 금융 등에서의 재산의 보호를 의미한다. 이것들은 주요한 격변과 정치적 변화를 초래할 수 있다."

26 "자본을 다루면서 마르크스의 출발점은 자본을 사회적 총체로서 파악하는 것인데, 한 계급을 대표하는 자본은 개별 노동자들이 아닌 계급으로서의 임금노동자들과 대립한다"(Chattopadhyay 1994, p 18). 또한 Postone(1993, p 351)을 참조하라.

27 "우리가 여기서 자본을 가치 및 화폐와 구분된 관계로서 간주하는 한, 자본은 자본 일반인데, 이것은 자본으로서의 가치와 순수 가치 또는 화폐로서의 가치 사이의 질적인 차이를 표현한다. 가치, 화폐, 유통 등과 가격 등은 노동 등이 그러한 것과 같이 전제되어 있다. 그러나 우리는 여전히 자본의 특수한 형태에 관계하는 것이 아니며, 여타의 개별 자본 등과 구분되는 어떠한 개별 자본에 관계하는 것도 아니다. 현재 우리는 자본의 등장 과정을 다루고 있다. 이러한 변증법적 등장 과정은 단지 자본이 출현하는 현실적 운동의 관념적 표현에 불과하다. 그 이후의 관계들은 이 근원으로부터 전개되는 것으로 간주된다. 그러나 어떤 시점에서는 그것이 규정되는 특수한 형태를 수립하는 것이 필요하다. 그러지 않으면 혼란이 야기된다"(*Grundrisse*, p 310). 또한 pp 421, 449, 517, 852, *Capital 1*, p 710[국역 : ≪자본론≫ 1권(하), 767쪽], Pilling(1980, p 98)을 보라.

28 "산업자본은 잉여가치 또는 잉여생산물의 취득뿐만 아니라 그것의 창조까지도 자기의 기능으로 삼고 있는 유일한 자본 형태다. 그러므로 산업자본은 생산의 자본주의적 성격을 조건으로 하며, 그것의 존재는 자본가와 임금노동자 사이의 계급 적대(class antagonism)의 존재를 내포하고 있다. …… 산업자본보다 이전에, 사회적 생산의 낡은 상태 또는 몰락하고 있는 상태에서 출현한 여타의 자본 종류는 이제 산업자본에게 종속하게 되고, 이에 따라 자신의 기능 메커니즘에 변화를 겪었을 뿐만 아니라 산업자본의 기초 위에서만 운동하게 되고, 이 기초와 생사존망을 함께 하게 된다. 화폐자본과 상품자본은 산업자본과 나란히 자기 자신의 독특한 사업 분야의 담당자로 나타나고 기능하는 한, 산업자본이 유통영역 안에서 끊임없이 취하고 버리는 각종의 기능 형태들이 사회적 분업을 통하여 독립하여 일면적으로 발달된

것을 가리킬 뿐이다"(*Capital 2*, pp 135~136[국역 : ≪자본론≫ 2권, 63쪽]).

29 이자 낳는 자본은 M—M'의 형태를 취하며, 더 많은 화폐가 되는 화폐인데 (8.3절을 보라), 이불 밑에 숨겨진 화폐가 단지 거기에 있다는 이유만으로 더 많은 화폐를 낳지 않는 것처럼, 이윤을 **생산**하지도 않는다. 이자 낳는 자본의 확장은 생산자본으로부터의 이전 때문이다. Fine(1985~1986; 1989, ch 12), Itoh and Lapavitsas(1999, ch 3), Moseley(1997a)를 보라.

30 *Capital 1*, p 764[국역 : ≪자본론≫ 1권 (하), 838쪽]. 달리 표현하면, "자본 주의적 생산과정은, 하나의 연결된 전체 과정, 즉 재생산 과정이라는 측면에서 본다면, 상품이나 잉여가치를 생산할 뿐 아니라 자본관계 자체를, 즉 한편으로는 자본가를, 다른 한편으로는 임금노동자를 생산하고 재생산한다"(*Capital 1*, p 724[국역 : ≪자본론≫ 1권 (하), 786~787쪽]. 또한 *Capital 2*, pp 428~430[국역 : ≪자본론≫ 2권, 422~424쪽], Fine(2001, p 31), Zarembka(2000)를 참조하라.

31 이러한 관점은 Rosdolsky(1977, pp 43~51)와 관련되어 있다. 또한 Moseley(1995b), T Smith(1999)를 참조하라. 이에 대한 비판으로는 Burkett (1991), Clarke(1994), Fine(1992), Fine, Lapavitsas and Milonakis (2000), Heinrich(1989)를 보라.

32 *Grundrisse*, p 414. 또한 pp 421n, 650~652, *Capital 1*, p 433[국역 : ≪자본론≫ 1권 (상), 428쪽], Bryan(1985, p 77), Chattopadhyay(1994, p 12), Lebowitz(1992, pp 65~67), Wheelock(1983)을 보라.

33 *Capital 1*, chs 12, 16, 17, 25를 보라.

34 *Capital 3*, chs 8~15를 보라.

35 비슷한 비판으로는 Arthur(2000b), Fine, Lapavitsas and Milonakis(2000)를 참조하라. 또한 Brenner(1986)를 참조하라. 마르크스에게 있어 "동일한 생산영역에서 경쟁이 야기하는 것은 해당 영역에서 상품의 생산에 필요한 평균 노동시간에 의한 상품 가치의 규정, 즉 시장가치의 창출이다. 생산의 다른 영역들 사이의 경쟁이 불러일으키는 것은 서로 다른 시장가치들을 시장

가격 ─ 이것은 실제의 시장가치와는 다른 [생산가격 ─ 지은이]이다 ─ 으로 고르게 조정하여 동일한 일반적 이윤율을 형성하는 것이다. 두 번째 경우의 경쟁은 어떤 경우에도 상품의 가격을 가치에 동조화시키지 않으며, 오히려 가치를 생산가격으로 환원한다"(*Theories of Surplus Value 2*, p 208).

36 "자본주의 발전의 토대는, 일반적으로, 노동자에게 속하는 **상품**으로서의 **노동력**이, 자본의 형태로 유지되고 노동자로부터 독립적으로 존재하는 상품으로서의 노동조건에 직면하는 것이다"(*Theories of Surplus Value 1*, p 45. 또한 p 78을 참조하라). 노동력의 상품으로의 전환은 시초의 자본축적의 역사적 결과이다(*Capital 1*, chs 26~32, Perelman 1999를 보라). 이 과정은 상품 교환이 아니고서는 스스로의 필요를 만족시킬 수 없도록 노동자의 여타 능력을 제거하는 것, 그리고 유순하고 믿을 수 있는 임금 노동력을 확립하는 것을 포함한다.

37 *Theories of Surplus Value 3*, pp 490~491. Nell(1992, p 66)은 "착취는 구조적 강제의 문제이다. 다수의 사람들이 그들 자신과 자신들의 가족들을 부양하기 위해 다른 이들이 시키는 대로 일하도록 동의해야만 하는 환경이 조성된다"고 올바르게 주장한다. 또한 Cleaver(1979, p 73), Lapides(1998, p 8)를 참조하라.

38 "일반화된 상품생산과 …… 임금노동, 자본주의적 생산의 관계는 상호 내포의 관계이다. 첫째 …… 노동이 임금노동이 될 때 …… 상품생산이 일반화된다. 한편으로 임금노동은 일반화된 상품생산을 내포한다. …… 다른 한편으로는, 일반화된 상품생산은 임금노동을 내포한다. …… 마르크스는 자본주의적 생산이 생산의 일반적 형태로서의 상품생산이라는 것을 …… 보이며, 모든 또는 심지어 다수의 노동 생산물이 상품 형태를 취하는 것은 오직 자본주의적 생산양식의 기반 아래에서만이라는 것을 강조한다. …… 마지막으로, 임금노동과 자본의 관계는 마르크스에게 하나의 상호 내포의 관계이다. 자본은 직접적 생산자들과 생산 조건들 ─ 이들은 생산자들로부터 분리되어 비(직접적) 생산자들의 통제 아래 생산자들을 자본으로서

지배한다 ― 사이의 생산관계이다. …… 자본주의의 나머지 특징들은 이러한 본질적으로 동등한 중심 범주들로부터 도출되는 필수적 결과로 볼 수 있다"(Chattopadhyay 1994, pp 17~18). 또한 Gleicher(1983, p 99), Uno(1980, p 21)를 참조하라.

39 "자본주의, 따라서 자본은 사적 소유와 시장보다는 사회적인 것을 훨씬 더 많이 요구한다. …… 자본이 의존하는 것은 자본을 위해 잉여를 생산할 수 있고 생산할 용의가 있는 임금노동이다. 함축적으로, 자본에 귀속된 사회적인 것은 계급 관계의 형태를 취한다. 마르크스주의 이론에서, 계급 관계 일반은 봉건주의와 자본주의 같은 생산양식의 구분, 그리고 마찬가지로 서로 다른 역사적 시기를 구분함에 있어 근본적이다. 자본과 노동은 서로에 대해 계급으로서 맞서는데, 자본가계급은 생산수단 또는 노동을 통한 생계 수단에 대한 접근을 독점한다. 결과적으로, 노동자는 노동시간 측면에서 자본가를 위해 노동한 시간보다 더 적은 부분을 표현하는 임금을 받고 자신의 노동할 수 있는 능력을 팔아야만 생존할 수 있다. 임금의 지불에 필요한 것 이상으로 수행되는 잉여노동은 마르크스가 착취라고 명명한 것을 발생시키며, 자본가들에게 이윤을 제공한다"(Fine 2001, p 29). 또한 *Grundrisse*, pp 509~510을 참조하라.

40 D Harvey(1999, p 35). Cleaver(1979, p 72)에게 있어 "상품 형태의 일반화된 부과는 강요된 노동이 사회의 조직 ― 사회의 통제 ― 의 근본적 수단이 되었음을 의미한다. 이것은 노동계급 ― 오직 노동할 수 있는 능력을 생산수단을 통제하는 계급에게 판매해야만 생존할 수 있는 이들의 계급 ― 의 창조를 의미한다."

41 Leadbeater(1985, p 617). Fine and Harris(1979, p 56)에게 있어 "생산적 노동과 비생산적 노동에 대한 마르크스의 구분은 사실 이해하기 쉽다. 만약 노동이 직접적으로 잉여가치를 생산하면 이 노동은 생산적이며, 그렇지 않다면 비생산적이다. 이 기준은 자본의 통제 아래 수행되며 …… 생산적 영역에서 수행되는 노동만이 생산적이라는 결론을 낳는다." 자세한 분석에 대

해서는 *Capital 1*, pp 643~644[국역 : ≪자본론≫ 1권 (하), 683~685쪽], 667[713~714쪽], 734~735[813~815쪽], 1038~1049, *Capital 2*, pp 225~226[국역 : ≪자본론≫ 2권, 172~173쪽], *Theories of Surplus Value 1*, pp 46, 152~165, 172~173, 202, 213, 288~289, 393~406, *Grundrisse*, pp 308, 632~633, Cullenberg(1994), Fine and Harris(1979, ch 3), Fine and Lapavitsas(2000, p 364), Mohun(1996, forthcoming), Moseley(1994), Rubin(1975, ch 19), Savran and Tonak(1999), Weeks(1984)를 참조하라.

42 Rubin(1975, p 269). 또한 *Capital 3*, pp 406~408[국역 : ≪자본론≫ 3권 (상), 353~356쪽], 413~416[361~365쪽]을 참조하라. 비록 비생산적 노동자들이 잉여가치를 생산하지는 않지만, 이들은 자신들의 임금으로 표현되는 가치보다 더 오래 일한다는 점에서 착취당한다. Foley(1986, pp 120~122)를 보라.

43 Clarke(1980), Nell(1992, p 39), Roberts(1997, pp 498~499), 그리고 특히 Cleaver(1979)를 보라.

4장

1 단순화를 위해, 모든 노동자는 달리 언급되지 않는 한 생산적 노동자로 가정한다. 3.2절을 보라.

2 "불불잉여노동을 직접적 생산자로부터 강탈하는 특수한 경제적 형태가 지배·종속 관계(이것은 생산 그것으로부터 직접적으로 발생하면서 또 생산 그것에 대해 하나의 결정 요소로서 반작용한다)를 결정한다. …… 직접적 생산자에 대한 생산 조건 소유자의 직접적인 관계에서 …… 우리는 언제나 사회구조 전체의 …… 가장 깊은 비밀, 은폐된 토대를 발견하게 된다"(*Capital 3*, p 927[국역 : ≪자본론≫ 3권 (하), 961쪽]).

3 착취율의 실증적 추산에는 상당한 어려움이 있는데, 이는 회계 관행, 세금, 저축, 비생산적 노동 등의 영향 때문이다. 그러나 Cockshott and Cottrell (1995), Dunne(1991), Maniatis(1996), Mohun(1996, forthcoming), Shaikh

(1998)를 보라.

4　정의상, 자본가들은 투자재와 사치재만을 획득하는데, 이것은 이 재화들이 노동자가 소비하는 생활필수품과 같은 경우에도 그렇다. 사치재와 생활필수품 사이의 사후적 구분은 국민계정에서 소비재와 투자재의 구분과 유사하다.

5　Weeks(1981, pp 64, 71~72). 다음과 같이 이어진다. "잉여가치율은 어떤 특수한 산업과도 관계없이 사회적 총계의 수준에서 존재한다. 이것은 노동력 가치가 본질적으로 사회적이기 때문이며, 따라서 잉여가치율을 산업에 따라 다른 것으로, 또 총계를 단지 서로 다른 산업들 간의 가중평균으로 파악하는 것은 잘못이다"(p 170). 이와 대조적인 관점에 대해서는 Duménil (1980, pp 76~77), Gerstein(1986, p 65)을 보라.

6　"잉여가치는 그 자신을 단지 그 본래의 요소들을 대체하는 생산물의 양 — 즉, 그 생산 비용에 해당하며, 불변자본과 가변자본을 함께 고려하였을 때, 생산을 위해 투입되는 총자본과 동일한 양 — 을 초과하는 잉여생산물에서 드러낸다"(*Theories of Surplus Value 1*, p 213). 또한 pp 389~390, *Capital 1*, pp 978, 992를 참조하라.

7　Weeks(1981, p 15). 이 정의는 잉여가 생산물의 수준 및 구성과는 무관하다는 것을 함의한다. Wright(1981, p 150)에게 "따라서 착취는 노동의 지배와 잉여생산물의 전유를 통해 잉여노동이 전유되는 사회적 관계로서 정의될 수 있다. 수행된 노동은 물질적으로 노동 생산물에 구체화되기 때문에, 우리는 착취를 간단히 잉여노동의 전유 과정이라고 말할 수 있다." 또한 Chattopadhyay(1994, p 6; 2000), Lapides(1998, p 181)를 참조하라.

8　Postone(1993, p 125)은 "자본주의에서 사회적 노동은 지배와 착취의 대상일 뿐만 아니라 그 자신이 지배의 본질적 토대"라고 올바르게 주장한다. 또한 Chattopadhyay(1994, p 14), Milonakis(1993~1994)를 참조하라.

9　M Smith(1994a, pp 52~54), Rubin(1975, pp 67, 78, 168, 251), Shaikh (1982, p 69), de Vroey(1981, p 195)를 보라.

10 *Capital 1*, p 680[국역 : ≪자본론≫ 1권 (하), 729~730쪽]. Weeks(1981, p
45)는 다음과 같이 올바르게 주장한다. "불불노동의 전유가 노예제나 봉건
제 체제에서는 직접적이고 분명함에 반해, 자본주의에서는 등가물의 교환으
로 나타난다. 동등함이라는 허울은 모두를 위한 사적 소유라는 허울을 반영
하며, 노동자의 유일한 소유물은 자신의 노동할 수 있는 능력뿐이라는 사실
을 감춘다. 여기에 더해, 노동자가 양도할 수 있는 이 '소유물'은 단지 자본
가에게만 판매될 수 있다. 자본주의에서의 교환의 법칙은 다음과 같다. 자
본가는 가치대로 교환하며 잉여가치를 전유하고 축적한다. 노동자는 가치대
로 교환하고 불불노동을 넘겨준다." 잉여가치론에 대한 마르크스 자신의 설
명으로는 *Capital 1*, pp 263~270[국역 : ≪자본론≫ 1권 (상), 208~219쪽],
300~302[256~259쪽], 317~320[276~280쪽], 668~672[715~720쪽], *Capital 2*,
p 461[국역 : ≪자본론≫ 2권, 464쪽], *Theories of Surplus Value 1*, pp 45~
46, 315, Marx(1988b, p 85; 1998, p 47)를 보라. 또한 Aglietta(1979, pp
46~47), Chattopadhyay(1994, p 20; 1998, p 235), Roberts(1996, pp
206~207), Shaikh(1977, pp 120~121)를 참조하라.

11 "노동일을 이전의 합리적이었던 수준으로 줄이려는 시도에서, 또는 표준 노
동일의 법제화를 강제할 수 없는 경우에 임금 인상을 통해 초과 노동을 방
지하려는 시도에서 …… 노동자는 …… 자본의 횡포한 강탈을 제한한다. 시
간은 인간의 발전을 위한 여지를 제공한다. 여가 시간을 갖지 못하고 평생
동안 단지 수면, 식사 등을 위한 신체 활동 중단을 제외하고는 자본가를 위
한 노동에 여념이 없는 인간은 짐 나르는 짐승과 다를 바가 없다. 이러한
인간은 몸은 망가지고 정신은 황폐해진, 다른 이의 부(富)를 생산하는 기계
에 불과하다. 그런데 근대 산업의 모든 역사는 자본이 만약 방해받지 않았
더라면, 앞뒤를 가리지 않고 무자비하게 전체 노동계급을 이러한 극한의 황
폐화 상태로 몰아갔을 것임을 보여 준다"(Marx 1998, pp 60~61).

12 *Capital 1*, pp 430~437[국역 : ≪자본론≫ 1권 (상), 423~434쪽], 645~646[국
역 : ≪자본론≫ 1권 (하), 685~687쪽], *Theories of Surplus Value 1*, p 216,

Theories of Surplus Value 2, p 266, Aglietta(1979, p 55), Foley(1986, p 50), Lapides(1998, p 192)를 참조하라.

13 "어떤 관점에서 보면 절대적 잉여가치와 상대적 잉여가치 사이의 구별은 환 상적인 것으로 보인다. 상대적 잉여가치는 절대적 잉여가치이다. 왜냐하면 전자는 노동자 자신의 생존에 필요한 노동시간을 넘는 노동일의 절대적 연 장을 필요로 하기 때문이다. 절대적 잉여가치는 상대적 잉여가치이다. 왜냐 하면 전자는 필요노동시간을 노동일의 일부로 제한할 수 있게 하는 노동생 산성의 발전을 필요로 하기 때문이다. 그러나 잉여가치의 변동에 주의를 돌 린다면 이 외관상의 동일성은 소멸된다. 자본주의적 생산방식이 일단 확립 되어 일반적 생산방식으로 되자마자, 절대적 잉여가치와 상대적 잉여가치 사이의 차이는 잉여가치율을 올리는 문제가 대두될 때마다 드러난다. 노동 력이 그 가치대로 지불된다고 전제하면 우리는 다음과 같은 양자택일의 문 제에 직면하게 된다. 즉, 노동의 생산성 및 그 표준 강도가 주어져 있는 경 우, 잉여가치율은 노동일의 절대적 연장에 의해서만 제고될 수 있다. 다른 한편으로, 노동일의 길이가 주어져 있는 경우, 잉여가치율은 노동일의 구성 부분, 즉 필요노동과 잉여노동의 상대적 크기의 변동에 의해서만 제고될 수 있는데, 임금이 노동력 가치 이하로 떨어지지 않는다고 하면, 그 변동은 노 동생산성 또는 노동강도의 변화를 전제한다"(*Capital 1*, p 646[국역 : ≪자본 론≫ 1권 (하), 687쪽]).

14 이 절은 Fine(1998), Fine, Lapavitsas and Saad-Filho(2000)에 바탕을 두고 있다.

15 *Capital 1*, p 274[국역 : ≪자본론≫ 1권 (상), 223쪽]. pp 275~276, 430~ 431[223~226쪽], 655[669~670쪽], *Capital 2*, pp 290~291[국역 : ≪자본론≫ 2권, 251~253쪽], 458[460~461쪽], *Theories of Surplus Value 1*, p 45, Marx and Engels(1998, pp 29~30)를 보라. 또한 Bandyopadhyay(1981), Medio (1977, p 384), Steedman(1977, p 41)을 참조하라.

16 이러한 접근에 대한 통렬한 비판으로는 Baumol(1992), Lapides(1998),

Lebowitz(1992)를 보라.

17 *Capital 2*, pp 290~291[국역 : ≪자본론≫ 2권, 251~252쪽]. 또한 p 245[193~194쪽], *Theories of Surplus Value 1*, p 315, D Harvey(1999, p 47)를 참조하라. Lebowitz(1992, p 17)는 "고정된 일련의 필수재에 대한 믿음만큼 마르크스와 무관한 것도 없다. 마르크스는 초기부터 '추상적 인간(Abstract Man)'이라는 개념을 거부하였으며 사회의 발전과 더불어 새로운 인간의 필요가 등장한다는 것을 강조하였다"고 올바르게 주장한다.

18 Foley(1982, p 43). 또한 Duménil(1980, pp 31, 77; 1984, p 341), Foley (1986, p 36), Lipietz(1982, p 75)를 참조하라.

19 "임금은 …… 노동계급의 필요를 강제할 수 있는 노동계급의 힘이며, 그 힘의 정도는 단지 계급투쟁 그 자체에 의해서만 규정된다"(Cleaver 1984, p xxiv). 또한 D Harvey(1999, pp 52~54)를 보라.

20 *Theories of Surplus Value 3*, p 94. 또한 *Theories of Surplus Value 2*, p 418을 참조하라.

21 Fine(1980, pp 22~23). 또한 *Capital 1*, pp 712~713[국역 : ≪자본론≫ 1권 (하), 770~772쪽], *Theories of Surplus Value 1*, p 315, Gleicher(1989), Rowthorn(1980, pp 38~39), Saad-Filho(1996a)를 참조하라.

22 Fine(1989, pp 52~53).

23 Meek(1973, p 215).

24 다음의 단락은 Fine, Lapavitsas and Saad-Filho(2000)에 기반을 둔다. De Brunhoff(1978a, p 12)는 다음과 같이 올바르게 주장한다. "임금 이론을 제시하려는 시도는 종종 상반된 두 견해로 귀결되는데, 임금을 노동력 가치와 연관시켜 노동력 가치의 대략 정확한 양적 추정치를 찾으려 하거나, 임금을 사회적 생산물의 몫에 대한 투쟁에 의존하는 '외생변수'로 간주하려 하는 것이다. 재화 번들 관점의 '경제주의(economism)'와 분배 투쟁 접근법의 '사회학주의(sociologism)'는 마르크스의 정식화에 약간의 기반을 갖고 있다."

25 *Theories of Surplus Value 2*, p 419. 또한 Weeks(1984)를 참조하라.

26 "자본주의에서 노동자의 새로운 필요의 발전은 …… 각각의 새로운 필요가 노동의 새로운 요건이 되고, 새로운 부담을 추가한다는 것을 의미한다. 각각의 새로운 필요는 노동자를 자본에 옭아매는 황금 사슬(golden chain)의 새로운 고리가 된다. 노동자를 위한 새로운 필요의 창조는 …… '본질적 문명화의 계기인데, 역사적 정당화뿐만 아니라 자본의 현대적 권력도 역시 여기에 의존한다.' …… 요컨대, 충족되지 못한 사회적 필요의 존재가 노동자에게 있어 더 많은 화폐의 필요, 더 높은 임금수준의 기초가 된다"(Lebowitz 1992, pp 25, 30). 또한 pp 27~29, P Harvey(1983), Lapides(1998), Ong(1980, pp 266~267), Rowthorn(1980, ch 7)을 참조하라.

27 Fine(1998), Fine and Heasman(1997), Fine and Leopold(1993)를 보라. 이에 대한 평가로는 Saad-Filho(2000b)를 보라.

28 *Capital 1*, pp 763[국역 : ≪자본론≫ 1권 (하), 837~838쪽], 770~771[846쪽], 790[869~870쪽]을 보라.

5장

1 Saad-Filho(1993a, 1997a)를 보라. 또한 Lee(1990)를 참조하라.

2 Fine and Leopold(1993)는 공급시스템을 다룬다. Gereffi and Korzeniewicz(1994)는 상품 체인을 분석하였다.

3 *Capital 1*, pp 439~441[국역 : ≪자본론≫ 1권 (상), 437~439쪽]. 강조 추가. 또한 pp 442[439~440쪽], 453[453쪽], 953~954, Aumeeruddy, Lautier and Tortajada(1978, p 54), Elson(1979b, pp 137~138), Thompson (1967)을 참조하라. Lebowitz(1992, pp 67, 69, 또한 p 78을 참조하라)는 집단적 노동이 노동생산성을 높이고, 자본가가 그 이익을 얻는다는 점을 올바르게 주장한다. "생산에서 어떠한 협력이나 노동의 결합은 개인의 고립된 생산성들의 합계를 초과하는 결합된 사회적 노동생산성을 만들어 낸다. …… 따라서 자본주의에서는 사회적 노동의 생산력 ─ 협업에서의 집합적 통일성, 분업에서의 협력, 자연력과 과학의 사용 ─ 이 매개자에 불과한 자본의 생산력으

로 나타난다. 자본이 확보하는 것은 사회적으로 결합된 노동의 생산력인데, 이것이 자본에 고유한 생산력으로 나타난다."

4 *Capital 1*, pp 464~465[국역 : ≪자본론≫ 1권 (상), 467~468쪽]. 달리 표현 하면, "어떤 자본주의적 생산에서도 노동자가 노동조건을 사용하는 것이 아 니라 그와는 반대로 노동조건이 노동자를 사용한다는 점은 공통된다. 그러 나 이 거꾸로 된 관계는 기계의 출현과 함께 비로소 기술적인 분명한 현실 성을 얻게 된다. 자동 장치로 전환됨으로써 노동수단은 노동과정의 진행 중 에 자본, 즉 살아 있는 노동력을 지배하며 흡수하는 죽은 노동으로서 노동 자와 대립한다"(*Capital 1*, p 548[국역 : ≪자본론≫ 1권 (하), p 568]). 또한 pp 468~469[472~473쪽], 1012, Aglietta(1979, p 113)를 참조하라.

5 정의상, 동일 부문 내의 기업들은 동일한 사용가치를 생산한다.

6 "방적 노동을 예로 든다면, 이것이 사회적 평균을 **하회**하거나 **상회**하는 비 율로 수행될 수도 있다. …… 그러나 만약 방적 노동이 이 특수한 영역의 보통의 노동강도로 수행된다면, 예컨대 만약 한 시간에 어떠한 양의 면사를 생산하는 데 지출되는 노동이 주어진 사회적 조건에서 평균적으로 한 시간 의 방적 노동이 생산하는 보통의 면사의 양과 동일한 양을 생산한다면, 이 면사에 대상화된 노동은 **사회적 필요노동**이다. 이로써 이 방적 노동은 일반 적으로 표준으로서 기능하는 사회적 평균과 양적으로 규정적인 관계를 갖게 되며, 우리는 동일한 양 또는 이보다 많거나 적은 양에 대해서 얘기할 수 있다. 이것은 그 자체로 따라서 평균노동의 **일정한 양**을 표현한다"(*Capital 1*, p 1019[인용된 부분은 ≪자본론≫ 1권의 내용이 아니며, 해당 영역본에 부 록 형태로 수록되어 있다]).

7 "만약 우리의 '누군가'가 다른 사람에게 아무런 사용가치를 갖지 않는 상품 을 만든다면, 그의 모든 노력은 아무런 가치를 생산하지 않는다. 또한 기계 로 20배나 싼 값에 생산할 수 있는 제품을 손으로 생산하는 것을 고집한다 면, 이 제품을 생산하기 위해 투입된 노력의 20분의 19는 가치 일반을 생산 하지 않으며 일정량의 가치를 생산하지도 않는다"(Engels 1998, p 240).

8 "면화의 생산에 필요한 노동시간은 면화를 원료로 하는 면사의 생산에 필요한 노동시간의 일부이고, 따라서 그것은 면사에 포함된다. 면화로부터 실을 뽑을 때 마멸되거나 소모되지 않을 수 없는 방추의 생산에 필요한 노동시간도 마찬가지다. …… 그리하여 면사의 가치, 즉 면사의 생산에 필요한 노동시간을 결정하는 데 있어, 면화 그 자체와 소모되는 방추를 생산하는, 그리고 그다음으로 면화와 방추로 면사를 생산하는 여러 가지 특수한 (시간적으로도 공간적으로도 서로 분리되어 있는) 노동과정들은 동일한 하나의 노동과정의 순차적인 각각의 단계로 간주할 수 있다. 면사에 포함되어 있는 노동은 모두 과거의 노동이다. 그리고 면사를 형성하는 요소들의 생산에 지출된 노동이 마지막 과정인 방적에 지출된 노동보다 더욱 과거의 것이라는 사정은 전혀 문제가 되지 않는다"(*Capital 1*, p 294[국역 : 《자본론》 1권 (상), 248~249쪽]).

9 *Capital 1*, pp 660~661[국역 : 《자본론》 1권 (하), 705~706쪽]. 또한 p 987, *Theories of Surplus Value 3*, pp 307~308을 보라.

10 *Capital 1*, p 135[국역 : 《자본론》 1권 (상), 55~56쪽]. 또한 p 306, *Contribution*, pp 272~273, Marx(1976, p 9), P Harvey(1983), Rubin(1975, pp 156, 161)을 보라.

11 Böhm-Bawerk(1949, pp 81~84)와 Meek(1973, pp 240~241)을 보라.

12 각각 다음을 보라. Meek(1973, pp 171~176), Rosdolsky(1977, ch 31); Hilferding(1949), Roncaglia(1974), Rowthorn(1980, ch 8). 이에 대한 비판적 개관으로는 Lee(1990)를 보라. 또한 Attewell(1984), J Devine(1989), Fine(1998), Gerstein(1986), Giussani(1986), D Harvey(1999, p 61), P Harvey(1985), Itoh(1987), Marglin(1974), Tortajada(1977)를 보라.

13 Attewell(1984, pp 115~117), Fine(1998, chs 7~10), Lapides(1998, p 189)를 보라.

14 P Harvey(1985, pp 84~90)를 보라.

15 P Harvey(1985, p 90). Nell(1992, p 56 n 4)에게 있어 "구체노동은 사용가

치를 생산하는 실질적 작업이다. 추상노동은 착취의 조건이며, 그러한 상태에서 노동하는 데 소비되는 단순노동 등가물(simple labor equivalents)로서의 시간의 양에 의해 측정된다. 숙련노동의 단순노동으로의 환원의 규정과 관련한 문제에 대하여 상당히 많은 학술적 노력이 있어 왔다. 그러한 노력이 사회적으로 필요한 것인지는 명확하지 않다. 마르크스는 환원이 가치론에 외부적인 것이라고 간주하였다."

16 달리 표현하면, 선진 기술을 사용하는 기업들의 높은 수익성은 이 기업들의 직원들의 더 높은 가치창조능력 때문이지, 그들의 경쟁자로부터의 가치 이전 때문이 아니다. 이와 대조적인 관점으로는 Indart(no date)를 보라.

17 *Capital 3*, p 1021[국역 : ≪자본론≫ 3권 (하), 1069쪽].

18 새로운 기술들은 또한 기업들로 하여금 새로운 재화를 출시하게 하거나 기존에 생산하던 재화를 개선할 수 있도록 해 준다. 후자는 여기에서 다루지 않는데, 왜냐하면 이것은 [전자, 즉] 새로운 시장에서의 경쟁과 동일한 종류의 경쟁이기 때문이다.

19 "그러므로 상품을 값싸게 하기 위해 그리고 그렇게 함으로써 노동자 자체를 값싸게 하기 위해, 노동생산성을 증가시키려는 것은 자본의 내재적 충동이며 끊임없는 경향이다"(*Capital 1*, pp 436~437[국역 : ≪자본론≫ 1권 (상), 432쪽]).

20 *Capital 1*, p 492[국역 : ≪자본론≫ 1권 (하), 499~500쪽].

21 Postone(1993, p 332). 또한 pp 47~48을 참조하라. 대체로, 자본은 노동자를 세 가지 측면에서 통제한다. (a) 자본은 생산수단을 소유하는 반면, 노동자는 생존하기 위해 고용되어야만 한다. (b) 노동자의 노동력을 구매함으로써 자본은 노동과정 전체를 통제할 권리를 갖는다고 주장한다. (c) 노동수단의 소유와 생산과정에 대한 통제는 자본으로 하여금 국가, 경제정책, 법체계, 그리고 다른 사회적 제도들에 강한 영향을 끼칠 수 있도록 한다. 이러한 지배 형태들은 언제나 저항에 부딪힌다. 예를 들면, 노동자들은 계속해서 고용 및 작업장에서의 종속에 대한 대안을 찾기 위해 노력하며, 더 높은 임

금과 더 나은 노동조건을 찾으려 한다. 또한 생산 라인이나 다른 영역에서 자신들의 권익을 지키기 위해 단체행동을 하기도 한다. 또한 Bahr(1980, p 102), Brighton Labour Process Group(1977), Marglin(1974)을 참조하라.

22 "자동화에 대한 자본의 우선순위는 생산 사이클에서 노동자들이 자신들의 노동 속도를 늦출 수 있는 여지가 가장 많은 단계들, '노동의 낭비'가 가장 많은 장소들 – 그것이 사무실이건, 도장·판금·조립 공장이건, 보관소이건 – 을 공격하는 것이다. 구조조정이 노동자계급 전체에 가하는 위협의 요체가 바로 이 선택성이다"(Levidow and Young 1981, p 2). 또한 *Capital 1*, pp 486[국역 : ≪자본론≫ 1권 (상), 492~493쪽], 508[국역 : ≪자본론≫ 1권 (하), 517~518쪽]을 참조하라.

23 Nell(1992, p 54). 달리 표현하면, "산업화의 과정은 점점 더 높은 수준의 기술적 진보를 성취하기 때문에 자본가들의 권력의 계속적 증대와 일치한다. 노동자들에게 대항하는 생산수단이 양적 측면에서 증가함에 따라, 자본가들이 절대적 통제를 행사할 필요성이 높아진다"(Panzieri 1980, p 48). 또한 *Capital 1*, pp 526~527[국역 : ≪자본론≫ 1권 (하), 541~542쪽], 553~554 [574~575쪽], Uno(1980, pp 30~31)를 참조하라.

24 "우리는 작업장의 산출물에 절대적 영향을 미치는 중요한 결정들과 계획을 노동자의 손으로부터 가져와 이를 소수에게 집중시켜야 한다고 제안한다. 이들 각각은 특별히 이러한 결정을 내리고 그것이 수행되는 것을 감독하는 것과 관련된 훈련을 받아야 한다. 이들 각각은 특정 분야의 책임자가 되어야 하며 다른 사람들이 수행하는 분야에는 관여하지 않아야 한다"(Frederick W Taylor, Sohn-Rethel 1978, p 151에서 재인용). 이에 대한 마르크스주의적 비판으로는 P Taylor(1979), Wennerlind(2000)를 보라.

25 "[산업자본가는 – 지은이] 숙련된 노동자의 특수한 손재주와 착실함이 필요한 [어떤 – 지은이] 과정[도 중지하고 – 지은이], 이 과정을 상당한 정도로 자동식이어서 어린아이조차 감독할 수 있는 메커니즘을 통해 관리[하도록 노력 – 지은이]한다. 따라서 공장주의 원대한 목표는, 자본과 과학의 결합

을 통해 노동자의 작업을 [어린아이에게 적합한 — 지은이] 조심성과 손재주를 사용하는 작업으로 축소하는 것이다"(Andrew Ure, *Philosophy of Manufactures*, Cooley 1981, p 60에서 재인용).

26 "사례연구가 확산됨에 따라, 기업 조직의 역사에 대한 기술결정론(technological-determinism)의 해석과는 상충되지만 조직의 구조를 노동자들의 행위를 통제하는 전략들을 구현한 것으로 보는 갈등 접근법(conflict approach)을 뒷받침하는 사례들이 축적된다"(Attewell 1984, p 119). 또한 Bowles and Gintis(1977, p 180), Brighton Labour Process Group(1977), Cleaver(1979, 1992), Lebowitz(1992), Marglin(1974), Naples(1989, p 149), Postone(1993), Sohn-Rethel(1978), Wennerlind(2000)를 참조하라.

27 *Capital 1*, pp 562~563[국역 : ≪자본론≫ 1권 (하), 584쪽. 또한 pp 489~492를 참조하라[국역 : ≪자본론≫ 1권 (상), (하), 496~500쪽. 사회적 갈등에 있어 기술의 역할에 대한 현대적 해석으로는 Levidow and Young(1981, 1985), Slater(1980)를 보라.

28 *Capital 1*, p 545[국역 : ≪자본론≫ 1권 (하), 564쪽. 또한 pp 470~471[국역 : ≪자본론≫ 1권 (상), 473~474쪽을 참조하라.

29 Attewell(1984, p 96), D Harvey(1999, pp 59, 109)를 보라.

30 *Capital 1*, pp 1013~1014[이 부분은 ≪자본론≫ 1권의 내용이 아니며, 해당 영역본에 부록 형태로 수록되어 있다]. 또한 pp 1021, 1024, 1034, 1039~1040, Gleicher(1985~1986, p 466)를 참조하라.

31 D Harvey(1999, pp 108~109)를 보라.

32 Brighton Labour Process Group(1977, p 19). 또한 Attewell(1984), Coombs(1985), Schwarz(1985), Spencer(2000)를 참조하라.

33 Bahr(1980, p 106). 또한 Braverman(1974), Elger(1979), Laibman(1976)을 참조하라.

34 *Capital 1*, pp 294~295[국역 : ≪자본론≫ 1권 (상), 249쪽. 또한 *Capital 2*, p 186[국역 : ≪자본론≫ 2권, 123~124쪽], *Theories of Surplus Value 3*, p

279를 참조하라.

35 *Capital 3*, p 238[국역 : ≪자본론≫ 3권 (상), 164쪽]. 비슷한 표현에 대해서는 *Capital 1*, pp 129~130[국역 : ≪자본론≫ 1권 (상), 47~48쪽], 317~318[276~278쪽], 676~677[국역 : ≪자본론≫ 1권 (하), 724~726쪽], *Capital 2*, pp 185~188[국역 : ≪자본론≫ 2권, 122~126쪽], 222~223 [167~168쪽], 366~368[347~349쪽], *Capital 3*, p 522[국역 : ≪자본론≫ 3권 (상), 487쪽], *Theories of Surplus Value 1*, pp 232~233, *Theories of Surplus Value 2*, p 416, *Theories of Surplus Value 3*, p 280, *Grundrisse*, pp 135, 402, 657, 엥겔스에게 보낸 마르크스의 편지(1851년 9월 14일, Rosdolsky 1977, p 318 n 3에서 재인용)를 보라. 마르크스의 원문에 대한 철저한 연구에 대해서는 Moseley(2000b)를 보라. 또한, 특히 Gleicher (1989, p 77), D Harvey(1999, p 15), Mattick Jr(1991~1992, pp 37~38), Perelman(1993, p 89), Reuten and Williams(1989, p 71), Saad-Filho (1997a), Shaikh(1977, p 113n), M Smith(1994a, pp 96~98; 1994b, pp 119~122), Wolfstetter(1973, p 795)를 보라.

36 *Theories of Surplus Value 1*, p 96. 또한 *Capital 2*, pp 196[국역 : ≪자본론≫ 2권, 134~135쪽], 458[459~450쪽]을 참조하라.

37 예를 들어 Cohen(1981), Mirowski(1989)을 보라.

38 *Capital 1*, pp 307~308[국역 : ≪자본론≫ 1권 (상), 264~266쪽], *Theories of Surplus Value 3*, p 167를 보라.

39 "만약 당신들이 방적공은 면화나 기계 설비 등의 가치를 재생산 또는 대체하는 일에 그의 노동일의 단 한순간이라도 낭비한다고 생각한다면, 그것은 여러분이 완전히 잘못 생각하고 있는 것이다. 오히려 그의 노동이 면화와 방추로 면사를 만들어 내기 때문에, 즉 그가 방적을 하기 때문에, 면화와 방추의 가치는 스스로 면사로 넘어가는 것이다. 이것은 그의 노동의 질에 기인하는 것이지 그 양에 기인하는 것은 아니다"(*Capital 1*, pp 335~336[국역 : ≪자본론≫ 1권 (상), 299쪽]). 또한 Aglietta(1979, pp 44~45, 53, 276)를

참조하라.

40 불변자본은 생산에서 소비되는 기계와 여타 유형의 (비노동) 투입물들의 가치이다. 유동자본은 각각의 회전 기간에 소비되는 투입물의 가치로 불변자본과 가변자본(인건비), 그리고 고정자본의 감가를 포함한다. 고정자본[의 가치]는 한 회전 기간이 지나도 없어지지 않는 투입물의 가치인데, 건물이나 기계를 예로 들 수 있다. 고정자본은 두 가지 다른 방식으로 감가된다. 물리적으로는, 고정자본이 사용될 때(또는 단지 시간이 지남에 따라, 예컨대 부식) 감가가 일어난다. 기술적으로는, 새로운 기계 등이 도입되면 산출물을 좀 더 낮은 비용으로 생산할 수 있다(Perelman 1987, ch 5, Weeks 1981, pp 174~186을 보라).

41 *Capital 1*, p 295[국역 : ≪자본론≫ 1권 (상), 249~250쪽]. 또한 pp 312[국역 : ≪자본론≫ 1권 (상), 269~271쪽], 317~318[276~278쪽], 957, 985~986, *Theories of Surplus Value 1*, p 109, *Theories of Surplus Value 3*, p 280, de Vroey(1981, p 180)를 참조하라.

42 Marx(1988b, pp 79~80).

43 *Capital 3*, p 374[국역 : ≪자본론≫ 3권 (상), 318~319쪽]를 보라.

44 "기계는 물리적 마멸 외에도 이른바 도덕적[혹은 무형의] 가치 감소를 입는다. 기계는 같은 구조의 기계가 더 싸게 재생산되거나 더 우수한 기계가 경쟁자로 나타나면 교환가치를 잃게 된다. 이 경우 기계가 아무리 아직 새것이며 생명력이 있다 하더라도, 그 가치는 더 이상 그 기계 자체에 실제로 대상화되어 있는 노동시간에 의해 결정되는 것이 아니라, 그 기계의 재생산 또는 더 우수한 기계의 재생산에 필요한 노동시간에 의해 결정된다. 그러므로 그 기계는 많건 적건 가치를 잃어버린다"(*Capital 1*, p 528[국역 : ≪자본론≫ 1권 (하), 543쪽]). 또한 p 318[국역 : ≪자본론≫ 1권 (상), 278쪽], *Capital 2*, pp 185, 250[국역 : ≪자본론≫ 2권, 122, 199쪽], *Theories of Surplus Value 2*, p 495, *Theories of Surplus Value 3*, p 154를 참조하라.

45 Perelman(1993, p 88). 또한 Postone(1993, pp 289~295)을 참조하라.

46 "기존 자본의 대부분은 재생산 과정의 진행에서 끊임없이 크든 적든 감가한다. 왜냐하면 상품 가치를 결정하는 것은 그것의 생산에 시초로 든 노동시간이 아니라 그것의 재생산에 드는 노동시간이며, 이 후자는 사회적 노동생산성의 발달에 따라 끊임없이 감소하기 때문이다. 그러므로 사회적 생산성의 더 높은 발달단계에서 모든 기존 자본은 오랜 자본축적 과정의 결과로서가 아니라 비교적 짧은 재생산 기간의 결과로서 나타난다"(*Capital 3*, p 522 [국역 : ≪자본론≫ 3권 (상), 487쪽]). 또한 *Capital 2*, pp 187~188[국역 : ≪자본론≫ 2권, 124~126쪽], *Capital 3*, p 356[국역 : ≪자본론≫ 3권 (상), 297~298쪽], *Theories of Surplus Value 2*, p 416, *Theories of Surplus Value 3*, p 389, de Vroey(1981, p 182)를 참조하라.

47 Perelman(1999, pp 724~725).

48 Campbell(1998, p 141), Fine(1980, ch 4, 1989, ch 9), Perelman(1990, 1993, 1996, 1999)을 보라.

49 Perelman(1999, p 723). 달리 표현하면, "경쟁의 효과는 새로운 생산방식의 도입을 강요하며, 기술 변화로 이익을 볼 수 있는 …… 기업들의 능력을 제한한다"(Weeks 1992, p 20). 또한 Aglietta(1980)를 참조하라.

50 마르크스의 가치론에는 세 가지 환원 문제가 있으며, 이에 대응하여 세 가지의 전형(transformation) 문제가 있다. 첫째, 동일 부문에서 수행되는 구체노동들의 가치 균등화(value-equalisation), 즉 정규화이다. 둘째, 기술적 차이의 가치의 차이로의 변환, 즉 동기화이다. 셋째, 이러한 평균값들을 경제의 다른 영역들에 걸쳐 평균화하는 것, 즉 동질화이다. 관련 연구에서는 단지 세 번째 문제만이 상세히 다루어진다(다음 내용과 7장, Reuten 1999, p 110을 보라).

51 Elson(1979b, pp 136, 138)에게 "자본주의 경제에서 완전히 가격과 무관하게 독립적으로 시간의 양에 의해 직접적으로 측정될 수 있는 노동시간은 특수한 개인들의 특수한 노동시간이다. …… 이것은 가치로 객관화되는 측면 — 사회적이고 추상적인 측면 — 이 아니다. …… 자본주의 경제에서 노동

의 사회적 필요성은 가격 형태와 무관하게 독립적으로 규정될 수 없다. 따라서 가치는 가격과 무관하게 독립적으로 계산되거나 관찰될 수 없다. …… 따라서 노동시간이 가치의 (내재적) 척도라는 주장은 가치의 측정 수단이 노동시간이어야 한다는 것을 의미하기는커녕, 노동시간이 측정 수단이 될 수 없음을 의미한다. 우리가 관찰할 수 있는 실제의 노동시간에서 구체적 측면으로부터 추상적 측면을 구별해 낼 수 없기 때문이다." 또한 Gerstein (1986, p 52), Roberts(1996, p 203)를 참조하라.

52 *Capital 1*, p 187[국역 : ≪자본론≫ 1권 (상), 119쪽].

53 *Capital 1*, p 196[국역 : ≪자본론≫ 1권 (상), 130~131쪽].

54 *Capital 1*, p 202[국역 : ≪자본론≫ 1권 (상), 137~138쪽, 원문에는 *Capital 3*으로 잘못 표기되어 있다]. 또한 *Capital 3*, pp 288~289[국역 : ≪자본론≫ 3권 (상), 220~222쪽], 286[218쪽], 774~775[국역 : ≪자본론≫ 3권 (하), 782~784쪽], *Theories of Surplus Value 1*, pp 231~232, Shaikh(1984, p 266 n 10)를 참조하라.

55 *Capital 3*, pp 288~289[국역 : ≪자본론≫ 3권 (상), 221쪽]. 달리 표현하면, "가격은 …… 가치와 구분되는데, 이는 단지 명목상의 것이 실질적인 것과 구별되는 것만은 아니며, 단지 금과 은의 권종에 의해서만도 아니다. 가치가 가격이 경험하는 운동의 법칙으로서 나타나기 때문이다. 그러나 이 둘은 언제나 상이하며, 절대 같아지지 않거나 단지 우연히 예외적으로만 일치한다. 상품의 가격은 항상 상품의 가치보다 높거나 낮으며, 상품의 가치 그 자체는 상품 가격의 이 상하 운동 내에서만 존재한다. 공급과 수요는 항상 상품의 가격을 규정한다. 그러나 절대 일치하지는 않으며, 단지 우연히 그렇게 될 뿐이다. 그러나 생산비는 그 자체로서 공급과 수요의 변화를 결정한다. …… 어떤 상품의 생산비와 금과 은의 생산비가 일정하다는 가정하에서, 이 상품의 시장가격의 상승이나 하락은 x 노동시간에 해당하는 한 상품이 시장에서 계속해서 x 노동시간보다 많거나 적은 노동시간만을 지배할 수 있다는 것, 이 상품의 가격이 노동시간에 의해 규정되는 평균 가치 이상이거

나 이하라는 것을 의미한다"(*Grundrisse*, pp 137~138). 또한 Marx(1989, p 537), Rosdolsky(1977, pp 89~93), Shaikh(1981, pp 276~278), Shamsavari (1991, p 256), Uno(1980, p 79), 특히 Rubin(1975, pp 180~185, 203~209, 224)을 참조하라.

56 *Capital 3*, p 352[국역 : ≪자본론≫ 3권 (상), 293쪽]. 강조 추가.

57 *Theories of Surplus Value 2*, pp 295~296.

58 *Capital 3*, p 275[국역 : ≪자본론≫ 3권 (상), 206~207쪽], Shaikh(1977, pp 106, 121; 1982, p 72), de Vroey(1981, p 191), Yaffe(1974, pp 33~34)를 보라.

6장

1 이 장의 해석은 Fine(1983)과 Saad-Filho(1993b)의 선행 연구에 바탕을 두며 이를 구체화한다. 또한 Aglietta(1979, p 56), Cleaver(1992), Fine and Harris(1979, ch 4), Fine(1989, ch 10; 1990; 1992), Meacci(1992), Weeks (1981, ch 8)를 참조하라.

2 Sweezy(1968, p 66).

3 Bortkiewicz(1949), Desai(1989, 1992), Seton(1957)을 보라.

4 Morishima(1973)를 보라.

5 Okishio(1974)를 보라.

6 Bortkiewicz(1952), Howard(1983), Lipietz(1982), Meek(1956; 1973, p 313), Winternitz(1948)를 보라.

7 Roemer(1979)를 보라.

8 Shaikh(1977, p 123). 또한 Shaikh(1973, p 38)를 보라.

9 Foley(1986, p 45), Mage(1963), M Smith(1994a, p 149), Wright(1977, p 203)를 보라.

10 Groll and Orzech(1987, 1989)을 보라. 또한 Fine(1990)을 참조하라.

11 *Capital 1*, pp 136~137[국역 : ≪자본론≫ 1권 (하), 57~58쪽], 332[294쪽], 431[425~426쪽], 773[850~851쪽], 959, *Capital 3*, p 163을 보라.

12　*Capital 3*, p 244[국역 : ≪자본론≫ 3권 (상), 172~173쪽]. 또한 *Theories of Surplus Value 2*, pp 455~456을 참조하라.

13　*Theories of Surplus Value 3*, p 387. '유기적' 구성은 자본의 '본질적' 구성을 표현한다. 일반 이윤율을 분석할 때(7장을 보라), 마르크스는 다음과 같이 언급한다. "이윤율은 잉여가치를 총자본에 대비시켜 계산하며 …… 잉여가치 그것이 총자본으로부터 발생한 것처럼 그리고 총자본의 모든 구성 부분으로부터 동일하게 발생한 것처럼 보이며, 이리하여 불변자본과 가변자본 사이의 유기적 차이는 이윤의 개념에서는 소멸되었다"(*Capital 3*, p 267[국역 : ≪자본론≫ 3권 (상), 197쪽, 강조 추가).

14　*Theories of Surplus Value 3*, p 382. 또한 *Theories of Surplus Value 2*, pp 276, 279를 참조하라.

15　*Theories of Surplus Value 3*, pp 383~386의 여러 단락들. 또한 *Theories of Surplus Value 2*, pp 376~377을 참조하라.

16　*Theories of Surplus Value 1*, pp 415~416.

17　D Harvey(1999, p 126), Weeks(1981, pp 197~201)를 보라.

18　*Theories of Surplus Value 3*, p 386. 또는 "각기 다른 생산 부문의 자본들이 ― 그렇지 않다면 물리적[기술적 ― 지은이] 구성이 동일했을 텐데 ― 사용된 기계나 원재료의 가치가 더 높은 것이 차이점을 가져올 수 있다. 예를 들어, 만약 면, 명주, 아마포, 모직 산업이 정확히 동일한 물리적 구성을 가지고 있더라도 사용된 원재료의 비용의 사소한 차이가 이러한 변화를 만들어 낼 수 있다"(*Theories of Surplus Value 2*, p 289).

19　*Capital 3*, p 244[국역 : ≪자본론≫ 3권 (상), 173쪽], 강조 추가.

20　Fine(1989, pp 62~63)을 보라.

21　*Capital 3*, pp 900~901[국역 : ≪자본론≫ 3권 (하), 931쪽].

22　"이 자본들의 기술적 구성이 동일하다는 것은 비싼 원료의 가격이 싼 원료의 가격 수준으로 하락하는 경우 곧 알 수 있다. 이 경우 살아 있는 노동량과 노동조건의 양, 성질 사이의 기술적 비율에는 아무런 변동이 생기지 않지만

가변자본과 불변자본 사이의 가치 비율은 서로 같게 될 것이다"(*Capital 3*, p 900[국역 : ≪자본론≫ 3권 (하), 931쪽]).

23 *Theories of Surplus Value 3*, p 387.

24 예를 들어 "이 편에서는 …… 우리는 각각의 개별 경우에 노동생산성이 불변이라고 가정한다. 특정의 산업 분야에 투하된 자본의 **가치 구성**, 즉 가변자본과 불변자본 사이의 비율은 사실상 **노동생산성의 일정한 수준을** 표현하고 있다. 따라서 이 비율의 변화가 단순히 불변자본의 소재적 구성 부분들의 가치 변화나 임금의 변화에 기인하는 것이 **아니라면** 노동생산성에도 변화가 생긴 것에 틀림없"다(*Capital 3*, pp 50~51[국역 : ≪자본론≫ 3권 (상), 57쪽], 강조 추가).

25 *Capital 1*, p 762[국역 : ≪자본론≫ 1권 (하), 836~837쪽]. 달리 표현하면, "자본의 가치 구성이 자본의 기술적 구성에 의하여 결정되며 이것을 반영하고 있는 한, 우리는 이 가치 구성을 자본의 **유기적** 구성이라고 부른다"(*Capital 3*, p 245[국역 : ≪자본론≫ 3권 (상), 173쪽]).

26 이 세 구성들이 동시에 변하더라도, 논리적으로 표현하면, TCC가 가장 먼저 변화하며, 이 변화가 OCC에, 그리고 이어서 VCC에 반영된다.

27 *Grundrisse*에서 마르크스는 이미 이 점을 인지하고 있었지만, 자본 구성의 분석을 전개하는 데 필요한 개념들을 아직 정의하지는 않았다. "만약 자본의 전체 가치가 동일한 경우, 생산력의 증가는 (기계와 원재료로 구성되는) 자본의 불변 부분이 가변 부분, 즉 살아 있는 노동과 교환되고 임금 기금을 형성하는 자본의 부분에 비해 상대적으로 증가한다는 것을 의미한다. 이것은 동시에 더 적은 양의 노동이 더 많은 양의 자본을 작동시킨다는 것을 의미한다"(p 389, 강조 삭제). p 831에서 마르크스는 다음과 같이 덧붙인다. "노동생산력의 발전과 더불어 노동의 객체적 조건, 즉 객체화된 노동이 살아 있는 노동에 비해 상대적으로 증가해야 한다는 사실은 …… 자본의 관점에서는 사회적 활동의 한 계기, 즉 객체적 노동이 다른 계기들, 즉 주체적인 살아 있는 노동의 훨씬 더 강력한 본체가

되는 방식이 아니라, 오히려 …… 노동의 객체적 조건이 훨씬 더 거대한 독립성을 지니며 그 범위 자체에 의해 살아 있는 노동에 대항하는 것으로 표현되는데, 사회적 부가 — 더 강력한 부분으로 — 낯설고 지배적인 힘으로서 노동에 대항하는 방식으로 나타난다"(pp 388~398, 443, 707, 746~747을 보라). 또한 Chattopadhyay(1994, pp 37~38), Fine(1989, pp 60~63), D Harvey(1999, pp 127~128), Reuten and Williams(1989, p 120), Uno(1980, pp 52~53)를 참조하라.

28 5.2절, Carchedi(1984, 1991), Fine(1990, 1992), Moseley(2000b), Weeks (1981, ch 8)를 보라.

29 *Theories of Surplus Value 2*, p 495. 또한 *Capital 2*, p 185[국역 : ≪자본론≫ 2권, 122쪽], *Theories of Surplus Value 3*, p 154, Bologna(1993b)를 참조하라.

30 *Capital 1*, pp 773~774[국역 : ≪자본론≫ 1권 (하), 850~851쪽]. 또한 *Capital 3*, pp 317~319[국역 : ≪자본론≫ 3권 (상), 253~255쪽], 322~323 [258~260쪽]을 참조하라.

31 *Capital 1*, p 781[국역 : ≪자본론≫ 1권 (하), 858~859쪽]. 이에 더해, "노동에 대한 수요는 총자본량에 의해 결정되는 것이 아니라 총자본의 가변적 구성 부분에 의해 결정되는 것이므로, 그 수요는 우리가 제1절에서 가정한 바와 같이 총자본의 증가에 비례해 증대하는 것이 아니라, 오히려 점차로 감소한다. 그 수요는 총자본의 크기에 비해 상대적으로 감소하며 또 총자본의 증가에 따라 그 상대적 감소는 가속화한다. 총자본의 증가에 따라 그 가변적 구성 부분, 즉 총자본에 결합되는 노동력도 증가하기는 하지만, 그 구성비는 끊임없이 감소한다"(*Capital 1*, pp 781~782[국역 : ≪자본론≫ 1권 (하), 859쪽]).

32 Fine(1989, ch 10; 1992)을 보라.

7장

1 전형에 대한 문헌은 방대하며, 여기서 이에 대한 개관을 하는 것은 필요하

지도 않을 뿐더러 가능하지도 않다. 그러나 Desai(1989, 1992), Dostaler and Lagueux(1985), Elson(1979a), Fine and Harris(1979, ch 2), Freeman and Carchedi(1996), Howard and King(1991, chs 12~14), Laibman(1973), Mandel and Freeman(1984), Mohun(1995), Schwartz(1977), Steedman (1981), Sweezy(1949)를 보라.

2 예를 들어 Böhm-Bawerk(1949), Samuelson(1957, 1971), Steedman(1977) 을 보라.

3 2장, Arthur and Reuten(1998), Baumol(1974, 1992), Duménil(1980), Fine (1986), Foley(1982, 1986), Kliman and McGlone(1988), Moseley(1993), Moseley and Campbell(1997), Ramos-Martínez and Rodríguez-Herrera (1996), Shaikh(1977, 1981, 1982), Wolff, Roberts and Callari(1982, 1984), Yaffe(1974)를 보라.

4 이러한 해석은 Fine(1983)이 최초로 제시한 접근법을 발전시킨 것이다. 또한 Fine(1980, pp 120~121; 1989, pp 76~77), Saad-Filho(1997b)를 참조하라. (반드시 동일하지는 않지만) 비슷한 관점에 대해서는 Albritton(1984, pp 165~166; 1986, p 60~61), Likitkijsomboon(1995, pp 95~96), Postone(1993, p 271), Reuten(1993, pp 101~102), Rubin(1975, pp 223, 231, 241, 247~ 248), T Smith(1990, pp 167~168, 170~172)를 보라.

5 *Capital 3*, pp 42, 49, 50, 247[국역 : ≪자본론≫ 3권 (상), 175~176쪽, pp 42, 49, 50은 영역본에 실린 만델의 머리말에 포함된다]을 보라.

6 *Capital 3*, p 161[국역 : ≪자본론≫ 3권 (상), 78쪽]을 보라.

7 *Capital 3*, p 243[국역 : ≪자본론≫ 3권 (상), 171쪽], 강조 추가. 또한 *Theories of Surplus Value 2*, p 384를 보라.

8 *Capital 3*, pp 237~238[국역 : ≪자본론≫ 3권 (상), 164~165쪽], 강조 추가. 마르크스는 자본의 수익성에 여러 요인들이 영향을 미칠 수 있음을 명시적으로 인정한다. 동일한 잉여가치율을 가정할 때, "동일한 규모의 자본에 의해 생산된 잉여가치의 양은 **첫째**, 이 자본의 유기적 구성 요소들, 즉 가변자

본과 불변자본의 상호 관계에 따라 달라진다. 둘째, 자본의 순환 기간에 따라 다르다. 이는 자본의 순환 기간이 고정자본과 유동자본의 비율, 그리고 여러 종류의 고정자본들의 재생산에 필요한 다양한 기간들에 의해서 규정되는 한 그러하다. 셋째, 노동시간 그 자체의 기간과는 다른 실제의 생산과정의 기간에 따라 다른데, 이것은 또한 생산기간과 유통기간 사이의 상당한 차이로 이어질 수 있다.(이러한 상호 관계들 중 첫 번째의 것, 즉 불변자본과 가변자본 사이의 관계 그 자체가 다양한 원인에 의해 발생할 수 있다. 그것은 예를 들어 순수하게 형식적이어서 한 영역에서 사용된 원재료가 다른 영역에서 사용되는 것에 비해 비싸다든지, 또는 다양한 노동생산성 등의 결과일 수 있다.)"(*Theories of Surplus Value 2*, p 28) 그러나 마르크스에게는 가동 중인 노동의 **양**이 분석적으로 가장 중요한 수익성의 차이의 원인이다(아래를 보라). 또한 pp 23, 28, 175~178, 198, 381~391, 426~427, *Capital 3*, pp 142~145[국역 : ≪자본론≫ 3권 (상), 55~60쪽], 246~248[175~177쪽], *Theories of Surplus Value 3*, p 177, Marx(1985, pp 22~24), Himmelweit and Mohun(1978, pp 70, 77), Rubin(1975, p 231)을 참조하라.

9 Ben Fine(1983, p 522)이 마르크스의 전형의 이 본질적 특징을 가장 먼저 지적하였다. "마르크스가 전형 문제를 유기적 구성에 입각하여 논의하기 때문에 그는 다음의 문제에 관심을 둔다. 원재료의 가치와는 무관하게, 서로 다른 부문에서 상품을 생산하기 위해 사용된 원재료들의 양의 차이가 가격에 어떠한 영향을 미치는가? 전형 문제에 대한 전통적 해석은 원재료의 가치의 차이를 고려하려 하였다. 여기서 유래하는 것이지만, 또한 보통 원재료의 가격의 차이(이것은 가치의 차이와는 다르다)를 고려한다." p 523에서는 다음과 같이 결론을 내린다. "마르크스는 **자신이** 제기한 문제를 잘못 처리한 것이 아니다. 비록 이 문제가 그가 풀지 못하였다고 추정되는 그 문제와는 다르지만 말이다."

10 "잉여가치율이 …… 주어졌을 때, 잉여가치의 **양**은 자본의 유기적 구성, 즉 주어진 가치의 자본 — 예를 들어 100파운드 — 이 고용하는 **노동자의 수**에

좌우된다"(*Theories of Surplus Value 2*, p 376, 강조 추가).

11　Nell(1992, p 55)을 보라.

12　*Capital 3*, p 254[국역 : ≪자본론≫ 3권 (상), 183쪽], 강조 추가.

13　*Capital 3*, pp 137[국역 : ≪자본론≫ 3권 (상), 50~51쪽], 146[60~61쪽], 243~246[171~175쪽], D Harvey(1999, p 127), Rubin(1975, pp 231~247)을 보라.

14　*Capital 3*, pp 248~249[국역 : ≪자본론≫ 3권 (상), 177~178쪽]. 달리 표현 하면, "다른 생산 분야에 투하된 자본들은 유기적 구성이 다르기 때문에, 따라서 일정한 크기의 총자본 중 가변적 부분이 차지하는 비율이 다르기 때문에, 동일한 크기의 자본들이 운동시키는 노동량이 매우 다르고, 또 이 자본들이 취득하는 잉여노동의 양도 매우 다르며, 또는 이 자본들이 생산하는 잉여가치의 양도 매우 다르다. 따라서 다른 생산 분야를 지배하는 이윤율들도 처음에는 매우 다르다"(p 257[국역 : ≪자본론≫ 3권 (상), 187쪽]). 또한 *Capital 1*, pp 421[국역 : ≪자본론≫ 1권 (상), 412~413쪽], 757[830쪽], *Capital 3*, pp 137~138[국역 : ≪자본론≫ 3권 (상), 50~52쪽], *Theories of Surplus Value 3*, p 483을 참조하라.

15　*Capital 3*, pp 257~258[국역 : ≪자본론≫ 3권 (상), 186~188쪽], 298~299 [231~233쪽], 312~313[247~249쪽], *Theories of Surplus Value 2*, pp 29, 64~71, 190, *Theories of Surplus Value 3*, pp 73, 87, *Grundrisse*, pp 435, 547, 760을 보라. 달리 표현하면, 동일 부문 내의 자본들의 이윤율의 차이는 이 자본들이 시간당 서로 다른 양의 가치를 생산하기 때문에 발생한다. 반면에, 비동일 부문 자본들의 이윤율의 균등화는 가치 이전 때문이다. "동일한 생산영역 내의 경쟁이 야기하는 것은 상품의 생산에 필요한 평균 노동시간에 의한 주어진 영역에서의 상품 가치의 규정, 즉 시장가치의 창출이다. 각기 다른 생산영역에서의 경쟁이 야기하는 것은 서로 다른 시장가치들을 시장가격 ─ 이것은 실제의 시장가치들과는 다른 것[생산가격 ─ 지은이]이 다 ─ 으로 균등화 하는 것을 통해 각기 다른 부문에서 동일한 일반 이윤율

을 창출해 내는 것이다. 두 번째 경우의 경쟁은 상품 가격을 상품의 가치에 동화시키는 것이 아니라, 오히려 상품의 가치를 가치와는 다른 것[생산가격 — 지은이]으로 만들며, 상품의 가치와 [생산가격 — 지은이]의 차이를 없애 버린다"(*Theories of Surplus Value 2*, p 208). 또한 pp 126, 206~207, Shaikh(1982, p 77), Weeks(1981, ch 6, 1982a)를 참조하라.

16 *Capital 3*, p 257[국역 : ≪자본론≫ 3권 (상), 186쪽], *Theories of Surplus Value 2*, p 190, *Grundrisse*, p 767, Duménil(1980, pp 10~14; 1984, p 343), Foley(1986, p 8), Lagueux(1985, p 121), Roberts(1987, pp 89~90,), de Vroey(1981, p 190; 1982, p 45), Wolff, Roberts and Callari(1984, p 128)를 보라.

17 "가치는 문자 그대로 가격으로 전형되는데, 이 두 개념이 각기 다른 수준의 설명에서 이론적 역할을 하기 때문이다. 따라서 각각의 상품에 대하여 가치 와 가격이 모두 존재한다"(Mattick Jr 1991~1992, p 40). 또한 Hilferding (1949, p 159), Rubin(1975, pp 176, 250~257), Weeks(1981, p 171), Yaffe (1995, p 85)를 참조하라. 이러한 측면에서 이 총계 일치 명제들에 초점을 맞춘 과정은 전형의 핵심을 놓친다.

18 Fine(1980, p 125)을 보라. 이에 대한 강력한 주장으로는 de Vroey(1982, p 45)를 보라.

19 *Capital 3*, pp 261~262[국역 : ≪자본론≫ 3권 (상), 191~192쪽].

20 이것은 마르크스에 대한 좀 더 면밀한 분석가들에 의해 인식된 바이다. 예 를 들어 Baumol(1974, p 53), Schefold(1998), Shaikh(1984, p 44), Sham-savari(1987), Yaffe(1974, p 46)를 보라.

21 *Capital 3*, p 142[국역 : ≪자본론≫ 3권 (상), 56~57쪽], Foley(1983, p 9), Mattick Jr(1991~1992, pp 51~52), Uno(1980, p 95 n 5)를 보라. 전통적 접 근법에서 화폐의 가치는 화폐상품(금)의 생산 조건에 의해 규정된다. 이 생 산 조건과 경제의 평균 생산 조건의 차이는 화폐단위의 '본질적' 가치와 이 것의 교환에서의 표현 사이의 괴리를 낳으며, 이것은 총계 일치 명제를 불

명료하게 한다. 금 생산에 고정자본을 사용하는 것은 이러한 형태의 가격 규정을 수학적으로 다루는 것을 매우 어렵게 하는데, 이는 전통적 접근으로 부터 그 직관적 매력, 그리고 중립적 계산 단위로서의 화폐에 대한 의존을 제거해 버린다.

22 마르크스의 접근법의 이러한 측면에 대한 이해의 결여는 부분적으로는 Bortkiewicz(1949, 1952)를 따르는 전형 과정의 결과를 초래하였다. 예를 들어, Desai(1992, p 17)는 마르크스가 "이 [다섯 — 지은이] 영역에 의해 생산된 물리적 상품들을 언급하지 않는 것이 여전히 문제를 야기한다"고 불평한다. "따라서 이 영역들에서 사용된 다양한 c_i와 v_i가 어디서 유래하는지가 명확하지 않다. 또한 생산가격 p_i를 구할 때, 이것은 생산물 한 단위에 의한 것이 아니라 상품에 투하된 노동시간에 의한 것이다. 이것은 우리가 시장가격에서 보는 가격이 아니다. …… 어떤 점에서는, 마르크스는 가치에서 가격으로 이행함에 있어 물리적인 투입-산출 단계를 '지워 버린다.'"

23 Bortkiewicz(1952, p 56), Hodgson(1973), Samuelson(1971, p 418)을 보라.

24 "마르크스가 가격이 가치로부터 자신의 전형 계산을 통해 **연역될** 수 있다고 생각하였다는 주장을 거부해야 …… 한다. 마르크스는 자신의 '생산가격'이 고전파 경제학의 '자연 가치'와 동일하다는 것을 잘 알고 있었다. …… 따라서 마르크스는 고전파 경제학자들이 가격 관계를 도출하는 데에 마르크스적 가치를 사용하지 않은 점을 비난하지 **않는다**. 오히려 거듭 반복되는 비난은 이들이 단지 '이 현상 형태'만을 다룬다는 것이다. …… 마르크스에게 가격과 가치는 …… 같은 것이 아니다. 가치는 가격에 대한 근사값이 아니며 가격의 계산을 위해 꼭 필요한 단계도 아니다. 오히려 가격은 표면에 나타나는 표현이며, 가치는 내재하는 현실을 드러내기 위한 것이다"(Baumol 1992, p 56). 또한 Duménil(1983~1984, p 434)을 참조하라.

25 *Capital 3*, pp 308~309[국역 : ≪자본론≫ 3권 (상), 243~245쪽]. 달리 표현하면, 비용가격, 즉 이전에는 투입물의 가치였던 것이 이제는 이들의 가격이다. "최초에 우리는 상품의 비용가격은 그 상품의 생산에 소비된 상품들의

가치와 같다고 가정하였다. 그러나 …… 상품의 생산가격은 그 가치로부터 괴리할 수 있으므로, 어느 상품의 비용가격 중에 다른 상품들의 생산가격이 포함되어 있는 경우에는, 이 비용가격은 거기에 들어가는 생산수단의 가치로 구성되는 크기보다 클 수도 있고 작을 수도 있다. 그러므로 비용가격의 이러한 **수정의 의의**를 잊어서는 안 되며, 또한 상품의 비용가격을 그 상품의 생산에 소비된 생산수단의 가치와 동일하다고 생각하는 경우에는, 언제나 오류를 범할 수 있다는 것을 명심해야 한다"(*Capital 3*, pp 264~265[국역 : ≪자본론≫ 3권 (상), 194~195쪽], 강조 추가). 또한 pp 1008~1010[국역 : ≪자본론≫ 3권 (하), 1054~1057쪽], *Theories of Surplus Value 3*, pp 167~168, Mattick Jr(1991~1992, pp 18~19, 47~51), Yaffe(1974, p 46)를 참조하라. 강조 표시가 된 부분은 비용가격의 개념의 변천을 강조한다(1.1절을 보라).

26 *Capital 3*, pp 259~265[국역 : ≪자본론≫ 3권 (상), 188~196쪽], 308~309 [243~245쪽], 990~992[원문에는 990~920으로 잘못 표기되어 있음, 국역 : ≪자본론≫ 3권 (하), 1034~1036쪽]를 보라.

27 생산가격과 일반 이윤율의 개념은 마르크스가 상업자본을 논의할 때 다시 한 번 변경된다. 1.1절과 *Capital 3*, pp 398~399[국역 : ≪자본론≫ 3권 (상), 344~346쪽]을 보라.

28 *Capital 3*, p 300[국역 : ≪자본론≫ 3권 (상), 233~234쪽]. 또한 p 268[198~199쪽], *Capital 1*, pp 678~679[국역 : ≪자본론≫ 1권 (하), 727~729쪽], Marx(1998, p 38)를 보라.

29 *Capital 3*, pp 967~968[국역 : ≪자본론≫ 3권 (하), 1008~1009쪽].

30 "총잉여가치가 재분배되어 …… [각각] 노동력과 생산수단과 교환된 자본의 양에 따라 이것이 할당된다는 주장이 종종 있다. 이러한 재분배는 가치와 생산가격의 차이에 근거하여 이루어지게 되어 있다는 것이다. 그러나 그러한 재분배 이전에 존재하는 실제 세계의 상태란 없다. 물론 경쟁은 총잉여가치를 투하된 총자본에 따라 분배하지만 재분배는 없다. 재분배의 과정은

실제 세계의 과정이 아니라 개념적 과정이다. 이 개념적 과정은 다른 순서를 갖는 개념들 간에 요구되는 이론적 이동을 상징한다"(Himmelweit and Mohun 1978, p 83). 또한 p 98, *Capital 3*, pp 311[국역 : 《자본론》 3권 (상), 246~247쪽], 428~429[378~380쪽], Himmelweit and Mohun(1981, p 248), Salama(1984, pp 227~233), de Vroey(1982, p 48), 이와 상반된 관점으로는 Duménil(1984), Foley(1982, p 44), Shaikh(1977, p 126; 1991, p 78), Winternitz(1948, p 277)를 보라.

31 예를 들어, Bortkiewicz(1949, p 201; 1952, p 9), Desai(1989), Dobb(1967, pp 532~533), Duménil(1980, pp 8, 22~23, 51), Lipietz(1982, p 64), Meek (1956, p 98; 1973, pp xxi, 191), Sweezy(1949, p xxiv; 1968, p 115), de Vroey(1982, p 47), Winternitz(1948, p 278)를 보라.

8장

1 Arnon(1984), de Brunhoff(1976, 1978b), Campbell(1997, 1998), Fine and Lapavitsas(2000), Foley(1975, 1983), Hilferding(1981), Itoh and Lapavitsas(1999), Lapavitsas(1994, 2000a, 2000c), Lapavitsas and Saad-Filho(2000)는 마르크스의 화폐론에 대한 분석을 제시한다. 또한 Fine (1989, pp 70~71), Gleicher(1983, p 100), Ilyenkov(1982, pp 189~ 196, 260~279), Messori(1984), Mollo(1999), Reuten and Williams (1989, pp 65, 84~89), Rosdolsky(1977, part II), Rosenthal (1997, chs 11, 15), Saad-Filho(1993a), Weeks(1981, ch 4)를 참조하라.

2 *Capital 1*, p 182[국역 : 《자본론》 1권 (상), 112~113쪽]를 보라.

3 Fine and Lapavitsas(2000, p 370).

4 *Capital 1*, pp 247~257[국역 : 《자본론》 1권 (상), 189~201쪽], *Capital 2*, pp 163~164[국역 : 《자본론》 2권, 96~97쪽], *Capital 3*, pp 576~577[국역 : 《자본론》 3권 (상), 550~553쪽], 592[570~571쪽], *Theories of Surplus Value 3*, pp 475, 490, *Contribution*, pp 304~309, Bologna(1993c, pp 8~9),

Fine(1985~1986, p 388; 1989, pp 79~80), Likitkijsomboon(1995, p 101)을 보라.

5 "금의 첫째 기능은 상품 세계에 그 가치 표현의 재료를 제공한다는 점, 또는 상품들의 가치를 동일한 명칭의 크기, 즉 질적으로 동일하며 양적으로 비교 가능한 크기로 표현한다는 점에 있다. 그리하여 금은 가치의 일반적 척도로 기능하는데, 오직 이 기능에 의해서만 금이라는 특수한 등가 상품은 화폐로 되는 것이다. …… 가치척도로서의 화폐는 상품들에 내재하는 가치척도(즉, 노동시간)의 필연적인 현상 형태다"(*Capital 1*, p 188[국역 : ≪자본론≫ 1권 (상), 120쪽]). 또한 pp 184~196[115~131쪽], 204[139~140쪽], *Grundrisse*, p 794를 보라. De Brunhoff and Ewenczyk(1979, pp 49~50)는 다음과 같이 올바르게 주장한다. "가치의 척도와 가격의 표준으로서, 화폐는 상품에 가격 형태를 부여한다. 화폐는 상품의 가치를 화폐상품(금)의 양으로 표현하며, 동시에 이 양들을 금의 무게의 고정된 단일한 양 — 가격의 척도 — 과 관련시킨다. 화폐적 이름 — 가격 형태 — 은 동시에 이 두 기능을 표현한다."

6 연성(延性), 내구성 그리고 높은 가치의 밀도를 포함하는 금속화폐의 편의성은 *Contribution*, pp 290~291, *Grundrisse*, pp 166, 174~186, 387에 설명되어 있다. 또한 A Smith(1991, I, ch 4)를 참조하라.

7 *Capital 1*, pp 189~190[국역 : ≪자본론≫ 1권 (상), 120~123쪽]을 보라.

8 Fine(1986), Mandel and Freeman(1984), Schwartz(1977)를 보라.

9 이에 대한 상세한 검토로는 Saad-Filho(1993a)를 보라. 더 자세한 내용은 Bologna(1993a,b), Cartelier(1987)를 보라.

10 "화폐는 …… 생산된 판매 가능한 상품 전체의 증가 속도만큼 정확히 증가해야만 한다. 그러지 않으면, 인간 노7동을 통해 화폐 그 자체보다 더 빠른 속도로 증가할 수 있는 모든 상품의 …… 화폐가격이 하락할 것이기 때문이다. 그리고 그 시점부터 정치경제학의 가장 중요한 원칙 …… 생산이 수요의 원인[이라는 원칙]이 우리의 상업 체계로부터 배제

될 것이기 때문이다"(Gray 1848, p 69).

11 "여기에 기술된 교환 계획을 채택하면, 모든 종류의 재화는 서로를 위해 지불될 수 있을 것이다. 판매는 단지 특정한 장소에 재산을 수용하는 행위에 불과하게 될 것이다. 구매는 단지 이를 도로 가져오는 행위에 불과하게 될 것이다. 그리고 화폐는 단지 판매 시기와 구매 시기 사이의 잠시 동안을 유지하기 위해서만 필요하게 될 것이다"(Gray 1831, p 86).

12 그중에서 특히 *Capital 1*, pp 181[국역 : ≪자본론≫ 1권 (상), 112쪽], 188[120쪽], *Contribution*, pp 320~323, *Grundrisse*, pp 115, 125, 135~139, 213을 보라.

13 *Grundrisse*, p 139.

14 *Capital 1*, pp 211~212[국역 : ≪자본론≫ 1권 (상), 147~149쪽], *Contribution*, pp 324~332를 보라. 어떤 특정한 상품의 가치가 실현될 것이라는 어떠한 사전적 보증도 없기 때문에 판매의 필요성은 판매의 실패 가능성과 경제 위기의 형식적 가능성을 내포한다(*Theories of Surplus Value 2*, ch 17, Bell and Cleaver 1982, Clarke 1994, Perelman 1987을 보라).

15 *Capital 1*, p 226[국역 : ≪자본론≫ 1권 (상), 164~165쪽]. 또한 pp 222~227 [160~165쪽], *Capital 3*, p 649[국역 : ≪자본론≫ 3권 (하), 637쪽], *Contribution*, pp 344~350, *Grundrisse*, pp 209~213, de Brunhoff(1976, pp 31~33), Lapavitsas(2000a)를 참조하라. 좀 더 일반적으로는, "화폐의 새로운 형태는 매우 점진적으로만 나타나는데, 처음에는 좀처럼 현존하는 형태들의 보충물로서 인지되지 않는다. 이들은 '화폐에 대한 보증'으로서 나타나는데 이는 (실제의) 화폐가 유통되도록 하는 기술적 도구이다. 그러나 이러한 기법이 확산됨에 따라 초기에는 화폐를 절약하는 방법으로서 인식되었던 이 기법을 '실제의' 화폐 사용과 구분하는 것이 점점 어려워진다. 그러고 나면 관점이 변화하여, 해당 금융 상품은 곧 화폐로 인식된다. 따라서 화폐 형태의 위계 체계는 점진적으로 발전하며 화폐의 경계는 얼마간 희미해진다. 어떠한 금융 상품들은 화폐의 유통을 촉진하는 도구로서, 또한 완전히 자립

한 화폐 형태로서 분석된다"(Lévy-Garboua and Weymuller, Lipietz 1985a, p 90에서 재인용).

16 *Capital 3*, pp 432~437[국역 : ≪자본론≫ 3권 (상), 382~388쪽], 670[국역 : ≪자본론≫ 3권 (하) 662쪽], 701~708[698~707쪽], Campbell(1998, pp 137~138, 148~149), Uno(1980, p 110), 특히 Itoh and Lapavitsas(1999, chs 1~2), Lapavitsas(2000b)를 보라.

17 "신용은 …… 전체 자본가계급의 자본을 개별 생산영역에서 사용할 수 있게 해 주는데, 이는 주어진 영역의 자본가에 속하는 자본에 비례해서가 아니라 이들의 생산 필요에 비례해서이다. 반면 경쟁에서 개별 자본가들은 마치 서로 독립적인 것처럼 보인다"(*Theories of Surplus Value 2*, p 211). 또한 p 482, *Capital 3*, pp 431~436[국역 : ≪자본론≫ 3권 (상), 381~387쪽], 566~571[540~546쪽], 626~627[610~612쪽], 637~640[623~627쪽], 658[648~649쪽], 741[745~746쪽], Fine(1989 pp 79~89)을 참조하라.

18 이어지는 단락은 Fine, Lapavitsas and Saad-Filho(2000), Lapavitsas(2000a)에 기반을 두고 있다. 또한 *Capital 1*, pp 213~220[국역 : ≪자본론≫ 1권 (상), 150~158쪽], *Capital 3*, pp 578~580[국역 : ≪자본론≫ 3권 (상), 553~556쪽], 663~664[653~655쪽], 674[668~669쪽], *Contribution*, pp 338~342, 394~396, *Grundrisse*, pp 813~814, 869~870, Campbell(1998, p 145), D Harvey(1999, p 12), D Lavoie(1986)를 보라. de Brunhoff(1971, 1978b), Lapavitsas and Saad-Filho(2000)는 화폐 공급에 대한 분석을 제공한다.

19 Ricardo(1951, ch 27; 1966), Schumpeter(1954, part II, ch 6 and part III, ch 6)를 보라.

20 *Contribution*, pp 352~356, Cottrell(1997), Lapavitsas(2000a)를 보라. De Brunhoff(1976, pp 35~37)는 마르크스가 화폐수량설을 완전히 부정한다고 주장한다.

21 마르크스는 특히 *Capital 1*, pp 222~227[국역 : ≪자본론≫ 1권 (상), 160~165쪽], *Capital 3*, p 649[국역 : ≪자본론≫ 3권 (상), 637~638쪽],

Contribution, pp 402~403, *Grundrisse*, p 132에서 태환화폐에 대해 분석한다. 또한 Foley(1975, 1983, 1998)를 보라.

22 *Capital 3*, pp 569[국역 : ≪자본론≫ 3권 (상), 543~544쪽], 572[547~548쪽], de Brunhoff(1978a, pp 44~45), Clarke(1994), Lapavitsas and Saad-Filho(2000, pp 324~326)를 보라. Itoh and Lapavitsas(1999, ch 6)는 두 종류의 금융 위기를 제시하는데, 하나는 산업 위기에서 기인하고 이것을 악화시키는 것이며, 다른 하나는 순수하게 신용 시스템의 활동에서 기인하는 것이다.

23 Lapavitsas and Saad-Filho(2000)와 Mollo(1999)는 마르크스의 화폐 내생성 개념이 Minsky(1975, 1986)와 Moore(1988)에 개관되어 있는 포스트케인지언적 접근 — 이 접근이 더 널리 알려져 있다 — 에 비해 더 광범위하다는 것을 보여 준다.

24 *Capital 3*, pp 418[국역 : ≪자본론≫ 3권 (상), 367~368쪽], 653~676[642~670쪽], 685[678~680쪽], 738[742~743쪽], Fine(1985~86), Guttman(1994, ch 5), D Harvey(1999, pp 292~293), Lianos(1987, pp 42, 53 n 9), Mandel(1968, pp 254~259)을 보라.

25 마르크스는 존 로(John Law) 시스템과 프랑스의 아시냐(Assignats) 지폐를 포함해 가치를 갖지 않는 화폐 형태의 존재를 완전히 인지하고 있었다. 따라서 마르크스가 오로지 상품화폐만 존재해야 한다거나 이것이 자본주의의 필수적 특징이라고 가정한 것은 아니다. 거칠게 표현하자면, "쓰레기가 결코 화폐는 아니지만 화폐는 쓰레기를 표현할 수도 있다"(*Capital 1*, p 204 [국역 : ≪자본론≫ 1권 (상), 140쪽). 그러나 마르크스는 어떻게 가치 없는 화폐가 가치를 측정하는지를 설명하지는 않는다.

26 "화폐가 반드시 상품이어야 한다는 사실은 믿음의 문제가 아니라 마르크스가 ≪정치경제학 비판 요강≫에서 기초를 놓은 강력한 이론적 토대에 기반을 둔 것이다. …… 만약 상품의 가치가 표준으로서의 추상노동과 무관하게 측정될 수 있다는 것을 받아들이면, 상품의 가치가 [가치의] 내용에 해당하

는 추상노동에 의해 규정되지 않는다는 것도 받아들여야 한다. …… 마르크스주의 학자들은 화폐상품이 직접적으로 명백하지 않으므로 존재하지 않는다는 손쉬운 귀납론적 과정에 넘어가서는 안 된다"(Germer 1997, pp 94, 99, 102). 또한 Germer(1999, p 2), D Harvey(1999, p 245 n 6), D Lavoie(1983, p 55; 1986, p 155), Loranger(1982b, p 495), Rosdolsky(1977, pp 83, 139)를 참조하라.

27 de Vroey(1985, pp 45~46), Mattick(1978), Reuten and Williams(1989, p 65), Williams(1998, 2000)를 보라.

28 Saad-Filho(1996b, 1997a)를 보라.

29 노동력과, 이윤을 위해 생산되지 않는 여타 상품들은 예외이다. 2.2.1절과 4.2절을 보라.

30 *Capital 3*, p 300[국역 : 《자본론》 3권 (상), 233~234쪽].

31 서로 다른 회전 기간을 포함하는 좀 더 구체적인 분석 수준에서는 화폐의 교환가치는 경제 전체에 걸친 이전의 가치와 새로운 가치 사이의 관계, 그리고 개별 부문의 기술 변화의 정도에 의해 영향을 받는다.

32 이 절은 Saad-Filho(2000a)에 의존한다. 또한 Howard and King(1991, ch 16)을 참조하라.

33 단순화를 위해, 인플레이션은 상대가격의 변화를 수반하는 가격 수준의 지속적 증가와 동일시된다. 이러한 정의는 많은 이유로 불충분한데, 그중 하나는 (재화의 품질이 일정할 때 기술 진보가 가격을 낮추는 데 실패할 경우) '숨겨진' 인플레이션을 무시하기 때문이다.

34 Moseley(1999)를 보라.

35 Burdekin and Burkett(1996)과 Dalziel(1990)은 투쟁 이론을 개관하였다. 또한 Armstrong, Glyn and Harrison(1991), Boddy and Crotty(1975, 1976), Cleaver(1989), P Devine(1974, 2000), Glyn and Sutcliffe(1972), Gordon (1981), Green and Sutcliffe(1987), Jacobi et al(1975), M Lavoie(1992, ch 7), Marglin and Schor(1990), Morris(1973), Palley(1996), Rosenberg and

Weisskopf(1981), Rowthorn(1980, chs 5~6), Sawyer(1989, pp 359~372), Weintraub(1981)을 참조하라. 이에 대한 비판으로는 de Brunhoff(1982), Fine and Murfin(1984, ch 7), Kotz(1987), Weeks(1979), Wright(1977)를 보라. 인플레이션은 명백히 분배 투쟁을 이끌어 내지만, 이것을 여기서 다루지는 않는다.

36 "실업이 …… 노동계급을 착취하는 자본가들의 권력을 위협하는 수준으로 낮아졌을 때 …… 인플레이션은 당분간 …… 자본주의가 그 착취 능력을 유지할 수 있는 방편으로 산업예비군의 대용품을 제공한다. 결과적으로 실업의 대용품으로서의 인플레이션에 대한 노동계급의 태도는 인플레이션의 급격한 증가를 초래하였다"(Morris 1973, p 6).

37 Fine and Leopold(1993)을 보라.

38 이러한 종합의 고전적 사례는 Baran and Sweezy(1966)이다. 또한 Best (1972), Bryan(1985), Dollars and Sense(1978), Dowd(1976), Gamble and Walton(1976), Morris(1972), Sherman(1972, 1976a,b), Spero(1969), Sweezy and Magdoff(1979, 1983, Steindl 1952에 기반을 두고 있다), Szymanski(1984), Zarifian(1975)을 참조하라. 이에 대한 비판으로는 Aglietta (1979, pp 26~28), Semmler(1982), Weeks(1982b), Wright(1977)를 보라. Clarke(1988)는 '케인스적 국가'를 상세히 분석하며, Bleaney(1976)는 과소소비 이론을 비판적으로 검토한다.

39 Morris(1972, pp 18~19)에게 있어 상승하는 인플레이션은 "점점 강해지는 반디플레이션 통화·재정 정책에 의한 빈사 상태의 독점자본주의 시스템에 대한 끊임없는 자극"에 기인하는 것이다.

40 Hilferding(1981, ch 15), Kalecki(1990c), Sawyer(1985, ch 2)를 보라. 마르크스주의적 비판으로는 Fine and Murfin(1984)을 보라. Bleaney(1976, pp 225~226)는 다음과 같이 올바르게 주장한다. "현대의 과소소비 이론들에 관한 저작에서 이 이론들의 영향력이 그 이론적 서술의 범위를 훨씬 넘어서는 것처럼 보이는 것은 심각한 문제이다."

41 그러나 Mandel(1968, p 527), Sweezy(1974)를 보라. 스위지는 Baran(1973)이 케인스 경제학의 인플레이션의 위험을 지적하였다고 주장한다. 정부의 재정적자에 의한 재원 조달은 장기적으로 지탱될 수 없는데, 대부분의 정부 지출이 비생산적이기 때문이다(예컨대, 군사비 지출). 이러한 지출은 화폐와 상품 사이의 비율을 증가시킨다는 점에서 잠재적으로 인플레이션을 야기한다(아래를 보라).

42 Sherman(1972)을 보라. 이에 대한 비판으로는 Weisskopf et al(1985)을 보라. Sweezy and Magdoff(1979, p 9)는 동어반복적으로 다음과 같이 주장한다. "독점자본이 가격의 주요 상향 추이의 직접적 원인은 아니라고 할지라도, 이것은 가격 상승의 필요조건이다. …… 비록 독점이 [가격 상승의] 동력이 아니라 하더라도, 이것은 최근 10년간의 놀라운 인플레이션뿐만 아니라 이전 시기의 상승의 필수 조건이다."

43 독점자본학파는 잉여가치 대신 경제잉여(economic surplus) 개념을 사용한 것 때문에 대부분의 마르크스주의자들에게 혹독하게 비판받아 왔다. 2.1절, Weeks(1977, 1982b)를 보라.

44 Aglietta(1979), Boyer(1986, ch 10), de Brunhoff(1978a, pp 45~48), de Brunhoff and Cartelier(1974), Ergas and Fishman(1975), Fine(1980, ch 4), Lipietz(1985a), Loranger(1982a, 1989), Mandel(1975, ch 13), Mattick (1978), Orléan(1982), Reuten and Williams(1989, pp 84~87, 95~98, 148~156), de Vroey(1984), Weeks(1981, pp 145~148)를 보라. Toporowski (2000)는 비슷한 접근법을 발전시켰는데, 그는 자본시장의 역할을 강조한다. 여기에 대한 자세한 분석으로는 Saad-Filho(2000a)를 보라. 많은 포스트 케인지언 학자들(예컨대, Moore 1988)은 만약 화폐 공급이 내생적이라면 화폐의 초과공급은 있을 수 없다고 주장한다. 이에 대한 반론으로는 Hilferding(1981, ch 5), Lapavitsas and Saad-Filho(2000)를 보라.

45 De Vroey(1984).

46 비슷한 주장으로는 Kalecki(1997), Sawyer(1985, ch 6)를 보라.

47 이 관점은 Minsky(1986)의 관점과 비슷한데, 이는 초과화폐 접근법과 포스트케인지언 분석의 잠재적 양립 가능성에 대한 de Vroey(1984)의 주장을 한층 설득력 있게 한다.

48 광범위한 문헌에 대한 약간의 개관을 위해서는 Arestis and Howells(1996), Cottrell(1994), Dow(1996)를 보라. 이에 대한 비판으로는 Lapavitsas and Saad-Filho(2000)를 보라.

49 Loranger(1982b), Nell and Deleplace(1996)를 보라.

50 Kalecki(1990a, 1990b, 1997), Messori(1991)를 보라.

51 Minsky(1975, 1986), Dymski and Pollin(1994), Mollo(1999)를 보라.

52 Grou(1977), Marazzi(1977), Mattick(1978)을 보라. 브라질 경제에 적용한 것으로는 Saad-Filho and Mollo(forthcoming), Saad-Filho and Morais(2000)를 보라.

결론

1 중요한 반경향으로 기술적 혁신의 경쟁 기업들에의 확산, 소규모 자본들의 발명과 실험을 통한 기존 기술의 무력화 가능성, 국제적 경쟁을 들 수 있다.

2 *Theories of Surplus Value 3*, p 447, 괄호는 생략.

3 *Grundrisse*, pp 708~709. 또한 pp 704~706, *Capital 3*, pp 357~359를 보라.

4 *Contribution*, p 264.

참고 문헌

Aglietta, M(1979) *A Theory of Capitalist Regulation, the US Experience*, London: New Left Books[국역 : ≪자본주의 조절이론≫, 한길사, 1994].

Aglietta, M(1980) "La Dévalorisation du Capital: Etude des Liens entre Accumulation et Inflation", *Economie Appliquée* 33, 2: 387~423.

Albritton, R(1984) "The Dialectic of Capital: a Japanese Contribution", *Capital & Class* 22: 157~176.

Albritton, R(1986) *A Japanese Reconstruction of Marxist Theory*, London: Macmillan.

Albritton, R(1999) *Dialectics and Deconstruction in Political Economy*, London: Macmillan.

Althusser, L(1969) *For Marx*, London: New Left Books[국역 : ≪맑스를 위하여≫, 백의, 1997].

Althusser, L(1970) *Reading Capital*, London: New Left Books[국역 : ≪자본론을 읽는다≫, 두레, 1991].

Arestis, P and Howells, P(1996) "Theoretical Reflections on Endogenous Money: The Problem of Convenience Lending", *Cambridge Journal of Economics* 20, 5: 539~551.

Armstrong, P, Glyn, A and Harrison, J(1991) *Capitalism Since 1945*, Oxford: Blackwell[국역 : ≪1945년 이후의 자본주의≫, 동아출판사, 1993].

Arnon, A(1984) "Marx's Theory of Money, the Formative Years", *History of Political Economy*, 16, 4: 555~575.

Arthur, C(1979) "Dialectic of the Value-Form", in D Elson(ed) *Value, The Representation of Labour in Capitalism*, London: CSE Books.

Arthur, C(1992) *Marx's Capital: A Student Edition*, London: Lawrence and Wishart.

Arthur, C(1993a) "Hegel's 'Logic' and Marx's 'Capital'", in F Moseley(ed) *Marx's Method in 'Capital', A Reexamination*, Atlantic Highlands, N J: Humanities Press.

Arthur, C(1993b) "Review of Ali Shamsavari's 'Dialectics and Social Theory, The Logic of Capital'", *Capital & Class* 50: 175~180.

Arthur, C(1997) "Against the Logical-Historical Method: Dialectical Derivation versus Linear Logic", in F Moseley and M Campbell(eds) *New Investigations of Marx's Method*, Atlantic Highlands N J: Humanities Press.

Arthur, C(1998) "Engels, Logic and History", in R Bellofiore(ed) *Marxian Economics: a Reappraisal, Essays on Volume III of Capital*, vol 1, London: Macmillan.

Arthur, C(2000a) "From the Critique of Hegel to the Critique of Capital", in T Burns and I Fraser(eds) *The Hegel-Marx Connection*, London: Macmillan.

Arthur, C(2000b) "Capital in General and Marx's 'Capital'", unpublished manuscript.

Arthur, C(2001) "Value, Labour and Negativity", *Capital & Class* 73: 15~39.

Arthur, C and Reuten, G(eds)(1998) *The Circulation of Capital: Essays on Volume Two of Marx's Capital*, London: Macmillan.

Attewell, P A(1984) *Radical Political Economy, A Sociology of Knowledge Analysis*, New Brunswick, N J: Rutgers University Press.

Aumeeruddy, A, Lautier, B and Tortajada, R(1978) "Labour Power and the State", *Capital & Class* 6: 42~66.

Aumeeruddy, A and Tortajada, R(1979) "Reading Marx on Value: a Note on the Basic Texts", in D Elson(ed) *Value, The Representation of Labour in Capitalism*, London: CSE Books.

Backhaus, H -G(1974) "Dialectique de la Forme Valeur", *Critiques de l'Economie Politique*, 18: 5~33.

Bahr, H -D(1980) "The Class Structure of Machinery: Notes on the Value Form", in P Slater(ed) *Outlines of a Critique of Technology*, Atlantic Highlands, N J: Humanities Press.

Banaji, J(1979) "From the Commodity to Capital, Hegel's Dialectic in Marx's 'Capital'", in D Elson(ed) *Value, The Representation of Labour in Capitalism*, London: CSE Books.

Bandyopadhyay, P(1981) "In Defence of a Post-Sraffian Approach", in I Steedman(ed) *The Value Controversy*, London: Verso.

Baran, P(1973) *The Political Economy of Growth*, Harmondsworth: Penguin[국역 : ≪성장의 정치경제학≫, 두레, 1984].

Baran, P and Sweezy, P M(1966) *Monopoly Capital*, New York: Monthly Review Press[국역 : ≪독점자본 ─ 미국의 경제와 사회질서≫, 한울, 1984].

Baumol, W J(1974) "The Transformation of Values, What Marx 'Really' Meant(An Interpretation)", *Journal of Economic Literature* 12, 1: 51~62.

Baumol, W J(1983) "Marx and the Iron Law of Wages", *American Economic Review* 73, 2: 303~308.

Baumol, W J(1992) "Wages, Virtue and Value, What Marx Really Said", in G A Caravale(ed) *Marx and Modern Economic Analysis*, Aldershot: Edward Elgar.

Bell, P(1977) "Marxist Theory, Class Struggle, and the Crisis of Capitalism" in J G Schwartz(ed) *The Subtle Anatomy of Capitalism*,

Santa Monica, Calif: Goodyear.

Bell, P and Cleaver, H(1982) "Marx's Crisis Theory as a Theory of Class Struggle", *Research in Political Economy* 5, 5: 189~261.

Benetti, C and Cartelier, J(1980) *Marchands, Salariat et Capitalistes*, Paris: Maspéro.

Best, M(1972) "Notes on Inflation", *Review of Radical Political Economics* 4, 4: 85~112.

Bharadwaj, K(1986) *Classical Political Economics and Rise to Dominance of Supply and Demand Theories*, Hyderabad: Universities Press (India).

Bleaney, M(1976) *Underconsumption Theories: A History and Critical Analysis*, London: Lawrence and Wishart.

Boddy, R and Crotty, J(1975), "Class Conflict and Macro-Policy: The Political Business Cycle", *Review of Radical Political Economics* 7: 1~19.

Boddy, R and Crotty, J(1976), "Wage-Push and Working-Class Power: A Reply to Howard Sherman", *Monthly Review* 27, 10: 35~43.

Böhm-Bawerk, E von(1949) "Karl Marx and the Close of His System", in P M Sweezy(ed) *Karl Marx and the Close of His System*, Clifton, N J: A M Kelley[국역 : "마르크스와 마르크스 체계의 종언", ≪노동가치론 논쟁≫, 학민사, 1987].

Bologna, S(1993a,b) "Money and Crisis, Marx as Correspondent of the New York Daily Tribune, 1856-57", Parts 1 and 2, *Common Sense* 13: 29~53 and 14: 63~89.

Bologna, S(1993c) "La Ricerca del Gruppo di 'Primo Maggio'", in L Berti and A Fumagalli(eds) *L'Antieuropa delle Monete*, Rome: Manifestolibri.

Bonefeld, W(1992) "Social Constitution and the Form of the Capitalist State", in W Bonefeld, R Gunn and K Psychopedis(eds) *Open*

Marxism, London: Pluto Press.

Bonefeld, W, Gunn, R and Psychopedis, K(1992a,b) "Introduction", in *Open Marxism*, 2 vols, London: Pluto Press.

Bortkiewicz, L von(1949) "On the Correction of Marx's Fundamental Theoretical Construction on the Third Volume of Capital", in P M Sweezy(ed) *Karl Marx and the Close of His System*, Clifton, N J: A M Kelley.

Bortkiewicz, L von(1952) "Values and Prices in the Marxian System", *International Economic Papers* 2: 5~60.

Bottomore, T(ed)(1991) A Dictionary of Marxist Thought, 2nd edn, Oxford: Blackwell[국역 : ≪마르크스 사상사전≫, 청아출판사, 1988].

Bowles, S and Gintis, H(1977) "The Marxian Theory of Value and Heterogeneous Labour, Critique and Reformulation", *Cambridge Journal of Economics* 1, 2: 173~192.

Bowles, S and Gintis, H(1981) "Labour Heterogeneity and the Labour Theory of Value, A Reply", *Cambridge Journal of Economics* 5, 3: 285~288.

Boyer, R(1986) *La Théorie de la Régulation: une Analyse Critique*, Paris: La Découverte[국역 : ≪조절이론 : 위기에 도전하는 경제학≫, 학민사, 1991].

Bradby, B(1982) "The Remystification of Value", *Capital & Class* 17: 114~133.

Braverman, H(1974) *Labour and Monopoly Capital*, New York: Monthly Review Press[국역 : ≪노동과 독점자본≫, 까치, 1987].

Bray, J(1931) *Labour's Wrongs and Labour's Remedy; Or, the Age of Might and the Age of Right*, London: LSE Reprints.

Brenner, R(1986) "The Social Basis of Economic Development", in J Roemer(ed) *Analytical Marxism*, Cambridge: Cambridge University Press.

Brighton Labour Process Group(1977) "The Capitalist Labour Process", *Capital & Class* 1: 3~26.

Brödy, A(1974) *Proportions, Prices and Planning: A Mathematical Restatement of the Labour Theory of Value*, Amsterdam: North Holland.

Brown, A(2001) "Methodological and Theoretical Perspectives on Economic Growth and Crises", PhD thesis, University of Middlesex.

Brunhoff, S de(1971) *L'Offre de Monnaie: Critique d'un Concept*, Paris: Maspéro.

Brunhoff, S de(1973a) *La Politique Monétaire, Un Essai d'Intérpretation Marxiste*, Paris: Presses Universitaires de France.

Brunhoff, S de(1973b) "Marx as an a-Ricardian, Value, Money and Price at the Beginning of 'Capital'", *Economy & Society* 2, 3: 412~430.

Brunhoff, S de(1974~1975) "Controversies in the Theory of Surplus Value, A Reply to John Eatwell", *Science & Society* 38, 4: 478~482.

Brunhoff, S de(1976) *Marx on Money*, New York: Urizen Books.

Brunhoff, S de(1978a) *The State, Capital and Economic Policy*, London: Pluto Press[국역 : ≪국가와 자본≫, 새길, 1992].

Brunhoff, S de(1978b) "La Monnaie, Puissance Sociale, Puissance Privée", *Economies et Sociétés* 1: 2163~2186.

Brunhoff, S de(1978c) "L'Equilibre ou la Monnaie", *Economie Appliquée* 31, 1~2: 35~59.

Brunhoff, S de(1982) "Questioning Monetarism", *Cambridge Journal of Economics* 6: 285~294.

Brunhoff, S de and Cartelier, J(1974) "Une Analyse Marxiste de l'Inflation", *Critique Sociale de France* 4, reprinted in S de Brunhoff(ed)(1979) *Les Rapports d'Argent*, Grenoble: Presses Universitaires de Grenoble.

Brunhoff, S de and Ewenczyk, P(1979) "La Pensée Monétaire de K Marx au XIXè et au XXè Siècles", in S de Brunhoff(ed) *Les Rapports d'Argent*, Grenoble: Presses Universitaires de Grenoble.

Bryan, R(1985) "Monopoly in Marxist Method", *Capital & Class* 26: 72~92.

Burdekin, R and Burkett, P(1996) *Distributional Conflict and Inflation: Theoretical and Historical Perspectives*, London: Macmillan.

Burkett, P(1991) "Some Comments on 'Capital in General and the Structure of Marx's Capital'", *Capital & Class* 44: 49~72.

Callari, A and Ruccio D(eds)(1996) *Postmodern Materialism and the Future of Marxist Theory: Essays in the Althusserian Tradition*, Hanover: Wesleyan University Press.

Campbell, M(1993) "Marx's Concept of Economic Relations and the Method of 'Capital'", in F Moseley(ed) *Marx's Method in 'Capital', A Reexamination*, Atlantic Highlands, N J: Humanities Press.

Campbell, M(1997) "Marx's Theory of Money: A Defense", in F Moseley and M Campbell(eds) *New Investigations of Marx's Method*, Atlantic Highlands, N J: Humanities Press.

Campbell, M(1998) "Money in the Circulation of Capital", in C Arthur and G Reuten(eds) *The Circulation of Capital: Essays on Volume Two of Marx's Capital*, London: Macmillan.

Carchedi, G(1984) "The Logic of Prices as Values", *Economy & Society* 13, 4: 431~455.

Carchedi, G(1991) *Frontiers of Political Economy*, London: Verso.

Cartelier, J(1987) "Mesure de la Valeur et Système Monétaire, La Tentative de Gray(1848) Textes et Commentaire", *Cahiers d'Economie Politique* 13: 191~208.

Carver, T(1980) "Translator's Foreword", in J Zelený(1980) *The Logic of Marx*, Oxford: Basil Blackwell.

Catephores, G(1986) "The Historical Transformation Problem, A Reply", in B Fine(ed) *The Value Dimension*, London: Routledge & Kegan Paul.

Chattopadhyay, P(1994) *The Marxian Concept of Capital and the Soviet Experience: Essay in the Critique of Political Economy*, Westport, Conn: Praeger.

Chattopadhyay, P(1998) "Value and Exploitation: Marx's Problem and Skillman's Solution", *Science & Society* 62, 2: 218~240.

Chattopadhyay, P(1999) "On Some Aspects of the Dialectic of Labour in the Critique of Political Economy", unpublished manuscript.

Chattopadhyay, P(2000) "Surplus School and Marx: On Garegnani's Marx Reading", unpublished manuscript.

Clarke, S(1980) "The Value of Value", *Capital & Class* 10: 1~17.

Clarke, S(1988) *Keynesianism Monetarism and the Crisis of the State*, Aldershot: Edward Elgar.

Clarke, S(ed)(1991) *The State Debate*, London: CSE/Macmillan.

Clarke, S(1994) *Marx's Theory of Crisis*, London: Macmillan.

Cleaver, H(1979) *Reading 'Capital' Politically*, Brighton, The Harvester Press[국역 : ≪자본론의 정치적 해석≫, 풀빛, 1986].

Cleaver, H(1984) "Translator's Introduction", in A Negri, *Marx Beyond Marx, Lessons on the Grundrisse*, South Hadley, Mass: Bergin and Garvey[국역 : "서설", ≪맑스를 넘어선 맑스≫, 새길, 1994].

Cleaver, H(1989) "Close the IMF, Abolish Debt and End Development: A Class Analysis of the International Debt Crisis", *Capital and Class* 39: 17~50.

Cleaver, H(1992) "The Inversion of Class Perspective in Marxian Theory: From Valorisation to Self-Valorisation", in W Bonefeld, R Gunn and K Psychopedis(eds) *Open Marxism*, London: Pluto Press.

Cockshott, P and Cottrell, A(1995) "Testing Marx: Some New Results from UK Data", *Capital & Class* 55: 103~129.

Cohen, G A(1974) "Marx's Dialectic of Labor", *Philosophy and Public Affairs* 3, 3: 235~261.

Cohen, G A(1981) "The Labour Theory of Value and the Concept of Exploitation", in I Steedman(ed) *The Value Controversy*, London: Verso.

Colletti, L(1972) *From Rousseau to Lenin*, London: New Left Books.

Cooley, M(1981) "The Taylorisation of Intellectual Work", in L Levidow and B Young(eds) *Science, Techology and the Labour Process*, vol 1, Atlantic Highlands, N J: Humanities Press.

Coombs, R(1985) "Labour and Monopoly Capital", in L Levidow and B Young(eds) *Science, Techology and the Labour Process*, vol 2, Atlantic Highlands, N J: Humanities Press.

Cottrell, A(1994) "Post-Keynesian Monetary Economics", *Cambridge Journal of Economics* 18: 587~605.

Cottrell, A(1997) "Monetary Endogeneity and the Quantity Theory: the Case of Commodity Money", unpublished manuscript.

Cullenberg, S(1994) "Unproductive Labour and the Contradictory Movement of the Rate of Profit: A Comment on Moseley", *Review of Radical Political Economics* 26, 2: 111~128.

Dalziel, P(1990) "Market Power, Inflation, and Incomes Policies", *Journal of Post-Keynesian Economics* 12: 424~438.

Desai, M(1989) "The Transformation Problem", *Journal of Economic Surveys* 2, 4: 295~333.

Desai, M(1992) "The Transformation Problem", in G A Caravale(ed) *Marx and Modern Economic Analysis*, Aldershot: Edward Elgar.

Devine, J(1989) "What is 'Simple Labour'? A Re-examination of the Value-Creating Capacity of Skilled Labour", *Capital & Class* 39: 113~131.

Devine, P(1974) "Inflation and Marxist Theory", *Marxism Today*(March): 79~92.

Devine, P(2000) "The 'Conflict Theory of Inflation' Revisited", in J Toporowski(ed) *Political Economy and the New Capitalism: Essays in Honour of Sam Aaronovitch*, London: Routledge.

Dmitriev, V(1974) *Economic Essays on Value, Competition and Utility*, Cambridge: Cambridge University Press.

Dobb, M(1940) *Political Economy and Capitalism*, London: Routledge & Kegan Paul[국역 : ≪정치경제학과 자본주의≫, 동녘, 1983].

Dobb, M(1943) "Review of *Theory of Capitalist Development*, by Paul M Sweezy", *Science & Society* 7: 270~275.

Dobb, M(1967) "Marx's 'Capital' and its Place in Economic Thought", *Science & Society* 31, 4: 527~540.

Dollars and Sense(1978) "Monopolies and Inflation", in Union for Radical Political Economics(ed) *US Capitalism in Crisis*, New York: URPE.

Dostaler, G(1978) *Valeur et Prix, Histoire d'un Débat*, Paris: Maspéro.

Dostaler, G and Lagueux, M(eds)(1985) *Un Echiquier Centenaire, Théorie de la Valeur et Formation des Prix*, Paris: La Découverte.

Dow, S(1996) "Horizontalism: A Critique", *Cambridge Journal of Economics* 20: 497~508.

Dowd, D F(1976) "Stagflation and the Political Economy of Decadent Monopoly Capitalism", *Monthly Review* 28, 5: 14~29.

Duménil, G(1980) *De la Valeur aux Prix de Production*, Paris: Economica.

Duménil, G(1983~1984). "Beyond the Transformation Riddle: A Labor Theory of Value", *Science and Society* 33, 4: 427~450.

Duménil, G(1984) "The So-Called 'Transformation Problem' Revisited, A Brief Comment", *Journal of Economic Theory*, 33: 340~348.

Duménil, G and Lévy, D(1991) "Szumski's Validation of the Labour Theory of Value, A Comment", *Cambridge Journal of Economics* 15, 3: 359~364.

Dunne, P(ed)(1991) *Quantitative Marxism*, Cambridge: Polity Press.

Dymski, G and Pollin, R(1994) *New Perspectives in Monetary Macroeconomics: Explorations in the Tradition of Hyman P Minsky*, Ann Arbor: University of Michigan Press.

Echeverría, R(1978) "A Critique of Marx's 1857 Introduction", *Economy & Society* 7, 4: 333~366.

Ehrbar, H(1989) "Mathematics and the Labor Theory of Value", *Review of Radical Political Economics* 21, 3: 7~12.

Eldred, M(1984) "A Reply to Gleicher", *Capital & Class* 23: 135~137.

Eldred, M and Hanlon, M(1981) "Reconstructing Value-Form Analysis", *Capital & Class* 13: 24~60.

Elger, T(1979) "Valorisation and 'Deskilling': a Critique of Braverman", *Capital & Class* 7: 58~99.

Elson, D(ed)(1979a) *Value, The Representation of Labour in Capitalism*, London: CSE Books.

Elson, D(1979b) "The Value Theory of Labour", in D Elson(ed) *Value, The Representation of Labour in Capitalism*, London: CSE Books.

Engels, F(1981) "Supplement", in K Marx, *Capital 3*, Harmondsworth: Penguin[국역 : "자본론 제3권에 대한 엥겔스의 보충설명", ≪자본론≫ 3권 (하)].

Engels, F(1998) *Anti-Dühring*, in K Marx and F Engels, *Classics in Politics* (CD-Rom), London: The Electric Book Company[국역 : "오이겐 뒤링 씨의 과학 변혁", ≪칼 맑스 프리드리히 엥겔스 저작선집≫ 5권, 박종철출판사, 1997].

Ergas, H and Fishman, D(1975) "The Marxian Theory of Money and the Crisis of Capital", *Bulletin of the Conference of Socialist Economists*

IV, 2, 11.

Faccarello, G(1986) "Sraffa versus Ricardo, The Historical Irrelevance of the 'Corn-Profit' Model", in B Fine(ed) *The Value Dimension*, London: Routledge & Kegan Paul.

Fine, B(1980) *Economic Theory and Ideology*, London: Edward Arnold.

Fine, B(1982) *Theories of the Capitalist Economy*, London: Edward Arnold.

Fine, B(1983) "A Dissenting Note on the Transformation Problem", *Economy & Society* 12, 4: 520~525.

Fine, B(1985~1986) "Banking Capital and the Theory of Interest", *Science & Society*, 49, 4: 387~413.

Fine, B(ed)(1986a) *The Value Dimension, Marx versus Ricardo and Sraffa*, London: Routledge & Kegan Paul.

Fine, B(1986b) "On the Historical Transformation Problem", in *The Value Dimension*, London: Routledge & Kegan Paul.

Fine, B(1989) *Marx's Capital*(3rd edn), Basingstoke, Macmillan[국역 : 초판은 ≪요점자본론 : 정치경제학 기초≫, 한울, 2002, 4판은 ≪마르크스의 자본론≫, 책갈피, 2006].

Fine, B(1990) "On the Composition of Capital, A Comment on Groll and Orzech", *History of Political Economy* 22, 1: 149~155.

Fine, B(1992) "On the Falling Rate of Profit", in G A Caravale(ed) *Marx and Modern Economic Analysis*, Aldershot: Edward Elgar.

Fine, B(1996) "The Continuing Imperative of Value Theory: a Personal Account", unpublished manuscript.

Fine, B(1997) "The New Revolution in Economics", *Capital & Class* 61: 143~148.

Fine, B(1998) *Labour Market Theory: A Constructive Reassessment*, London: Routledge.

Fine, B(2001) *Social Capital versus Social Theory*, London: Routledge.

Fine, B and Harris, L(1979) *Rereading Capital*, London: Macmillan[국역 : ≪현대 정치경제학 입문≫, 한울, 1985].

Fine, B and Heasman, M(1997) *Consumption in the Age of Affluence*, London: Routledge.

Fine, B and Lapavitsas, C(2000) "Markets and Money in Social Theory: What Role for Economics?", *Economy and Society* 29, 3: 357~382.

Fine, B and Leopold, E(1993) *The World of Consumption*, London: Routledge.

Fine, B and Murfin, A(1984) *Macroeconomics and Monopoly Capitalism*, Brighton: Wheatsheaf.

Fine, B, Lapavitsas, C and Milonakis, D(2000) "Dialectics and Crisis Theory: a Response to Tony Smith", *Historical Materialism* 6: 133~137.

Fine, B, Lapavitsas, C and Saad-Filho, A(2000) "Transforming the Transformation Problem: Why the 'New Solution' is a Wrong Turning", unpublished manuscript.

Flaschel, P(1984) "The So-Called 'Transformation Problem' Revisited, A Comment", *Journal of Economic Theory* 33: 349~351.

Foley, D(1975) *Towards a Marxist Theory of Money*, Technical report no 181, Stanford University.

Foley, D(1982) "The Value of Money, the Value of Labour Power and the Marxian Transformation Problem", *Review of Radical Political Economics* 14, 2: 37~47.

Foley, D(1983) "On Marx's Theory of Money", *Social Concept* 1, 1: 5~19.

Foley, D(1986) *Understanding Capital, Marx's Economic Theory*, Cambridge, Mass: Harvard University Press.

Foley, D(1998) "Asset Speculation in Marx's Theory of Money", in R Bellofiore(ed) *Marxian Economics: a Reappraisal, Essays on Volume*

III of Capital, vol 2, London: Macmillan.

Foley, D(2000) "Recent Developments in the Labor Theory of Value", *Review of Radical Political Economics* 32, 1: 1~39.

Fracchia, J and Ryan, C(1992) "Historical-Materialist Science, Crisis and Commitment", in W Bonefeld, R Gunn and K Psychopedis(eds) *Open Marxism*, vol 2, London: Pluto Press.

Fraser, I(1997) "Two of a Kind: Hegel, Marx, Dialectic and Form", *Capital & Class* 61: 81~106.

Freeman, A and Carchedi, G(eds)(1996) *Marx and Non-Equilibrium Economics*, Aldershot: Edward Elgar.

Gamble, A and Walton, P(1976) *Capitalism in Crisis: Inflation and the State*, London: Macmillan.

Ganssmann, H(1983) "Marx Without the Labour Theory of Value", *Social Research* 50, 2: 278~304.

Ganssmann, H(1986) "Transformation of Physical Conditions of Production, Steedman's Economic Metaphysics", in B Fine(ed) *The Value Dimension*, London: Routledge & Kegan Paul.

Garegnani, P(1985) "La Théorie Classique de la Répartition et le Problème dit de la 'Transformation' chez Marx", in G Dostaler and M Lagueux(eds) *Un Echiquier Centenaire, Théorie de la Valeur et Formation des Prix*, Paris: La Découverte.

Gereffi, G and Korzeniewicz, M(eds)(1994) *Commodity Chains and Global Capitalism*, Westport, Conn: Praeger.

Germer, C M(1997) "How Capital Rules Money — Marx's Theory of Money in Capitalism", unpublished manuscript.

Germer, C M(1999) "O Conceito de Padrão-Ouro e os Equívocos da Economia Política", unpublished manuscript.

Gerstein, I(1986) "Production, Circulation and Value, The Significance of the 'Transformation Problem' in Marx's Critique of Political

Economy", in B Fine(ed) *The Value Dimension*, London: Routledge & Kegan Paul.

Giussani, P(1986) "Value and Labour, Simple and Complex Labour in the Labour Theory of Value", *Working Paper* no 7, Centre for Political Science, Vrije Universiteit Brussel, Brussels.

Gleicher, D(1983) "A Historical Approach to the Question of Abstract Labour", *Capital & Class* 21: 97~122.

Gleicher, D(1985) "Note: A Rejoinder to Eldred", *Capital & Class* 24: 147~155.

Gleicher, D(1985~1986) "The Ontology of Labour Values", *Science & Society* 49, 4: 463~471.

Gleicher, D(1989) "Labor Specialization and the Transformation Problem", *Review of Radical Political Economics* 21, 1~2: 75~95.

Glick, M and Ehrbar, H(1986~1987) "The Labour Theory of Value and Its Critics", *Science & Society* 50, 4: 464~478.

Glick, M and Ehrbar, H(1987) "The Transformation Problem, An Obituary", *Australian Economic Papers* 26, 49: 294~317.

Glyn, A and Sutcliffe, B(1972) *Workers, British Capitalism and the Profit Squeeze*, Harmondsworth: Penguin.

Goode, P(1973) "The Law of Value and Marx's Method", *Bulletin of the Conference of Socialist Economists* 2, 6: 65~69.

Gordon, D M(1981) "Capital-Labor Conflict and the Productivity Slowdown", *American Economic Review* 71, 2: 30~35.

Gray, J(1831) *The Social System*, Edinburgh.

Gray, J(1848) *Lectures on the Nature and Use of Money*, Edinburgh.

Green, F and Sutcliffe, B(1987) *The Profit System*, Harmondsworth: Penguin.

Groll, S and Orzech, Z(1987) "Technological Progress and Values in Marx's Theory of the Decline in the Rate of Profit, an Exegetical

Approach", *History of Political Economy* 19, 4: 591~613.

Groll, S and Orzech, Z(1989) "Stages in the Development of a Marxian Concept, the Composition of Capital", *History of Political Economy* 21, 1: 57~76.

Grossman, H(1977) "Marx, Classical Political Economy, and the Problem of Dynamics", *Capital & Class* 2: 32~55.

Grou, P(1977) *Monnaie, Crise Economique*, Paris: Maspéro.

Gunn, R(1992) "Against Historical Materialism, Marxism as a First-Order Discourse", in W Bonefeld, R Gunn and K Psychopedis(eds) *Open Marxism*, vol 2, London: Pluto Press.

Guttman, R(1994) *How Credit-Money Shapes the Economy: the United States in a Global System*, Armonk, N Y: M E Sharpe.

Haberler, G(1966) "Marxian Economics in Retrospect and Prospect", *Zeitschrift für Nationalokönomie*, 26: 69~82.

Harvey, D(1999) *The Limits to Capital*, London: Verso[국역 : ≪자본의 한계 : 공간의 정치경제학≫, 한울, 1995].

Harvey, P(1983) "Marx's Theory of the Value of Labour Power, An Assessment", *Social Research* 50, 2: 305~344.

Harvey, P(1985) "The Value-Creating Capacity of Skilled Labor in Marxian Economics", *Review of Radical Political Economics* 17, 1~2: 83~102.

Hegel, G W F(1991) *The Encyclopedia Logic*, Indianapolis: Hackett Publishing, Inc.

Heinrich, M(1989) "Marx's Theory of Capital", *Capital & Class* 38: 63~79.

Heller, A(1976) *The Theory of Need in Marx*, London: Allison & Busby [국역 : ≪마르크스에 있어서 필요의 이론≫, 인간사랑, 1990].

Hilferding, R(1949) "Böhm-Bawerk's Criticism of Marx", in P M Sweezy(ed) *Karl Marx and the Close of His System*, Clifton, N J: A M

Kelley[국역 : "뵘-바베르크의 마르크스 비판", ≪노동가치론 논쟁≫, 학민사, 1985].

Hilferding, R(1981) *Finance Capital*, London: Routledge & Kegan Paul[국역 : ≪금융자본≫, 새날, 1994].

Himmelweit, S(1991) "Exploitation", in T Bottomore(ed) *A Dictionary of Marxist Thought*, 2nd edn, Oxford: Blackwell.

Himmelweit, S and Mohun, S(1978) "The Anomalies of Capital", *Capital & Class* 6: 67~105.

Himmelweit, S and Mohun, S(1981) "Real Abstractions and Anomalous Assumptions", in I Steedman(ed) *The Value Controversy*, London: Verso.

Hodgson, G(1973) "Marxian Epistemology and the Transformation Problem", *Economy & Society* 3, 4: 357~392.

Hodgson, G(1981) "Money and the Sraffa System", *Australian Economic History Review* 20, 36: 83~95.

Holloway, J(1992) "Crisis, Fetishism and Class Composition", in W Bonefeld, R Gunn and K Psychopedis(eds) *Open Marxism*, vol 2, London: Pluto Press.

Holloway, J(1994) "Global Capital and the National State", *Capital & Class* 52: 23~50.

Howard, M(1983) *Profits in Economic Theory*, London: Macmillan.

Howard, M C and King, J E(1989, 1991) *A History of Marxian Economics*, 2 vols, London: Macmillan.

Ilyenkov, E V(1977) *Dialectical Logic: Essays on Its History and Theory*, Moscow: Progress Publishers[국역 : ≪변증법적 논리학의 역사와 이론≫, 연구사, 1990].

Ilyenkov, E V(1982) *The Dialectics of the Abstract and the Concrete in Marx's 'Capital'*, Moscow: Progress Publishers.

Indart, G(no date) "The Microeconomic Foundation of the Theory of

Market Value Determination", unpublished manuscript.

Itoh, M(1987) "Skilled Labour in Value Theory", *Capital & Class* 31: 39~58.

Itoh, M and Lapavitsas, C(1999) *Political Economy of Money and Finance*, London: Macmillan.

Jacobi, O Bergmann, J and Mueller-Jentsch, W(1975) "Problems in Marxist Theories of Inflation", *Kapitalistate* 3: 107~125.

Kalecki, M(1990a) "Political Aspects of Full Employment", in: *Collected Works*, vol 1, Oxford: Clarendon Press.

Kalecki, M(1990b) "The Business Cycle and Inflation", in: *Collected Works*, vol 1, Oxford: Clarendon Press.

Kalecki, M(1990c) "Essays in the Theory of Economic Fluctuations", in: *Collected Works*, vol 1, Oxford: Clarendon Press.

Kalecki, M(1997) "Introductory Remarks on Inflationary and Deflationary Processes", in: *Collected Works*, vol 7, Oxford: Clarendon Press.

Kapferer, N(1980) "Commodity, Science and Technology: A Critique of Sohn-Rethel", in P Slater(ed) *Outlines of a Critique of Technology*, Atlantic Highlands, N J: Humanities Press.

Kliman, A(2000) "Marx's Concept of Intrinsic Value", *Historical Materialism* 6: 89~113.

Kliman, A and McGlone, T(1988) "The Transformation non-Problem and the non-Transformation Problem", *Capital & Class* 35: 56~83.

Kosik, K(1976) *Dialectics of the Concrete, A Study on Problems of Man and World*, Dordrecht and Boston: D Reidel Publishing Company.

Kotz, D M(1987) "Radical Theories of Inflation", in URPE(ed) *The Imperiled Economy, Book 1: Macroeconomics from a Left Perspective*, New York: URPE.

Lagueux, M(1985) "Le Principe de la Conservation de la Valeur et le

Problème de la Transformation", in G Dostaler and M Lagueux (eds) *Un Echiquier Centenaire, Théorie de la Valeur et Formation des Prix*, Paris: La Découverte.

Laibman, D(1973) "Values and Price of Production, the Political Economy of the Transformation Problem", *Science & Society* 37, 4: 404~436.

Laibman, D(1976) "The Marxian Labor-Saving Bias, A Formalization", *Quarterly Review of Economics and Business* 16, 3: 25~44.

Lapavitsas, C(1994) "The Banking School and the Monetary Thought of Karl Marx", *Cambridge Journal of Economics* 18: 447~461.

Lapavitsas, C(2000a) "Money and the Analysis of Capitalism: the Significance of Commodity Money", *Review of Radical Political Economics* 32, 4: 631~656.

Lapavitsas, C(2000b) "On Marx's Analysis of Money Hoarding in the Turnover of Capital", *Review of Political Economy* 12, 2: 219~235.

Lapavitsas, C(2000c) "On the Origin of Money in the Relations of Commodity Owners with Each Other", unpublished manuscript.

Lapavitsas, C(2000d) "Distinguishing between Commodity and Gift", unpublished manuscript.

Lapavitsas, C and Saad-Filho, A(2000) "The Supply of Credit Money and Capital Accumulation: a Critical View of Post-Keynesian Analysis", *Research in Political Economy* 18, pp 309~334.

Lapides, K(1998) *Marx's Wage Theory in Historical Perspective: Its Origins, Development and Interpretation*, Westport, Conn: Praeger.

Lavoie, D(1983) "Some Strengths in Marx's Disequilibrium Theory of Money", *Cambridge Journal of Economics* 7: 55~68.

Lavoie, D(1986) "Marx, the Quantity Theory, and the Theory of Value", *History of Political Economy* 18, 1: 155~170.

Lavoie, M(1992) *Foundations of Post-Keynesian Economic Analysis*,

Aldershot: Edward Elgar.

Leadbeater, D(1985) "The Consistency of Marx's Categories of Productive and Unproductive Labour", *History of Political Economy* 17, 4: 591~618.

Lebowitz, M(1992) *Beyond Capital, Marx's Political Economy of the Working Class*, London: Macmillan[국역 : ≪자본론을 넘어서 : 맑스의 노동자 계급의 정치경제학≫, 백의, 1999].

Lebowitz, M(1994) "The Theory of the Capitalist State", unpublished manuscript.

Lee, C -O(1990) "On the Three Problems of Abstraction, Reduction and Transformation in Marx's Labour Theory of Value", PhD Thesis, University of London.

Lee, C -O(1993) "Marx's Labour Theory of Value Revisited", *Cambridge Journal of Economics* 17, 4: 463~478.

Lenin, V I(1972) "Philosophical Notebooks", in *Collected Works*, vol 38, London: Lawrence and Wishart[국역 : ≪철학노트 : 헤겔철학 비판≫, 논장, 1989].

Levidow, L and Young, B(1981, 1985) *Science, Technology and the Labour Process, Marxist Studies*, 2 vols, London: Free Association Books.

Lianos, T(1987) "Marx on the Rate of Interest", *Review of Radical Political Economics* 19, 3: 34~55.

Lipietz, A(1982) "The So-Called 'Transformation Problem' Revisited", *Journal of Economic Theory* 26, 1: 59~88.

Lipietz, A(1984) "The So-Called 'Transformation Problem' Revisited, A Brief Reply to Brief Comments", *Journal of Economic Theory* 33, 2: 352~355.

Lipietz, A(1985a) *The Enchanted World: Inflation, Credit and the World Crises*, London: Verso[국역 : ≪조절이론과 마르크스 경제학의 재해

석 : 인플레이션, 신용 및 위기분석≫, 인간사랑, 1993].

Lipietz, A(1985b) "Le Débat sur la Valeur: Bilan Partiel et Perspectives Partiales", in G Dostaler and M Lagueux(eds) *Un Echiquier Centenaire, Théorie de la Valeur et Formation des Prix*, Paris: La Découverte.

Likitkijsomboon, P(1995) "Marxian Theories of Value-Form", *Review of Radical Political Economics* 27, 2: 73~105.

Loranger, J -G(1982a) "Le Rapport entre la Pseudo-Monnaie et la Monnaie: de la Possibilité à la Réalité des Crises", *Critiques de l'Economie Politique* 18: 114~132.

Loranger, J -G(1982b) "Pseudo-Validation du Crédit et Etalon Variable de Valeur", *Economie Appliquée* 35, 3: 485~499.

Loranger, J -G(1989) "Circuit of Capital: a New Look at Inflation", *Review of Radical Political Economics* 21, 1~2: 97~112.

Lukács, G(1971) *History and Class Consciousness*, London: Merlin Press [국역 : ≪역사와 계급의식 : 마르크스주의 변증법 연구≫, 거름, 1986].

Mage, S(1963) "The Law of the Falling Tendency of the Rate of Profit, Its Place in the Marxian System and Relevance to the US Economy", PhD Thesis, Columbia University.

Mandel, E(1968) *Marxist Economic Theory*, London: Merlin Press.

Mandel, E(1975) *Late Capitalism*, London: New Left Books[국역 : ≪후기 자본주의≫, 한마당, 1985].

Mandel, E and Freeman, A(eds)(1984) *Ricardo, Marx, Sraffa*, London: Verso.

Maniatis, T(1996) "Testing Marx: A Note", *Capital & Class* 59: 37~54.

Marazzi, C(1977) "Money in the World Crisis: The New Basis of Capitalist Power", *Zerowork* 2: 91~111.

Marglin, S(1974) "What Do Bosses Do?", *Review of Radical Political*

Economics 6, 2: 60~112.

Marglin, S and Schor, J(eds)(1990) *The Golden Age of Capitalism: Reinterpreting the Postwar Experience*, Oxford: Clarendon Press.

Marx, K(1974) "Critique of the Gotha Programme", in *The First International and After*, Harmondsworth: Penguin[국역 : "고타 강령 초안 비판", ≪칼 맑스 프리드리히 엥겔스 저작선집≫ 4권, 박종철출판사, 1997].

Marx, K(1975) *Early Writings*, Harmondsworth: Penguin.

Marx, K(1976) *Value: Studies by Marx*, in A Dragstedt(ed), London: New Park.

Marx, K(1977) "The Poverty of Philosophy", in D McLellan(ed) *Karl Marx: Selected Writings*, Oxford: Oxford University Press[국역 : ≪철학의 빈곤≫, 아침, 1988].

Marx, K(1978a, 1969, 1972) *Theories of Surplus Value*, 3 vols, London: Lawrence and Wishart.

Marx, K(1981a) *Grundrisse*, Harmondsworth: Penguin[국역 : ≪정치경제학 비판 요강≫, 그린비, 2007].

Marx, K(1976, 1978b, 1981b) *Capital*, 3 vols, Harmondsworth: Penguin[국역 : ≪자본론≫, 비봉출판사, 2004].

Marx, K(1985) *Collected Works*, vol 41, London: Lawrence and Wishart.

Marx, K(1987) *A Contribution to the Critique of Political Economy, Collected Works*, vol 29, London: Lawrence and Wishart[국역 : ≪정치경제학 비판을 위하여≫, 중원문화, 2007].

Marx, K(1988a) "Letter to Kugelmann, July 11, 1868", *Collected Works*, vol 43, London: Lawrence and Wishart[국역 : "맑스가 하노버의 루드비히 쿠겔만에게 1868년 7월 11일", ≪칼 맑스 프리드리히 엥겔스 저작선집≫ 3권, 박종철출판사, 1997].

Marx, K(1988b) *Collected Works*, vol 30, London: Lawrence and Wishart.

Marx, K(1989) "Marginal Notes on Adolph Wagner's 'Lehrbuch der Politischen Ökonomie'", *Collected Works*, vol 24, London: Lawrence and Wishart.

Marx, K(1998) *Value, Price and Profit*, in K Marx and F Engels, *Classics in Politics*(CD-Rom), London: The Electric Book Company[국역 : "임금, 가격, 이윤", ≪칼 맑스 프리드리히 엥겔스 저작선집≫ 3권, 박종철출판사, 1997].

Marx, K and Engels, F(1998) *The Communist Manifesto*, in K Marx and F Engels, *Classics in Politics*(CD-Rom), London: The Electric Book Company[국역 : "공산당 선언 원문", ≪세계를 뒤흔든 공산당 선언≫, 그린비, 2005].

Mattick, P(1978) *Economics, Politics, and the Age of Inflation*, White Plains: M E Sharpe.

Mattick, P Jr(1991~1992) "Some Aspects of the Value-Price Problem", *International Journal of Political Economy* 21, 4: 9~66.

Mattick, P Jr(1993) "Marx's Dialectic", in F Moseley(ed) *Marx's Method in 'Capital', A Reexamination*, Atlantic Highlands, N J: Humanities Press.

Mattick, P Jr(1997) "Theory as Critique, On the Argument in *Capital*", in F Moseley and M Campbell(eds) *New Investigations of Marx's Method*, Atlantic Highlands, N J: Humanities Press.

May, K(1948) "Value and Price of Production, A Note on Winternitz's Solution", *Economic Journal* 58: 596~599.

Meacci, F(1992) "The Organic Composition of Capital and the Falling Rate of Profit", in G A Caravale(ed) *Marx and Modern Economic Analysis*, Aldershot: Edward Elgar.

Medio, A(1977) "Neoclassicals, Neo-Ricardians, and Marx", in J G Schwartz(ed) *The Subtle Anatomy of Capitalism*, Santa Monica, Calif: Goodyear.

Meek, R L(1956) "Some Notes on the 'Transformation Problem'", *Economic Journal* 66: 94~107.

Meek, R L(1973) *Studies in the Labour Theory of Value*, London: Lawrence and Wishart.

Messori, M(1984) "Teoria del Valore Senza Merce-Denaro? Considerazioni Preliminari Sull'Analisi Monetaria di Marx", *Quaderni di Storia dell'Economia Política* 2, 1~2: 185~232.

Messori, M(1991) "Financing in Kalecki's Theory", *Cambridge Journal of Economics* 15: 301~313.

Milonakis, D(1990) "Historical Aspects of the Law of Value and the Transition to Capitalism", PhD Thesis, University of London.

Milonakis, D(1993~1994) "Prelude to the Genesis of Capitalism: the Dynamics of the Feudal Mode of Production", *Science & Society* 57, 4: 390~419.

Minsky, H P(1975) *John Maynard Keynes*, New York: Columbia University Press.

Minsky, H P(1986) *Stabilizing an Unstable Economy*, New Haven: Yale University Press.

Mirowski, P(1989) *More Heat than Light, Economics as Social Physics; Physics as Nature's Economics*, Cambridge: Cambridge University Press.

Mohun, S(1991) "Value", in T Bottomore(ed) *A Dictionary of Marxist Thought*, 2nd edn, Oxford: Blackwell.

Mohun, S(1994) "A Re(in)statement of the Labour Theory of Value", *Cambridge Journal of Economics* 18: 391~412.

Mohun, S(ed)(1995) *Debates in Value Theory*, London: Macmillan.

Mohun, S(1996) "Productive and Unproductive Labor in the Labor Theory of Value", *Review of Radical Political Economics* 28, 4: 30~54.

Mohun, S(2000) "New Solution or Re(in)statement? A Reply", *Cambridge Journal of Economics* 24, 1: 113~117.

Mohun, S(forthcoming) "Productive and Unproductive Labor: A Reply to Houston and Laibman", *Review of Radical Political Economics*.

Mollo, M L R(1999) "Money Endogeneity: Post-Keynesian and Marxian Views Compared", *Research in Political Economy* 17: 3~25.

Moore, B(1988) *Horizontalists and Verticalists: The Macroeconomics of Credit Money*, Cambridge: Cambridge University Press.

Morishima, M(1973) *Marx's Economics — A Dual Theory of Value and Growth*, Cambridge: Cambridge University Press.

Morishima, M(1974) "Marx in the Light of Modern Economic Theory", *Econometrica* 42, 4: 611~632.

Morris, J(1972) "The Monetary Crisis of World Capitalism", *Monthly Review* 23, 8: 17~27.

Morris, J(1973) "The Crisis of Inflation", *Monthly Review* 25, 4: 1~22.

Moseley, F(ed)(1993) *Marx's Method in 'Capital', A Reexamination*, Atlantic Highlands, N J: Humanities Press.

Moseley, F(1994) "Unproductive Labor and the Rate of Profit, A Reply to Cullenberg's Comment", *Review of Radical Political Economics* 26, 2: 121~128.

Moseley, F(1995a) "Marx's Economic Theory: True or False? A Marxian Response to Blaug's Appraisal", in *Heterodox Economic Theories: True or False?*, Aldershot: Edward Elgar.

Moseley, F(1995b) "Capital in General and Marx's Logical Method: A Response to Heinrich's Critique", *Capital & Class* 56: 15~48.

Moseley, F(1997a) "The Development of Marx's Theory of the Distribution of Surplus Value", in F Moseley and M Campbell(eds) *New Investigations of Marx's Method*, Atlantic Highlands, N J: Humanities Press.

Moseley, F(1997b) "Abstract Labor: Substance or Form? A Critique of the Value-Form Interpretation of Marx's Theory", unpublished manuscript.

Moseley, F(1999) "The United States Economy at the Turn of the Century: Entering a New Era of Prosperity?" *Capital & Class* 67: 25~46.

Moseley, F(2000a) "The 'New Solution' to the Transformation Problem: A Sympathetic Critique", *Review of Radical Political Economics* 32, 2: 282~316.

Moseley, F(2000b) "The Determination of Constant Capital in the Case of a Change in the Value of the Means of Production", unpublished manuscript.

Moseley, F and Campbell, M(eds)(1997) *New Investigations of Marx's Method*, Atlantic Highlands, N J: Humanities Press.

Murray, P(1988) *Marx's Theory of Scientific Knowledge*, Atlantic Highlands, N J: Humanities Press.

Murray, P(1993) "The Necessity of Money: How Hegel Helped Marx Surpass Ricardo's Theory of Value", in F Moseley(ed) *Marx's Method in 'Capital', A Reexamination*, Atlantic Highlands, N J: Humanities Press.

Naples, M(1989) "A Radical Economic Revision of the Transformation Problem", *Review of Radical Political Economics* 21, 1~2: 137~158.

Nell, E J(1992) *Transformational Growth and Effective Demand*, New York: New York University Press.

Nell, E J and Deleplace, G(eds)(1996) *Money in Motion: The Circulation and Post Keynesian Approaches*, London: Macmillan.

Nuti, D M(1977) "The Transformation of Labor Values into Production Prices and the Marxian Theory of Exploitation", in J G Schwartz(ed) *The Subtle Anatomy of Capitalism*, Santa Monica, Calif:

Goodyear.

Oakley, A(1983) *The Making of Marx's Critical Theory*, London: Routledge & Kegan Paul.

Oakley, A(1984, 1985) *Marx's Critique of Political Economy, Intellectual Sources and Evolution*, 2 vols, London: Routledge & Kegan Paul.

Okishio, N(1974) "Value and Production Price", *Kobe University Economic Review* 20: 1~19.

Ollman, B(1993) *Dialectical Investigations*, London: Routledge.

Ollman, B(1998) "Why Dialectics? Why Now?" *Science & Society* 62, 3: 338~357.

Ong, N -P(1980) "Marx's Classical and Post-Classical Conceptions of the Wage", *Australian Economic Papers* 19, 35: 264~277.

Orléan, A(1982) "Inflation et Souveraineté Monétaire", *Critiques de l'Economie Politique* 18: 93~113.

Palley, T(1996) *Post Keynesian Economics: Debt, Distribution and the Macro Economy*, London: Macmillan.

Panzieri, R(1980) "The Capitalist Use of Machinery: Marx versus the 'Objectivists'", in P Slater(ed) *Outlines of a Critique of Technology*, Atlantic Highlands, N J: Humanities Press.

Pasinetti, L(1977) *Lectures on the Theory of Production*, New York: Columbia University Press.

Perelman, M(1987) *Marx's Crisis Theory: Scarcity, Labor, and Finance*, Westport, Conn: Praeger.

Perelman, M(1990) "The Phenomenology of Constant Capital and Fictitious Capital", *Review of Radical Political Economics* 22, 2~3: 66~91.

Perelman, M(1993) "The Qualitative Side of Marx's Value Theory", *Rethinking Marxism* 6, 1: 82~95.

Perelman, M(1996) *The Pathology of the US Economy*, London:

Macmillan.

Perelman, M(1999) "Marx, Devalorisation, and the Theory of Value", *Cambridge Journal of Economics* 23, 6: 719~728.

Perlman, F(1977) "The Reproduction of Daily Life", in J G Schwartz(ed) *The Subtle Anatomy of Capitalism*, Santa Monica, Calif: Goodyear.

Pilling, G(1972) "The Law of Value in Ricardo and Marx", *Economy & Society* 1, 3: 281~307.

Pilling, G(1980) *Marx's 'Capital', Philosophy and Political Economy*, London: Routledge & Kegan Paul.

Polanyi, K(1944) *The Great Transformation, The Political and Economic Origins of Our Time*, Beacon Hill, Beacon Press[국역 : ≪거대한 전환≫, 길, 2009].

Post, K(1996) *Regaining Marxism*, London: Macmillan.

Postone, M(1993) *Time, Labour and Social Domination, A Re-examination of Marx's Critical Theory*, Cambridge: Cambridge University Press.

Psychopedis, K(1992) "Dialectical Theory: Problems of Reconstruction", in W Bonefeld, R Gunn and K Psychopedis(eds) *Open Marxism*, vol 1, London: Pluto Press.

Ramos-Martínez, A and Rodríguez-Herrera, A(1996) "The Transformation of Values into Prices of Production: A Different Reading of Marx's Text", in A Freeman and G Carchedi(eds) *Marx and Non-Equilibrium*, Aldershot: Edward Elgar.

Reichelt, H(1995) "Why did Marx Conceal his Dialectical Method?", in W Bonefeld, R Gunn, J Holloway and K Psychopedis(eds) *Emancipating Marx*, London: Pluto.

Reinfelder, M(1980) "Breaking the Spell of Technicism", in P Slater(ed) *Outlines of a Critique of Technology*, Atlantic Highlands: Humanities Press.

Resnick, S and Wolff, R(1996) "The New Marxian Political Economy and the Contribution of Althusser", in A Callari and D Ruccio(eds) *Postmodern Marxism and the Future of Marxist Theory: Essays in the Althusserian Tradition*, Hanover: Wesleyan University Press.

Reuten, G(1993) "The Difficult Labor of a Theory of Social Value, Metaphors and Systematic Dialectics at the Beginning of Marx's 'Capital'", in F Moseley(ed) *Marx's Method in 'Capital', A Reexamination*, Atlantic Highlands, N J: Humanities Press.

Reuten, G(1995) "Conceptual Collapses: A Note on Value-Form Theory", *Review of Radical Political Economics* 27, 3: 104~110.

Reuten, G(1997) "The Notion of Tendency in Marx's 1894 Law of Profit", in F Moseley and M Campbell(eds) *New Investigations of Marx's Method*, Atlantic Highlands, N J: Humanities Press.

Reuten, G(1999) "The Source versus Measure Obstacle in Value Theory", *Rivista di Política Econômica* 89, 4~5: 87~115.

Reuten, G and Williams, M(1989) *Value-Form and the State, The Tendencies of Accumulation and the Determination of Economic Policy in Capitalist Society*, London: Routledge.

Ricardo, D(1951) *On the Principles of Political Economy and Taxation*, Cambridge: Cambridge University Press[국역 : ≪정치경제학 및 과세의 원리≫, 비봉출판사, 1991].

Ricardo, D(1966) "The High Price of Bullion, a Proof of the Depreciation of Bank Notes", in *Collected Works*, vol 3, Cambridge: Cambridge University Press.

Roberts, B(1987) "Marx After Steedman, Separating Marxism from 'Surplus Theory'", *Capital & Class* 32: 84~103.

Roberts, B(1996) "The Visible and the Measurable: Althusser and the Marxian Theory of Value", in A Callari and D Ruccio(eds) *Postmodern Marxism and the Future of Marxist Theory: Essays in the Althusserian Tradition*, Hanover: Wesleyan University Press.

Roberts, B(1997) "Embodied Labour and Competitive Prices: A Physical Quantities Approach", *Cambridge Journal of Economics* 21: 483~502.

Roemer, J E(1979) "Continuing Controversy on the Falling Rate of Profit, Fixed Capital and Other Issues", *Cambridge Journal of Economics* 3: 379~398.

Roncaglia, A(1974) "The Reduction of Complex Labour to Simple Labour", *Bulletin of the Conference of Socialist Economists* 9.

Roosevelt, F(1977) "Cambridge Economics as Commodity Fetishism", in J G Schwartz(ed) *The Subtle Anatomy of Capitalism*, Santa Monica, Calif: Goodyear.

Rosdolsky, R(1977) *The Making of Marx's 'Capital'*, London: Pluto Press [국역 : ≪마르크스의 자본론의 형성≫, 백의, 2003].

Rosenberg, S and Weisskopf, T(1981) "A Conflict Theory Approach to Inflation in the Postwar U S Economy", *American Economic Review* 71, 2: 42~47.

Rosenthal, J(1997) *The Myth of Dialectics: Reinterpreting the Marx-Hegel Relation*, London: Macmillan.

Rosenthal, J(1999) "The Escape from Hegel", *Science & Society* 63, 3: 283~309.

Rosenthal, J(2000) "The Escape from Hegelians: Rejoinder", *Science & Society* 64, 4: 502~517.

Rowthorn, B(1980) *Capitalism, Conflict and Inflation*, London: Lawrence and Wishart.

Rubin, I I(1975) *Essays on Marx's Theory of Value*, Montréal, Black Rose Books[국역 : ≪마르크스의 가치론≫, 이론과실천, 1989].

Rubin, I I(1978) "Abstract Labour and Value in Marx's System", *Capital & Class* 5: 107~140.

Rubin, I I(1979) *A History of Economic Thought*, London: Pluto Press

[국역 : ≪경제 사상사 1≫, 지평, 1988].

Saad-Filho, A(1993a) "Labour, Money and 'Labour-Money', A Review of Marx's Critique of John Gray's Monetary Analysis", *History of Political Economy* 25, 1: 65~84.

Saad-Filho, A(1993b) "A Note on Marx's Analysis of the Composition of Capital", *Capital & Class* 50: 127~146.

Saad-Filho, A(1996a) "The Value of Money, the Value of Labour Power and the Net Product, An Appraisal of the 'New Approach' to the Transformation Problem", in A Freeman and G Carchedi(eds) *Marx and Non-Equilibrium Economics*, Aldershot: Edward Elgar.

Saad-Filho, A(1996b) "Inconvertible Paper Money and the Labour Theory of Value", discussion paper E96/07, University of Leeds.

Saad-Filho, A(1997a) "Concrete and Abstract Labour in Marx's Theory of Value", *Review of Political Economy* 9, 4: 457~477.

Saad-Filho, A(1997b) "An Alternative Reading of the Transformation of Values into Prices of Production", *Capital and Class* 63: 115~136.

Saad-Filho, A(1997c) "Re-reading both Hegel and Marx: The 'New Dialectics' and the Method of 'Capital'", *Revista de Economia Política-Brazilian Journal of Political Economy* 17, 1: 107~120.

Saad-Filho, A(2000a) "Inflation Theory: A Critical Literature Review and a New Research Agenda", *Research in Political Economy* 18: 335~362.

Saad-Filho, A(2000b) "'Vertical' versus 'Horizontal' Economics: Systems of Provision, Consumption Norms and Labour Market Structures", *Capital & Class* 72: 209~214.

Saad-Filho, A and Mollo, M L R(forthcoming) "Inflation and Stabilization in Brazil: A Political Economy Analysis", *Review of Radical Political Economics*.

Saad-Filho, A and Morais, L(2000) "The Costs of Neomonetarism: The

Brazilian Economy in the 1990s", *International Papers in Political Economy* 7, 3.

Salama, P(1984) "Value and Price of Production, A Differential Approach", in E Mandel and A Freeman(eds) *Ricardo, Marx, Sraffa*, London: Verso.

Samuelson, P M(1957) "Wages and Interest, A Modern Dissection of Marxian Economic Models", *American Economic Review* 47, 6: 884~912.

Samuelson, P M(1971) "Understanding the Marxian Notion of Exploitation, A Summary of the So-Called Transformation Problem Between Marxian Values and Competitive Prices", *Journal of Economic Literature* 9, 2: 399~431.

Samuelson, P M(1973) "Reply on Marxian Matters", *Journal of Economic Literature* 11, 1: 64~68.

Samuelson, P M(1974) "Insight and Detour in the Theory of Exploitation, A Reply to Baumol", *Journal of Economic Literature* 12, 1: 62~70.

Savran, S(1979) "On The Theoretical Consistency of Sraffa's Economics", *Capital & Class* 7: 131~140.

Savran, S(1980) "On Confusions Concerning Sraffa (and Marx), Reply to Critics", *Capital & Class* 12: 85~98.

Savran, S(1984) "The Negation of Negative Values", in E Mandel and A Freeman(eds) *Ricardo, Marx, Sraffa*, London: Verso.

Savran, S and Tonak, A(1999) "Productive and Unproductive Labour: An Attempt at Clarification and Classification", *Capital & Class*, 68: 113~152.

Sawyer, M C(1985) *The Economics of Michal Kalecki*, London: Macmillan.

Sawyer, M C(1989) *The Challenge of Radical Political Economy*, Aldershot:

Edward Elgar.

Schefold, B(1998) "The Relationship between the Rate of Profit and the Rate of Interest: a Reassessment after the Publication of Marx's Manuscript of the Third Volume of *Das Kapital*", in R Bellofiore (ed) *Marxian Economics: a Reappraisal, Essays on Volume III of Capital*, vol 2, London: Macmillan.

Schotter, A(1990) *Free Market Economics*, Oxford: Blackwell.

Schutz, E(1999) "Exploitation", in P O'Hara(ed) *Encyclopedia of Political Economy*, vol 1, London: Routledge.

Schumpeter, J A(1954) *History of Economic Analysis*, London: Allen & Unwin.

Schwartz, J G(ed)(1977) *The Subtle Anatomy of Capitalism*, Santa Monica, Calif: Goodyear.

Schwarz, B(1985) "Re-Assessing Braverman: Socialisation and Dispossession in the History of Technology", in L Levidow and B Young(eds) *Science, Techology and the Labour Process*, vol 2, Atlantic Highlands, N J: Humanities Press.

Scott, S(1999) "Thought and Social Struggle: A History of Dialectics", PhD Thesis, University of Bradford.

Sekine, T(1975) "Uno-Riron, A Japanese Contribution to Marxian Political Economy", *Journal of Economic Literature* 13, 3: 847~877.

Semmler, W(1982) "Theories of Competition and Monopoly", *Capital & Class* 18: 91~116.

Seton, F(1957) "The 'Transformation Problem'", *Review of Economic Studies* 24: 149~160.

Shaikh, A(1973) "Theories of Value and Theories of Distribution", PhD Thesis, Columbia University.

Shaikh, A(1977) "Marx's Theory of Value and the 'Transformation Problem'", in J G Schwartz(ed) *The Subtle Anatomy of Capitalism*,

Santa Monica, Calif: Goodyear.

Shaikh, A(1981) "The Poverty of Algebra", in I Steedman(ed) *The Value Controversy*, London: Verso.

Shaikh, A(1982) "Neo-Ricardian Economics, A Wealth of Algebra a Poverty of Theory", *Review of Radical Political Economics* 14, 2: 67~83.

Shaikh, A(1984) "The Transformation from Marx to Sraffa", in E Mandel and A Freeman(eds) *Ricardo, Marx, Sraffa*, London: Verso.

Shaikh, A(1991) "Values and Value Transfers: a Comment on Itoh", in B Roberts and S Feiner(eds) *Radical Economics*, Boston: Kluwer.

Shaikh, A(1998) "The Empirical Strength of the Labour Theory of Value", in R Bellofiore(ed) *Marxian Economics: A Reappraisal, Essays on Volume III of Capital*, vol 1, London: Macmillan.

Shamsavari, A(1987) *A Critique of the Transformation Problem*, London: Kingston Polytechnic Discussion Papers in Political Economy, no 58.

Shamsavari, A(1991) *Dialectic and Social Theory, The Logic of 'Capital'*, Braunton, Devon: Merlin Books.

Sherman, H(1972) "Inflation, Profits and the New Economic Policy", *Review of Radical Political Economics* 4, 4: 113~121.

Sherman, H(1976a), *Stagflation: A Radical Theory of Unemployment and Inflation*, New York: Harper and Row.

Sherman, H(1976b) "Inflation, Unemployment, and Monopoly Capital", *Monthly Review* 27, 10: 25~35.

Shibata, K(1933) "The Meaning of the Theory of Value in Theoretical Economics", *Kyoto University Economic Review* 8, 2: 49~68.

Slater, P(ed)(1980) *Outlines of a Critique of Technology*, Atlantic Highlands, N J: Humanities Press.

Smith, A(1991) *The Wealth of Nations*, London, Everyman[국역 : ≪국부

론》, 비봉출판사, 2007].

Smith, M(1994a) *Invisible Leviathan: The Marxist Critique of Market Despotism beyond Postmodernism*, Toronto: University of Toronto Press.

Smith, M(1994b) "Alienation, Exploitation and Abstract Labor: A Humanist Defense of Marx's Theory of Value", *Review of Radical Political Economics* 26, 1: 110~133.

Smith, T(1990) *The Logic of Marx's 'Capital', Reply to Hegelian Criticisms*, Albany, N Y: State of New York Press.

Smith, T(1993a) *Dialectical Social Theory and Its Critics*, Albany: State University of New York Press.

Smith, T(1993b) "Marx's 'Capital' and Hegelian Dialectical Logic", in F Moseley(ed) *Marx's Method in 'Capital', A Reexamination*, Atlantic Highlands, N J: Humanities Press.

Smith, T(1997) "Marx's Theory of Social Forms and Lakatos's Methodology of Scientific Research Programs", in F Moseley and M Campbell(eds) *New Investigations of Marx's Method*, Atlantic Highlands, N J: Humanities Press.

Smith, T(1998) "Value Theory and Dialectics", *Science & Society* 62, 3: 460~470.

Smith, T(1999a) "The Relevance of Systematic Dialectics to Marxian Thought: Reply to Rosenthal", *Historical Materialism* 4: 215~240.

Smith, T(1999b) "Brenner and Crisis Theory: Issues in Systematic and Historical Dialectics", *Historical Materialism* 5: 145~178.

Sohn-Rethel, A(1978) *Intellectual and Manual Labour: A Critique of Epistemology*, London: Macmillan.

Spencer, D(2000) "Braverman and the Contribution of Labour Process Analysis to the Critique of Capitalist Production ― Twenty Five Years On", *Work, Employment and Society*, 14, 2: 223~243.

Spero, N(1969) "Notes on the Current Inflation", *Monthly Review* 21, 2: 29~32.

Sraffa, P(1960) *Production of Commodities By Means Of Commodities: Prelude to a Critique of Economic Theory*, Cambridge: Cambridge University Press[국역 : ≪상품에 의한 상품생산≫, 비봉출판사, 1986].

Stamatis, G(1998~1999) "On the 'New Solution'", *International Journal of Political Economy* 28, 4: 23~46.

Steedman, I(1977) *Marx after Sraffa*, London: New Left Books.

Steedman, I(ed)(1981) *The Value Controversy*, London: Verso.

Steindl, J(1952) *Maturity and Stagnation in American Capitalism*, Oxford: Blackwell.

Sweezy, P(1949) "Introduction", in *Karl Marx and the Close of His System*, Clifton: N J: A M Kelley.

Sweezy, P(1968) *The Theory of Capitalist Development*, New York: Monthly Review Press.

Sweezy, P(1974) "Baran and the Danger of Inflation", *Monthly Review* 27, 7: 11~14.

Sweezy, P and Magdoff, H(1979) "Inflation without End?" *Monthly Review* 31, 6: 1~10.

Sweezy, P and Magdoff, H(1983) "Supply-side Theory and Capital Investment", *Monthly Review* 34: 1~9.

Szymanski, A(1984) "Productivity Growth and Capitalist Stagnation", *Science and Society* 48, 3: 295~322.

Szumski, J(1991) "On Duménil and Lévy's Denial of The Existence of The So-Called Transformation Problem, A Reply", *Cambridge Journal of Economics* 15, 3: 365~371.

Taylor, N(2000) "Abstract Labour and Social Mediation in Marxian Value Theory", Bachelor of Economics (Honours) dissertation, Murdoch

University.

Taylor, P(1979) "Labour Time, Work Measurement and the Commensuration of Labour", *Capital & Class* 9: 23~37.

Thompson, E P(1967) "Time, Work-Discipline, and Industrial Capitalism", *Past and Present* 38: 56~97.

Thompson, E P(1978) *The Poverty of Theory*, London: Merlin Press.

Toporowski, J(2000) *The End of Finance*, London: Routledge.

Tortajada, R(1977) "A Note on the Reduction of Complex Labour to Simple Labour", *Capital & Class* 1: 106~116.

Tugan-Baranowsky, M I(1905) *Theoretische Grundlagen des Marxismus*, Leipzig, Doucker und Humboldt.

Uno, K(1980) *Principles of Political Economy: Theory of a Purely Capitalist Society*, Brighton: Harvester Press.

Vegara i Carrio, J(1978) *Economía Política y Modelos Multisectoriales*, Madrid: Editorial Tecnos.

Vroey, M de(1981) "Value, Production and Exchange", in I Steedman(ed) *The Value Controversy*, London: Verso.

Vroey, M de(1982) "On the Obsolescence of the Marxian Theory of Value, A Critical Review", *Capital & Class* 17: 34~59.

Vroey, M de(1984) "Inflation, A Non-Monetarist Monetary Interpretation", *Cambridge Journal of Economics* 8: 381~399.

Vroey, M de(1985) "La Théorie Marxiste de la Valeur, Version Travail Abstrait, Un Bilan Critique", in G Dostaler and M Lagueux(eds) *Un Echiquier Centenaire, Théorie de la Valeur et Formation des Prix*, Paris: La Découverte.

Weeks, J(1977) "The Sphere of Production and the Analysis of Crisis in Capitalism", *Science and Society* 41: 281~302.

Weeks, J(1979) "The Process of Accumulation and the Profit Squeeze Hypothesis", *Science and Society* 43: 259~280.

Weeks, J(1981) *Capital and Exploitation*, Princeton: Princeton University Press.

Weeks, J(1982a) "Equilibrium, Uneven Development and the Tendency of the Rate of Profit to Fall", *Capital & Class* 16: 62~77.

Weeks, J(1982b) "A Note on Underconsumptionist Theory and the Labor Theory of Value", *Science & Society* 46, 1: 60~76.

Weeks, J(1983) "On the Issue of Capitalist Circulation and the Concepts Appropriate to Its Analysis", *Science & Society* 48, 2: 214~225.

Weeks, J(1984) "Theory, Ideology and Idolatry", *Economic and Political Weekly* 19, 48: 2054~2056.

Weeks, J(1990) "Abstract Labor and Commodity Production", *Research in Political Economy* 12: 3~19.

Weeks, J(1992) "Competition and Technical Change in an Aggregate Circulation Framework", unpublished manuscript.

Weintraub, S(1981) "An Eclectic Theory of Income Shares", *Journal of Post Keynesian Economics* 4, 1: 10~24.

Weisskopf, T, Bowles, S and Gordon, D(1985) "Two Views of Capitalist Stagnation: Underconsumption and Challenges to Capitalist Control", *Science and Society* 49, 3: 259~286.

Wennerlind, C(2000) "The Labor Theory of Value and the Strategic Nature of Alienation", unpublished manuscript.

Wheelock, J(1983) "Competition in the Marxist Tradition", *Capital & Class* 21: 18~47.

Williams, M(1998) "Money and Labour-Power: Marx after Hegel, or Smith plus Sraffa?" *Cambridge Journal of Economics* 22: 187~198.

Williams, M(2000) "Why Marx neither has nor Needs a Commodity Theory of Money", *Review of Political Economy* 12, 4: 435~451.

Winternitz, J(1948) "Values and Prices, A Solution to the So-Called Transformation Problem", *Economic Journal* 58, 2: 276~280.

Wolff, R(1984) *Understanding Marx: A Reconstruction and Critique of 'Capital'*, Princeton: Princeton University Press.

Wolff, R, Roberts, B and Callari, A(1982) "Marx's(not Ricardo's) Transformation Problem, A Radical Reconceptualization", *History of Political Economy* 14, 4: 564~582.

Wolff, R, Roberts, B and Callari, A(1984) "A Marxian Alternative to the Traditional 'Transformation Problem'", *Review of Radical Political Economics* 16, 2~3: 115~135.

Wolfstetter, E(1973) "Surplus Labour, Synchronised Labour Costs and Marx's Labour Theory of Value", *Economic Journal* 83: 787~809.

Wright, E O(1977) "Alternative Perspectives in Marxist Theory of Accumulation and Crisis", in J G Schwartz(ed) *The Subtle Anatomy of Capitalism*, Santa Monica, Calif: Goodyear.

Wright, E O(1981) "The Value Controversy and Social Research", in I Steedman(ed) *The Value Controversy*, London: Verso.

Yaffe, D(1974) "Value and Price in Marx's 'Capital'", *Revolutionary Communist* 1: 31~49.

Yaffe, D(1995) "Value, Price and the Neo-Ricardians: An Introductory Note", in S Mohun(ed) *Debates in Value Theory*, London: Macmillan.

Zarembka, P(2000) "Accumulation of Capital, its Definition: A Century after Lenin and Luxemburg", *Research in Political Economy* 18: 183~225.

Zarifian, P(1975) *Inflation et Crise Monétaire*, Paris: Editions Sociales.

Zelený, J(1980) *The Logic of Marx*, Oxford: Basil Blackwell.

마르크스의 가치론에 대한
벤 파인과 알프레두 사드-필류의 해석[1]

《마르크스의 가치론》의 구체적 내용에 대한 별도의 설명은 필요하지 않다고 생각한다. 전문적 주제를 다루지만 그 내용이 충실하고, 후주 등을 통해 관련 문헌에 대해 상세히 서술하기 때문이다. 다만, 이 책이 마르크스의 가치론과 정치경제학 일반에 대한 고유한 해석에 근거한다는 점에서, 이 해석에 대한 소개가 독자들에게 도움이 될 것이라고 생각한다. 따라서 이 글은 통상적 옮긴이 해제의 범위를 넘어서 파인(Ben Fine) 등이 발전시킨 마르크스 정치경제학의 해석을 주로 파인과 사드-필류의 연구업적을 개괄하는 방식으로 서술한다.

이 해석은 무엇보다 마르크스의 방법에 대한 고유한 관점을 전제

---

1) 이 글의 초고를 검토해 주신 김수행 교수님과 김공회에게 감사드린다.

하며, 이를 토대로 가치론, 화폐론, 공황론, 세계경제론 등 구체적 쟁점에 대한 독창적 견해를 제시한다. 특히, 현대 자본주의의 현상을 가치론을 토대로 해명하는 것이 필수적이며 바로 여기에 가치론의 의의가 있다고 주장한다. ≪마르크스의 가치론≫의 부제가 '현대 자본주의의 정치경제학'인 것은 이러한 이유 때문이다.

아래에서는 이 해석의 내용을 마르크스 정치경제학 체계에 대한 공헌, 주류 경제학 비판, 현대 자본주의의 현상에 대한 가치론의 구체적 적용이라는 세 가지 측면에서 살펴볼 것이다.

1. 마르크스 정치경제학 체계에 대한 공헌[2]

총체로서의 자본주의

파인과 사드-필류는 마르크스가 ≪정치경제학 비판 요강≫의 서설에서 지적하는 바와 같이 이론의 대상으로서의 자본주의를 생산영역, 교환영역, 분배영역으로 구성되어 있는 **총체**로 간주한다. 생산, 교환, 분배는 서로 질적으로 분리되어 있지만 동시에 서로를 전제한다. 구체적으로, 생산은 교환과 분배를 통한 최종 소비를 전제하며, 교환과

---

[2] 마르크스 정치경제학 체계에 대한 벤 파인과 사드-필류의 공헌에 관해서는 한글로 번역된 ≪마르크스의 자본론(Marx's Capital)≫을 참조하는 것이 가장 좋다. 이 책은 마르크스 정치경제학의 전문적 연구 성과를 간결한 언어로 서술한 훌륭한 입문서이다. 특히 비교적 짧은 분량임에도 불구하고 다양한 주제들을 일관된 관점에 입각하여 설명한다는 장점을 갖고 있다. 이 책의 초판은 1975년에 출판되었으며, 4판부터 사드-필류가 공저자로 참여하였다. 2010년에는 5판이 출판되었다.

분배는 생산 이후에만 가능하고, 생산에서의 임노동 관계는 분배 구조를 규정한다. 마르크스는 이렇게 영역들 간 상호 연관을 중시하되 생산영역이 규정적이며 본질적이라고 주장한다. 따라서 생산영역의 분석은 상대적으로 높은 추상 수준에서 이루어지며, 교환 및 분배영역의 분석은 좀 더 구체적이다. 다시 말해 분석은 추상적 생산영역에서 시작하여(《자본론》 1권) 교환 및 분배영역으로 이행한다(《자본론》 2권과 3권). 이에 따라 생산영역의 개념들이 교환 및 분배영역의 좀 더 복잡하고 구체적인 개념들로 재구성되며, 이를 통해 개념들 간의 계층구조가 형성된다. 예를 들면, 생산영역에서 도입된 가치는 교환 및 분배영역으로 분석이 발전함에 따라 생산가격으로 전형된다.

　마르크스의 방법에 대한 이와 같은 해석은 다음의 세 가지 측면을 강조한다. 첫째, 생산영역의 개념들, 법칙들, 경향들은 비록 규정적이기는 하지만, 무매개적이고 직접적으로 현실을 규율하는 것은 아니다. 다시 말해, 생산영역의 분석은 근본적 중요성을 갖지만 이것을 현실의 분석과 동일시해서는 안 된다. 둘째, 교환 및 분배영역의 분석은 생산영역의 분석에 기반을 두고 있으며, 이 영역들의 고유한 개념들과 경향들이 생산영역의 분석을 무효화하거나 대체하는 것은 아니다. 예를 들어 가치는 좀 더 구체적인 분석 수준에서 생산가격으로 전형되지만, 생산가격이 가치를 대체하지는 않는다. 셋째, 생산영역과 교환영역 사이의 질적 구분에 있어 모종의 고정된 기준이 존재하는 것은 아니다. 가령 어떤 노동(예컨대, 운수 노동)은 가치를 창조하는 생산적 노동일 수도 가치를 실현하는 비생산적 노동일 수도 있는데, 이것은 노동의 구체적 성격이 아니라 이 노동을 고용하는 자본이 자본의 총순환에서 수행하는 역할, 즉 사회적 관계에 의해 규정된다.

파인은 이러한 방법론적 원칙들을 1979년 해리스(Laurence Harris)와 함께 저술한 《자본론 다시 읽기(Rereading Capital)》[3]에서 처음 제시하였다.[4] 《자본론 다시 읽기》는 독자가 마르크스 정치경제학과 《자본론》에 대한 일정 수준의 지식을 가지고 있다는 전제 아래 전형 문제, 생산적 노동과 비생산적 노동의 구분, 이윤율 저하 경향의 법칙, 공황론 등의 마르크스 정치경제학의 전통적 쟁점들을 다룬다. 여기에 더해 단계론과 국가, 제국주의 등과 같은 좀 더 구체적인 주제에 대한 분석이 제시된다. 특히 자본의 유기적 구성과 가치 구성에 대한 독창적 이론이 제시되며,[5] 법칙의 경향으로서의 성격이 강조된다. 특히 이 책에서 파인과 해리스는 이러한 방법론적 원칙들에 근거하여 신리카도주의(neo-Ricardians)와 근본주의(fundamentalists)의 입장을 비판한

---

3) 국역본의 제목은 《현대 정치경제학 입문》이다. 이 책에서 다루고 있는 주제에 대한 최초의 연구는 Fine(1973)이다. 《자본론 다시 읽기》는 주로 CSE bulletin에 게재된 논문들과 Fine and Harris(1976, 1977)를 바탕으로 한 것이다. 파인과 해리스의 이윤율 저하 경향의 법칙과 공황론에 대한 비판에 관해서는 김성구(2007)를 참조하라.

4) 마르크스의 방법에 대한 파인과 사드-필류의 해석의 상세한 내용에 대해서는 《마르크스의 가치론》의 1장, 《마르크스의 자본론》의 1장, 《자본론 다시 읽기》의 1장, Fine(2003) 등을 참조하라.

5) Fine(2000b)에 따르면, 자본의 유기적 구성과 가치 구성에 대한 해석은 해리스가 제시한 것이다. 또한 이 책의 2부에는 알튀세의 영향이 나타나는데, 이러한 부분은 주로 해리스가 집필한 것이다. 파인은 이것이 당시의 조류를 반영한 것이지만, 지금에 와서는 당혹스럽다고 언급한다.

다. 비판의 핵심은 이들의 분석이 특정 영역에 국한되어 있어 총체로서의 자본주의의 이론화에 불충분하고 부적합하다는 것이다. 신리카도주의의 경우 자본주의 경제의 분석을 교환 및 분배영역에 한정하는데, 이는 생산영역의 규정성을 강조하는 마르크스의 입장과 근본적으로 배치된다. 근본주의자들은 생산영역의 규정성을 인정하지만, 그 대신 분석이 생산영역에만 제한되어 있어 교환, 분배영역의 도입이 필요한 쟁점(특히 전형 문제)들에 대한 이해가 불충분하다.

추상에서 구체로

대조적으로 파인과 사드-필류는 생산영역과 교환영역 둘 모두를 중시하되, 생산영역에서 교환영역으로의 분석의 이행을 통한 현실의 이론적 재구성을 강조한다. 이러한 분석의 이행은 추상 수준과 복잡도의 변화를 수반하는데, 여기에서는 가치 범주의 구체적 재구성을 통해 이를 좀 더 자세히 살펴보도록 한다.

최초의 가치 개념은 일반화된 상품생산과 교환에 있어 생산자들 사이의 관계, 특히 인간 노동의 **동질성**을 분석적으로 포착한 것이다. 가장 추상적인 분석 수준에서 상품 가치의 실체는 동질적 인간 노동이며, 가치의 양은 상품의 생산에 필요한 사회적 노동시간에 의해 규정된다.[6] 자본-노동 관계가 ≪자본론≫ 1권의 4장에서 분석에 도입

---

6) 신고전파 경제학이 교환의 의의를 거래 당사자들의 주관적 효용의 증가로 설명하는 데 반해, 마르크스는 상품들 사이의 일반화된 교환은 이들이 동질의 인간 노동의 산물이기 때문에 가능하다고 주장한다. 인간 노동의 일

됨에 따라, 가치는 잉여가치(이윤)의 생산을 전제하는 착취 관계를 반영하게 된다. 이에 근거하여 마르크스는 자본주의의 생산영역에 고유한 사회적 과정들과 (경향적) 법칙들 — 상대적 잉여가치의 생산, 유기적 구성의 상승, 상대적 과잉인구의 생산 — 을 제시한다. 다만 이 법칙들이 자본-노동 관계로부터 논리적으로 도출되는 사고의 결과인 것은 아니다. 마르크스는 이 법칙들을 생산성 중심의 경쟁, 노동강도의 강화, 기계제 대공업의 도입과 노동자의 비숙련화를 포함하는 구체적이고 현실적인 맥락에서 분석한다. 그러나 (자본-노동 관계의 도입에 따른) 추상 수준의 변화에도 불구하고, 특정한 상품의 가치량은 여전히 '사회적 필요노동시간'으로 규정된다. 다만, 상품의 생산에 필요한 사회적 필요노동시간이 잉여가치 생산을 목적으로 하는 자본주의적 생산에서 경향적으로 하락한다는 점이 명확히 드러난다.

이러한 생산영역의 분석은 자본주의 경제가 여러 부문으로 구성되어 있음을 전제하지만, 부문 사이의 교환이나 경쟁은 고려하지 않는다. 또한, 자본론 1권의 3장에 제시된 바와 같이 상품이 교환되지 못할 여러 사정들이 존재하지만, 마르크스는 우선 생산영역에서의 사회적 과정들과 법칙들의 분석을 위해서 생산된 모든 상품은 교환된다고 가정한다.

반적 동질화는 특수한 사회적, 역사적 조건의 산물이기 때문에, 가치의 실체인 동등한 혹은 동질적 인간 노동은 특수한 사회에 고유한 개념이다. 이러한 높은 추상 수준의 분석에서 자본-노동 관계는 고려되지 않는다. 물론, 어떤 사회관계 아래에서 인간 노동이 일반적으로 동질화되는지에 대한 해명이 필요하며, 이것은 좀 더 복잡한 추상 수준의 분석의 과제이다.

분석이 교환영역과 분배영역으로 이행함에 따라, 그 구체성과 복잡도가 더욱 높아진다. 첫째, 생산된 상품의 판매 혹은 가치 실현의 문제가 제기된다. 어떠한 상품이 판매되기 위해서는 질적으로 특수한 사회적 필요를 충족시켜야 한다. 사회적 필요는 양적으로도 규정되는데, 사회 전체적으로 필요한 것보다 많은 상품이 생산되면 일부는 판매되지 않는다. 따라서 가치의 생산은 사회적 사용가치의 생산을 전제한다는 점이 부각된다. 또한 노동생산성의 지속적 증가와 생산과 판매 사이의 시차 때문에 생산된 가치가 모두 실현되지 않을 수 있다. 이것은 생산된 가치의 파괴와 위기의 가능성을 내포한다. 둘째, 부문 간의 교환관계와 비례관계가 분석에 도입된다. 예를 들어, 완제품 부문의 생산량은 부품 부문의 생산량에 영향을 끼치기 때문에 부품 부문의 노동생산성의 개선은 완제품 부문의 생산규모의 영향을 받는다. 다시 말해, 부품의 가치는 완제품 부문과 무관하게 결정되지 않는다. 따라서 생산영역의 분석에서 제시된 바와 같이 특정 부문의 상품 가치는 사회적 필요노동시간에 의해 규정되고 이는 점진적으로 하락하는 경향이 있지만, 이 경향의 현실적 관철은 부문 간의 비례관계라는 좀 더 구체적인 제약 아래 놓여 있다. 이와 같이 분석이 생산영역에서 교환영역으로 이행함에 따라 가치의 개념은 더욱 **풍부해진**다. 물론 이러한 개념의 확장에도 불구하고, 높은 추상 수준의 규정(예컨대, 사회적 필요노동시간에 의한 가치량의 규정)은 여전히 유효하다. 셋째, 교환영역에 대한 분석은 이 영역에 고유한 개념의 도입을 필요로 한다. 예를 들어 마르크스는 고정불변자본과 유동불변자본의 구분을 반영하는 감가상각기금 개념을 도입하고, 회전 기간 개념을 통해 생산과 교환에 소요되는 기간의 차이가 이윤율에 미치는 효과를 분석한다. 또한 교환(과 가치 실현)의 필요성은 상품의 교환 활동에 종사하는 비생산적 노동의 도입으로 이어진다.

자본론 3권에서는 부문 간의 교환 및 비례관계에 더해, 부문별로 서로 다른 자본(의 유기적) 구성, 그리고 이윤율의 균등화를 가져오는 부문 간 자본의 이동을 고려한다. 이에 따라 가격이 생산가격으로 전형된다. 물론, 분석의 구체성이 높아지긴 하였지만 생산가격이 현실의 가격과 일치하는 것은 아니며, 생산가격의 도입이 가격의 결정 원리의 해명을 위한 것 역시 아니다.[7]

이렇게 분석의 구체성과 복잡도가 높아짐에 따라 생산영역에서 제시된 가치 개념뿐만 아니라, 가치 개념 근저의 추상적 자본-노동 관계에 대한 좀 더 풍부한 이해가 가능하다. 자본주의에서의 계급 관계는 근본적으로 생산영역에서의 착취 관계이다. 그러나 분석이 교환영역과 분배영역으로 이행하면서 점진적으로 자본의 부문 및 기능별 분화(상인자본, 이자 낳는 자본, 산업자본)가 이론에 반영된다.[8] 노동자계급 역시 보유 기술, 고용 여부, 성별 등에 분절될 수 있다.[9]

---

7) 분석을 더욱 구체화하고, 생산가격을 또 다른 개념들로 전형하는 방식으로 현실의 가격을 완전히 해명할 수는 없다. 가치는 분명히 현실의 가격을 규정하고 이론은 현실의 본질적 측면을 포착해 내지만, 현실에는 이론화할 수 없는 우발성이 존재하기 때문이다. 현실의 완전한 이론적 재구성이나 가격의 완전한 이론적 해명은 불가능하다.

8) ≪자본론≫ 3권은 이를 상세히 분석한다.

9) 노동시장의 분절에 대해서는 Fine(1998a)을 참조하라.

짐 킨케이드(Jim Kincaid)와의 논쟁

요약하자면 가치는 생산영역에서 생산되며, 교환영역에서 실현된다. 물론 생산된 가치가 모두 실현되는 것은 아니다. 또한 가치의 생산이 교환영역과 무관하게 이루어지는 것 역시 아니다. 앞서 살펴본 바와 같이 교환영역의 분석에 도입되는 부문 간 비례관계는 생산영역에서의 생산성 개선에 영향을 끼친다. 그러나 교환은 생산된 가치를 실현할 뿐이며, 가치를 생산하거나 생산된 가치의 양을 변경시키지 않는다는 사정이 달라지는 것은 아니다.10)

그렇지만 루빈적 전통은 이를 다른 방식으로 해석한다. 루빈적 전통은 무엇보다 상품경제와 교환의 분석에 초점을 맞추며, 상품의 가치가 생산영역에서 (불완전하게나마) 생산되는 것은 사실이지만, 이것은 반드시 교환의 사회적 인정 과정을 거쳐야 한다고 주장한다. 상품경제에서 개별 생산자들은 독립적으로 혹은 사적으로 상품을 생산하며, 이것이 가치로 인정받기 위해서는 반드시 판매되어야 한다는 것이다. 따라서 교환의 실패는 비록 생산자가 교환을 위해 상품을 생산했다고 하더라도 가치를 생산하지 못했음을 의미한다. 또한, 가치의 존재 여부는 오직 교환 시점에 사후적으로만 확인 가능하다. 대조적으로 파인과 사드-필류의 해석에 있어서는, 교환의 실패는 생산영역에서 (교환과 무관하게) 애초에 가치가 생산되지 않았거나, 생산영역에서 창조된 가치가 파괴되었음을 의미한다.11)

---

10) 노동생산성의 개선에 의한 상품 가치의 하락은 교환 시점에 드러나지만, 이것은 생산영역에서의 사회적 필요노동시간의 변경에 기인한다.

11) 루빈적 전통을 포함하는 추상노동 관점에 대한 비판으로는 ≪마르크스의

킨케이드가 루빈적 전통의 관점에서 파인과 사드-필류를 비판하는 논문을 ≪역사유물론(Historical Materialism)≫에 게재한 이후 이들 사이에 가치의 생산과 실현, 생산영역과 교환영역 사이의 관계에 대한 치열한 논쟁이 있었다.12)

킨케이드는 파인과 사드-필류의 관점을 생산주의(productivism)로 규정하며, 교환영역에 대한 분석, 특히 가치형태와 경쟁에 대한 분석이 결여되어 있거나 불충분하다고 비판한다.13) 킨케이드는 특히 기존의 루빈적 전통에 입각하여 가치가 생산영역에서 (온전히) 생산된다는 점을 부정한다. 더욱 정확하게는 가치가 생산영역에서 생산된다고 할지라도 화폐와 교환되기 전까지는 단지 잠재적으로만 가치일 뿐이라고 주장한다.14) 파인과 사드-필류는 이러한 주장에 루빈적 요소와 리카도적 요소가 혼재한다고 비판한다. 전자는 투하(지배)노동

가치론≫의 2장을 참조하라. 루빈적 전통의 가장 큰 문제점은 생산영역에서의 자본주의적 착취의 존재가 부정될 수 있다는 것이다. 교환의 실패가 가치 생산의 실패를 의미한다는 주장은, 교환이 착취의 존재 여부를 결정한다는 주장으로 이어질 수 있다.

12) 논쟁의 자세한 내용에 대해서는 Kincaid(2007, 2008, 2009), Fine and Saad-Filho(2008, 2009)를 참조하라.

13) "나는 자본주의의 본질은 그것이 화폐경제라는 점에 있다고 주장한다. …… [파인과 사드-필류의] 자본의 순환에 대한 설명에 있어, 이들은 가치와 잉여가치의 **생산**을 마르크스의 정치경제학의 가장 중요하고 고유한 측면으로 특권화한다"(Kincaid, 2008, p 182). 강조는 원문.

14) "가치는 비록 유통 국면에서 생산되는 것은 아니지만, 상품이 판매되고 자본이 다시 화폐 형태로 변태하기 전까지는 단지 **잠재적이거나 가상적이**다(potential or virtual)"(Kincaid, 2008, p 182). 강조는 원문.

관점을, 후자는 추상노동 관점을 따른다는 측면에서 이러한 비판은 흥미로우며 또한 역설적이다. 킨케이드의 주장이 루빈의 관점에 근거를 두고 있음에는 이론의 여지가 없다. 그의 주장의 리카도적 요소는 그가 가치론을 교환영역의 여러 사정에 맞추어 수정하려 한다는 점에서 찾아볼 수 있다. 리카도는 마르크스와 마찬가지로 노동만이 가치의 근원이라고 주장하였다. 그러나 제조업에서는 평균적 생산조건에서의 노동시간이 가치를 규정함에 반해 농업에서는 최열등지의 생산조건이 상품의 가치를 규정한다는 한계생산비류의 이론을 제시하는데, 이는 제조업의 (평균) 가치론을 농업에 적용하면서 수정한 것이다. 이러한 가치론의 이원화는 가치론에 입각하여 차액지대의 존재를 해명하기 위한 불가피한 선택이었다. 파인과 사드-필류는, 비록 킨케이드가 생산영역에서 가치가 불완전하게나마 생산된다는 것을 인정하지만, 교환영역에서의 여러 사정들이 가치를 수정한다고 주장한다는 점에서 킨케이드의 주장에 리카도적 요소가 있다고 비판하는 것이다.

이러한 킨케이드의 오류는 근본적으로 마르크스의 방법에 대한 잘못된 이해에서 비롯한 것이다. 파인과 사드-필류의 경우에는 추상(생산영역에서의 가치)에서 구체(교환영역에서의 가치)로 분석이 진행함에 따라 어떻게 가치 개념이 좀 더 구체적인 수준에서 재구성되는지를 추적하는 것에 관심이 있다. 킨케이드의 경우에는 분석의 진행이 가치의 수정이나 거부로 이어지거나(리카도적 요소), 교환의 성공 여부가 생산영역의 분석과 무관하게 가치의 생산 여부를 규정하는 것으로 나타난다(루빈적 요소, Fine and Saad-Filho, 2009, p 201).

결론적으로, 킨케이드의 분석은 생산영역, 교환영역, 분배영역 사이의 상호 연관 그리고 이들 사이의 실재적, 분석적 계층 관계를 적절히 반영하지 못한다.

자본의 구성, 이윤율 저하 경향의 법칙, 전형

생산영역과 교환영역의 상호 연관을 전제로 한 실재적, 분석적 분리에 근거하여 파인과 사드-필류는 자본의 유기적 구성과 가치 구성에 대한 독창적 이론을 제시한다. 이는 이윤율 저하 경향의 법칙과 가치의 생산가격으로의 전형에 관한 입장의 근거가 된다는 점에서 매우 중요하다.

≪마르크스의 가치론≫의 6장에서도 자세히 다루지만, 자본의 유기적 구성은 생산영역, 자본의 가치 구성은 교환영역에 속하는 개념이다. 따라서 자본의 유기적 구성에 대한 논의에 있어 부문 간 교환 및 비례관계는 분석에서 제외된다. 자본의 유기적 구성은 기술적 구성 — 소재로서의 생산수단의 양과 노동시간 사이의 관계 — 을 가치로 표현한 것으로, 특정 부문의 노동생산성을 표현한다. 노동생산성은 단위 노동시간에 처리되는 불변자본의 양으로 정의되기 때문에, 불변자본의 가치 변화의 영향을 받지 않는다. 또한 노동생산성은 이윤의 생산을 목적으로 하는 자본주의적 생산의 결과로 지속적으로 증가하는데, 이에 따라 유기적 구성 역시 상승한다.

이제 부문 간 교환관계를 분석에 반영해 보자. 특정 개별 자본의 노동생산성과 유기적 구성이 동일하게 유지되더라도, 불변자본의 가치가 변동할 수 있다. 이 개별 자본은 생산수단 부문의 자본으로부터 생산수단을 구매해야 하는데, 이 부문의 노동생산성의 상승, 그리고 이에 따른 유기적 구성의 상승에 따라 생산수단의 가치(c)가 점진적으로 하락하기 때문이다. 따라서 동일한 유기적 구성을 가정하는 경우, 자본의 가치 구성(c/v)은 하락하게 된다. 자본의 가치 구성은 이렇듯 부문 간 교환관계를 전제한다는 점에서 교환영역에 속하는 개념이다. 달리 표현하면, 생산영역에 속하는 개념인 자본의 유기적 구성은 분석이 구체화됨에 따라 교환영역에서 자본의 가치 구성의 개념으로 재구성된다.

자본의 유기적 구성과 가치 구성의 구분에 대한 이러한 독창적 해석은 이윤율 저하 경향의 법칙에 있어, 법칙 그 자체와 반경향의 구분에 대응한다. 비록 자본의 유기적 구성의 상승 경향과 (유기적 구성의 불변을 가정할 때) 가치 구성의 하락 경향은 그 추상 수준이 다르며 각각 생산과 교환영역에 속하는 경향이지만, 이들은 모두 자본주의적 생산과 축적의 결과이다. 이들은 이윤율의 결정에 있어 서로 반대의 방향으로 작용하며, 분석적으로 포착하기 어려운 여타의 우발적 요소들이 반경향을 강화하기 때문에 마르크스의 분석으로부터 현실의 이윤율의 흐름을 예측할 수는 없다. 도리어 이윤율 저하 경향의 법칙은 이윤율 저하 경향과 반경향의 **모순적** 공존으로 보는 것이 타당하다.

비슷한 맥락에서, 파인과 사드-필류는 마르크스의 전형이 자본의 (가치 구성이 아닌) 유기적 구성에 근거한 것이라고 주장한다. 이러한 관점에 따르면 마르크스의 전형 과정의 목표는 가격체계의 도출이 아니라 부문 간 자본의 유기적 구성의 차이를 고려하는 상대적으로 복잡한 분석 수준에서 이윤율이 균등화되는 경향이 있음을 보이는 것이다. 따라서 이들은 전형 문제에 대한 여타의 해석에서와는 달리 투입물의 가치나 투입물 가치의 전형은 마르크스의 전형 과정에 있어서는 큰 문제가 되지 않는다고 주장한다. 투입물 가치의 변동이나 전형은 유기적 구성에 영향을 미치지 않고, 따라서 유기적 구성에 바탕을 둔 가치의 생산가격으로의 전형을 수정하지 않기 때문이다. 물론 가치 구성에 입각하여 전형 문제를 다룰 수 있으며, 사드-필류가 언급하듯이 이러한 시도는 중요한 이론적 발전으로 이어질 수 있다. 다만, 이것은 마르크스의 전형과는 무관한 것이다. 그리고, 만약 전형과 관련된 대부분의 논쟁이 투입물 가치의 전형과 관련되어 있음을 고려한다면 이른바 전형 논쟁은 애초의 마르크스의 의도와는 무관한 것이라는 결론을 내릴 수 있다.

경향으로서의 법칙

지금까지의 논의를 일반화하여, 마르크스와 이후의 연구자들이 자본주의의 고유한 법칙으로서 제시하는 (생산영역의) 이론들을 경향으로서 간주해야 한다는 결론을 내릴 수 있다. 예를 들어 특정 부문에서의 생산성의 지속적 상승은 생산영역에 속하는 경향적 법칙이다. 그러나 이러한 경향은 현실에서 직접적으로 혹은 무매개적으로 관철되지 않는다. 부문 간 교환관계를 포함하는 교환영역으로 분석의 범위를 확장하면, 기술의 발전은 해당 부문에서의 생산성의 개선뿐만 아니라 새로운 부문의 확립이라는 결과를 낳을 수도 있기 때문이다. 이전에는 어떠한 상품의 생산과정의 일부를 구성하던 작업이 별도의 생산수단을 생산하는 새로운 부문을 성립시킬 수 있다. 따라서, 생산영역에서는 지속적인 생산성의 개선과 부문 내 경쟁에 의해 자본의 집적과 집중의 경향이 나타나는 데 반해, 부문 간 교환관계를 고려하는 교환영역에서는 부문의 분할과 새로운 부문의 성립에 의한 기업 규모의 축소의 가능성이 있다.

물론 여타의 생산양식과 구분되는 자본주의의 본질적 특성은 그 생산영역의 고유성에 있는데, 이는 생산에 있어서의 자본과 노동 사이의 착취 관계이다. 생산성이 지속적으로 개선되며, 상대적 잉여가치가 생산되고, 유기적 구성이 증가하는 등의 생산영역에 고유한 사회적 과정들과 (경향적) 법칙들은 바로 착취 관계에 근거하며, 따라서 착취 관계에 입각하여 해명돼야 한다. 그러나 이러한 법칙들은 앞에서 살펴본 이유로 인해 직접적으로 현실을 규율하지 못한다. 생산영역에서의 경향적 법칙들을 상쇄하는 교환영역에서의 반경향들이 존재하며, 이들 모두 자본주의적 생산과 축적의 결과이기 때문이다. 더불어 현실에는 자본-노동 관계로 해명할 수 없는 여타의 구조들, 경향들, 과정들, 그리고 이론적으로 포착할 수 없는 우발성이 존재한다.

반복적으로 언급하지만, 이러한 해석은 생산, 교환, 분배영역의 총체로서의 자본주의, 생산영역의 규정성, 그리고 영역들, 개념들, 사회적 과정들, 경향적 법칙들의 위계적 구조라는 방법론적 근거에 입각한다. 파인과 사드-필류의 마르크스 정치경제학 해석의 가장 큰 장점은 이러한 굳건한 방법론적 근거, 그리고 이를 토대로 마르크스 정치경제학의 개별 쟁점들을 일관된 방식으로 해명하는 것이라고 할 수 있다.

관련 저작과 가치론의 적용

앞서 언급한 바와 같이 마르크스 정치경제학에 대한 파인과 사드-필류의 해석은 이미 1979년에 제시되었다. 특히 파인은 1970년대에 '사회주의 경제학자 회의(Conference of Socialists Economists : CSE)'를 중심으로 활동하며, 마르크스 정치경제학의 발전에 크게 공헌하였다. ≪마르크스의 자본론≫과 ≪자본론 다시 읽기≫는 이 기간 동안의 연구 성과를 담고 있다. 이후 파인은 1986년에 ≪가치의 차원 : 마르크스 대 리카도와 스라파(The Value Dimension : Marx Versus Ricardo and Sraffa)≫를 편집 출판한다. 그는 여기에 편집자로서의 서론 이외에 ≪경제와 사회(Economy and Society)≫에 기고한 세 편의 글을 싣는데, 각각 마르크스의 지대론, 마르크스의 전형, 리카도와 스라파의 경제학에 대한 것이다.[15]

여기서는 그의 마르크스 지대론에 관한 논문의 의의를 간단히 살펴본다.[16] 파인은 마르크스의 지대론은 일차적으로 생산영역의 법칙들을 토지 소유에 근거한 농업에 적용한 것이며, 특히 (좀 더 복잡하고 구체적인 분석 수준에서) 이 법칙들이 어떻게 재구성되는지를 해명하는 이론이라고 주장한다. 그는 또한 지대론에서 마르크스의 출발점은 지대의 형태로 잉여가치의 일부를 전유할 수 있도록 하는 자본주의적 토지 소유, 즉 사회적 관계이며, 지대의 분석은 토지 소유가 존재하는 구체적인 역사적, 사회적 조건의 분석에 입각해

---

15) Fine(1979, 1983a, 1983b, 1986)을 참조하라.

16) 파인과 사드-필류는 ≪마르크스의 자본론≫ 13장에서 이 논문의 내용을 좀 더 평이하고 간결하게 기술한다.

야 한다고 주장한다. 만약 이러한 역사적, 사회적 조건이 달라진다면 토지 소유의 효과도 달라질 것이기 때문이다. 지대의 존재 여부와 그 크기의 결정이 이렇듯 구체적인 역사적, 사회적 조건에 따라 달라진다는 점에서 지대의 일반 이론은 존재하지 않는다. 마찬가지로, 자본의 자유로운 투자에 대한 제약이 그 존재 조건과 무관하게 지대의 전유를 가능하게 한다는 관점은 잘못된 것이다. 이러한 관점을 채택하는 경우, 생산성의 격차는 반드시 지대의 전유로 이어질 것이기 때문이다.

자본의 투자에 제약을 가하는 요소에 대한 이론적 해명은 마르크스 지대론의 무차별적 적용이 아니라 이 제약의 존재 조건, 그리고 배후의 사회적 관계에 대한 구체적 분석을 요구한다.[17] 최근 하트(Michael Hardt), 네그리(Antonio Negri), 베르첼로네(Carlo Vercellone) 등이 인지자본주의(cognitive capitalism)론을 제시하였는데, 그 핵심적 주장은 현대 자본주의에서 생산은 지식을 중심으로 이루어지며, 이 새로운 단계의 인지자본주의에서 착취는 지식의 소유권을 바탕으로 한 지대 전유의 형태로 나타난다는 것이다. 파인의 논문은 이와 같은 지대의 의식적 혹은 무의식적 일반화에 대한 비판의 근거를 제공한다.[18] 지식 일반, 그리고 특허 등의 지적재산권이 가치의 형성과 분배에 끼치는 영

---

17) 파인은 마르크스 지대론을 영국의 탄광업(Fine, 1990) 그리고 석탄, 다이아몬드, 석유와 관련된 연구(Fine, 1994)에 적용한다. 이 산업들이 자본주의적 토지 소유에 근거한다는 점에서 분석은 마르크스의 지대론을 필요로 한다.

18) 인지자본주의론에 대한 상세한 비판으로는 Jeon(2010)을 참조하라.

향에 대한 분석은 우선 지식과 지적재산권, 그리고 이와 연관된 사회적 관계에 대한 구체적 분석을 필요로 하며, 이는 마르크스가 사용하지 않은 새로운 개념의 도입으로 이어질 수도 있다. 이러한 분석에 있어 마르크스의 지대론을 가치론의 구체적 적용의 한 사례로서 참조할 수 있지만, 지대론을 지적재산권에 그대로 적용하는 것은 토지(소유)와 지식(소유)을 동일시하는 오류를 범하는 것이다.

파인은 1986년 ≪가치의 차원≫의 출판 이후 마르크스 정치경제학 체계에 대한 논쟁에서 한발 비켜나 주류 경제학 비판이나 가치론의 구체적 적용에 연구의 초점을 맞춘다.[19] 뒤에서 살펴보겠지만, 연구 방향의 전환은 그의 입장의 수정을 의미하는 것이 아니라 경제학 비판과 가치론의 구체적 적용의 필요성을 강조하는 마르크스 정치경제학에 대한 그의 해석에 근거한 것이다.

이후 그가 다시 마르크스 정치경제학의 구체적 쟁점과 관련된 논쟁에 참여하게 되는 것은 1990년대 말이다. 1999년 파인은 라파비트사스(Costas Lapavitsas), 밀로나키스(Dimitris Milonakis)와 함께 브레너(Robert Brenner)가 제기한 과잉설비와 과잉생산에 의한 이윤율의 하락 주장을 비판했으며(Fine et al, 1999), 이것은 토니 스미스(Tony Smith)와의 마르크스 정치경제학 방법론 논쟁으로 이어진다(Fine et al, 2000).[20] 전형 논쟁과 관련해서는 사드-필류, 라파비트사스와 함

---

19) 이 시기를 회고하며 파인은 다음과 같이 언급한다. "나는 가급적 논쟁에 더 이상 참여하지 않으려 하였는데, 쟁점들에 대한 나의 입장은 이미 충분히 전달되었으며, 더 이상 새롭게 주장할 것도 없다고 느꼈기 때문이다"(Fine, 2009a).

께 신해석을 비판하였다(Fine et al, 2004). 이 논문은 2004년에 출판되었지만 초고는 2000년에 작성된 것으로, 《마르크스의 가치론》 2장의 신해석 비판은 이 논문을 토대로 한 것이다. 2000년대 후반에는 마르크스 정치경제학의 관점에서 금융화, 신자유주의, 서브프라임 모기지 사태가 촉발한 세계경제 위기를 다루어 왔다(Fine, 2009b). 최근의 논의로는 앞서 언급한 킨케이드와의 논쟁 이외에, 노동력 가치, 계급투쟁 분석의 추상 수준을 주제로 한 레보위츠(Michael Lebowitz)와의 논쟁을 들 수 있다.[21]

마르크스 정치경제학과 관련하여 2000년 이후 출판된 파인의 저작 중 가장 주목할 만한 것은 《가치론과 현대 자본주의 연구 : 관점의 지속(Value Theory and the Study of Contemporary Capitalism : A Continuing Commitment)》이다(Fine, 2003). 이 논문에서 파인은 가치론을 현대 자본주의의 구체적 특징들의 해명을 위해 적용하는 방식으로 발전시켜야 함을 주장한다. 지금까지의 가치론 연구는 수세적 입장의 연구가 주조를 이루어 왔다. 전형 논쟁에서 볼 수 있듯이 가치론의 이론적 정합성에 대한 의문이 끊임없이 제기되어 왔고, 자본주의의 새로운 현대적 현상들을 근거로 하여 가치론의 유효성을 부정하는 연구 결과가 마르크스 정치경제학 안

---

20) 이 방법론 논쟁은 《마르크스의 가치론》 1장의 새변증법에 대한 비판에 반영되어 있다. 이 논쟁에서 스미스의 입장에 대해서는 Smith(1999, 2000)를 참조하라.

21) 여기에 대해서는 Fine(2008, 2009a)과 Lebowitz(2003, 2006, 2010)를 참조하라. 구체적 내용은 뒤에서 상세히 다룬다.

곽에서 제시되어 왔다. 이에 대해 파인은 가치론이 내적으로 탄탄한 구조를 가지고 있음을 주장하며, 이 논문의 상당 부분을 이 주장을 뒷받침하는 데 할애한다. 특히 가치론은 애초에 자본주의의 특정 단계나 특수한 성격을 해명하기 위한 것이 아니며, 생산영역에서의 자본-노동 관계에 기인하는 자본주의의 고유한 경향적 법칙들이 더 복잡한 분석 수준의 교환영역과 분배영역에서 어떻게 더 구체적인 형태로 재구성되는지와 관련된 이론이라 주장한다. 다시 말하여, 가치론에 위배되는 것처럼 보이는 현대적 현상들은 가치론을 토대로 적극적으로 해명 혹은 재구성되어야 하는 것이지, 이들을 가치론을 부정하는 근거로 받아들여서는 안 된다는 것이다.

이러한 맥락에서 파인은 이 논문에서 먼저 마르크스 가치론의 주요 특징들과 방법론적 근거를 재확인하고, 이것이 어떻게 리카도나 스미스의 가치론이나 경쟁적 이론들 — 이것은 과소소비설, 포스트포디즘, 알튀세 구조주의 등 마르크스 정치경제학 전통에 속하는 이론들을 포함한다 — 과 다르며, 또 이들보다 우월한지를 보인다.

그러나 가치론의 내적 정합성과 장점의 확인은 출발점에 불과하다. 가치론의 성패는 결국 그것을 현대 자본주의의 해명을 위해 얼마나 잘 적용하고 발전시킬 수 있는지에 달려 있다. 특히, 현대 자본주의의 새로운 현상들은 가치론에 위기와 기회를 동시에 제공한다. 이 현상들은 가치론에 대한 비판의 근거로 활용될 수 있지만, 또한 이들을 가치론에 입각하여 주류 경제학보다 우월한 방식으로 이론화할 수 있기 때문이다. 이것은 물론 가치론 연구자들이 이를 얼마나 성공적으로 수행해 나갈 수 있는지에 달려 있으며, 그러한 측면에서 파인은 이것이 "우리의 당면 과제"라고 말한다(Fine, 2003, p 20).[22] 파인은 이 논문에서 특히 가치론의 구체적 적용과 관련한 자신의 연구 성과를 광범위하게 인용하는 것을 통해 이러한 논지를 뒷받침한다. 또한 그러한 측면에서 이 논문은 그의 학문적 업적에 대한 개인적 정리라고 할 수도 있을 것이다.[23]

마르크스 정치경제학 체계에 대한 사드-필류의 연구는 자본의 구성(Saad-Filho, 1993), 전형 문제(Saad-Filho, 1997b), 신해석에 대한 비판(Saad-Filho, 1996), 마르크스 가치론에 있어서의 구체노동과 추상노동의 관계(Saad-Filho, 1997a)[24] 등을 포함하며, 이 연구 성과는 2002년 출판한 ≪마르크스의 가치론≫에 잘 집약되어 있다.

2. 경제학 비판[25]

≪경제 이론과 이데올로기≫ : 경제학 비판

자본주의 생산양식의 본질은 생산영역에서 규정되는 자본-노동 관계

---

22) 이와 관련된 파인의 공헌은 뒤에서 다룰 것이다.

23) 파인의 연구 성과에 대한 좀 더 자전적인 글에 대해서는 Fine(2000b)을 참조하라.

24) 이 논문에서 이 책의 2장에서 다루는 투하노동 접근과 추상노동 접근의 비교와 비판, 5장에서 다루는 노동의 정규화, 동기화, 동질화의 문제가 최초로 제시된다.

25) 2장과 3장의 내용은 대부분 파인의 연구 성과에 바탕한 것이다.

이며, 이 본질적 착취 관계는 교환 및 분배영역에서는 사회적 관계를 사상한 경제적 관계로 나타난다. 다시 말해, 착취에 근거한 계급 관계는 자유로운 개인들 사이의 경제적 관계라는 전도된 형태로 나타난다. 마르크스는 ≪자본론≫ 등에서 고전파 정치경제학과 속류 경제학을 비판하는데, 이것은 단순히 이 이론들이 현실을 정확히 반영하지 못한다는 측면 이외에도, 이들이 본질적 계급 관계를 은폐 또는 호도하여 자본가계급의 계급 이익에 봉사하기 때문이다.

마르크스는 고전파 정치경제학의 경우 그 한계에도 불구하고 적어도 생산관계의 내적 연관을 밝힌다는 점에서 긍정적으로 평가한다. 그러나 고전파 정치경제학은 노동 가치와 노동력의 가치를 혼동하는 등의 이론적 한계가 뚜렷했으며, 이로 인해 좀 더 복잡하고 구체적인 수준의 분석에서 문제점을 드러냈다. 마르크스가 지적하는 바와 같이 "속류 경제학에 튼튼한 활동 무대를 제공하게 된 것이다"(≪자본론≫ 1권 (하), 728쪽). 속류 경제학의 문제점은, 현상의 영역에서 현상들 사이의 연관만을 다루기 때문에 자본주의 경제의 역사적 특수성을 흐릿하게 하고, 자본주의 경제가 마치 자유로운 개인들의 합리적 선택에 근거한 것이라는 이데올로기를 강화하는 결과를 낳는다.

그런데, 애초에 자본주의의 (경제적 관계로서의) 현상은 겉보기에는 (착취 관계로서의) 본질을 은폐하는 방식으로 나타난다는 점에서, 제한적으로만 착취 관계를 다루는 고전파 정치경제학이나, 교환 및 분배영역의 "오직 외관상의 관련"(≪자본론≫ 1권 (상), 104쪽)만을 다루는 속류 경제학 역시 자본주의의 한 현상 혹은 산물이라고 할 수 있다. 다시 말해, 자본주의는 본질을 은폐하는 외관뿐만 아니라, 이러한 전도된 외관에서 발생하는 전도된 의식을 강화하는 이론들을 생산한다. 그리고 이러한 관점에서 마르크스의 고전파 정치경제학과 속류 경제학에 대한 비판은 바로 자본주의에 대한 비판의 일부이며, 총체로서의 자본주의를 그 대상으로 하는 그의 정치경제학의 한 중요한 부분이라고 할 수 있다.

파인은 1980년에 출판된 ≪경제 이론과 이데올로기(Economic Theory and Ideology)≫에서 케인스 경제학을 비판하고, 신고전파의 생산함수의 유효성을 중심으로 한 케임브리지 자본 논쟁을 검토한다.26) 특히 이 책의 1장에서는 경제 이론과 이데올로기의 관계를 분석하면서, 마르크스 정치경제학의 발전을 위해서는 신고전파 경제학으로 대표되는 주류 경제학에 대한 비판이 반드시 필요하다고 주장한다. 마르크스의 이론은 자본주의 경제의 현상 이면의 본질 ― 즉, 착취 관계로서의 자본-노동 관계 ― 을 드러내는 측면과, 본질로부터 다시 구체적 현상을 재구성해 내는 측면으로 나누어 볼 수 있다. 그런데, 자본주의의 산물로서의 이데올로기, 그리고 이를 강화하는 이론들의 존재는 특히 현상 이면의 본질로 나아가는 과정에 있어 난점으로 작용한다. 현상은 본질을 가리는 베일이나 환상이 아니라 이 본질의 필연적인 현시 형태로서 실재하기 때문이다.27) 따라서, 자본주의의 한 산물인 이데올

---

26) 케임브리지 자본 논쟁에 대한 좀 더 최근의 비판으로는 Fine(2003)을 참조하라.

27) 자본주의에서는 실제로 사적 거래가 지배적이다. 따라서 여기에 바탕을 둔 이데올로기는 환상이 아니다. "실제 현상에 바탕을 둔 이데올로기는 이것이 실재하는 관계에 상응한다는 점에서 그 근거가 있으며, 단순히 환상인 것은 아니다"(Fine, 1980, p 5).

로기로서의 경제학에 대한 비판은 마르크스 정치경제학에 입각한 현대
자본주의 분석이 반드시 거쳐야 하는 과정이다. 이것은 단순히 경쟁적
이론과의 대결이라는 측면에서뿐만 아니라 **경제학 비판** 없이 현대 자
본주의에서 자본-노동 관계가 규정적임을 보이는 것이 상당히 어렵기
때문이다.

스미스, 리카도, 한계주의 경제학 비판

파인은 이러한 맥락에서 1982년에 출판한 ≪자본주의 경제에 대한
이론들(Theories of the Capitalist Economy)≫에서 스미스, 리카도
등의 고전파 정치경제학과 경제학, 한계주의 경제학(신고전파 경제
학)에 대한 비판을 시도한다. 이것은 우선 이 책이 출판될 당시의 상
황을 반영하는 것인데, 당시 스라파의 영향으로 인해 마르크스의 가
치론과 리카도의 가치론 사이의 근본적 차이점이 제대로 인식되지 않
았으며, 신리카도적 관점에서 마르크스 정치경제학을 재구성하려는
시도가 유행했기 때문이다.

　파인의 고전파 정치경제학에 대한 비판은 스미스와 리카도의 가
치론의 근본적 한계를 지적하는 방식으로 이루어진다. 스미스의 경우
에는, 가치론이 자본주의가 아닌 원시사회에서의 교환을 규율하는 법
칙으로 제시된다. 예를 들어, 비버 사냥이 사슴 사냥에 비해 두 배의
노동이 필요하다면, 비버 한 마리는 사슴 두 마리와 교환되어야 한다
는 것이다. 원시사회에 과연 일반화된 교환이 존재했는지의 문제는
차치하더라도, 스미스에 따르면 자본의 축적과 토지의 사적 점유가
전제하는 자본주의 사회에서는 가치가 가격을 더 이상 규정하지 않는

데, 이는 가격이 노동량뿐만 아니라 이윤과 지대를 포함하게 되기 때문이다. 이것은 스미스의 가치론이 자본주의 생산양식에서는 성립하지 않을뿐더러, 마르크스의 가치론과는 달리 자본주의 생산양식의 본질적 측면을 분석적으로 포착해 내지도 못한다는 것을 보여 준다. 리카도의 경우에는 비록 그가 자본주의에서 노동 가치가 가격을 규정한다고 올바르게 주장하지만, 앞서 언급한 바와 같이 제조업 가치론과 농업 가치론으로 가치론이 이원화된다는 문제가 있다. 또한, 리카도의 가치론은 가치가 가격을 직접적으로 규정하는 것으로 간주하기 때문에, 부문별 이윤율의 균등화와 부문별 자본 구성의 차이가 양립할 수 없다는 결정적 난점을 갖고 있다. 특히 리카도의 농업 가치론, 특히 최열등지의 생산조건에서 가치가 결정된다는 이론은 한계주의 경제학 혹은 한계주의 혁명(marginalist revolution)을 통해 일반화되며, 이는 지대론의 일반화 혹은 안락사[28]로 귀결된다.

≪정치경제학에서 경제학으로≫와 ≪경제학 제국주의에서 괴짜 경제학으로≫

이렇게 1980년대 초부터 시작된 파인의 경제학 비판은 신성장이론(Fine, 2000a, 2006), 발전경제학(Fine and Jomo, 2006), 경제학 제국주의(Fine, 2004), 노동경제학(Fine, 1998a), 인적 자본, 신경제사, 신제도주의 경제학, 정보경제학, 사회적 자본[29] 등 광범위

---

28) 여기에 대해서는 Fine(1982)의 7장을 참조하라.
29) 여기에 대해서는 Fine(2001, 2010)을 참조하라. 파인은 '사회적 자본' 비판에 상당한 공헌을 하였다. 이는 경제학 제국주의 비판, 세계은행 등을 비

한 주제를 포괄한다.[30)]

그리고 이러한 파인의 연구 성과는 그가 밀로나키스와 함께 저술한 ≪정치경제학에서 경제학으로≫와 ≪경제학 제국주의에서 괴짜 경제학으로≫에 집약되어 있다.

≪정치경제학에서 경제학으로 : 경제 이론의 변천에 있어 방법, 사회적인 것, 그리고 역사적인 것(From Political Economy to Economics : Method, the Social and the Historical in the Evolution of Economic Theory)≫은 스미스와 리카도로 대표되는 고전파 정치 경제학으로부터 신고전파 경제학이 성립되는 과정을 다룬다. 이 책은 책의 제목이 보여 주듯이, 정치경제학이 경제학으로 재탄생하게 된 과정, 특히 사회적인 것, 역사적인 것이 경제학의 범위에서 제외되는 과정을 비판적으로 검토한다. 방법의 측면에서 이것은 경제학에서 역사적/귀납적 방법이 배제되어 추상적/연역적 방법만을 사용하게 되었음을 의미한다. 저자들에 따르면 (경제) 이론이 사회적, 역사적인 것

롯한 국제기구와 신자유주의에 대한 비판과 연관되어 있다. 그러나 사회적 자본 비판에 대한 필자의 지식이 부족하여 여기에서는 다루지 않는다. 사드-필류의 신자유주의 비판 역시 같은 이유로 다루지 않는다. 사드-필류의 비판은 특히 브라질과 남미에서의 신자유주의 비판에 집중되어 있다. 자세한 내용은 Saad-Filho and Johnston(2005)에 실린 사드-필류의 논문과 Saad-Filho and Morais(2005a, 2005b)를 참조하라.

30) 이것은 파인이 대학에서 수학을 전공하였으며, 주류 경제학 전공으로 박사학위를 받았기 때문에 가능한 것일 수도 있다. 파인은 노벨경제학상을 수상한 아마르티아 센(Amartya Sen)의 지도 아래 박사학위를 받았다. 박사학위의 주제는 사회적 선택이론(social choice theory)에 대한 것이었으며, 이에 대한 다수의 논문을 유수 저널에 기고하였다.

을 반영한다는 것은 연구 대상이 되는 사회의 사회적, 역사적 특수성이 이 사회를 이론화하는 경제적 개념들에 (의식적으로든 무의식적으로든) 반영된다는 것을 의미한다. 따라서 이론의 유효성은 특정한 시기의 특정한 공간에 한정된다. 그런데 경제학은 정치경제학으로부터 탄생하였지만, 특히 매우 난해한 수학적 도구를 정교화하는 방식으로 정치경제학과는 본질적으로 다른 학문으로 진화하였다. 따라서 경제학의 개념들은 더 이상 사회적, 역사적 규정을 반영하지 않는다. 이러한 과정에서 경제학은 공리로부터 정리를 이끌어 내는 연역적 방법을 채택하게 되었으며, 결과적으로 신고전파 경제학이 경제학의 표준으로 받아들여지게 되었다. 이는 다음과 같은 "삼중의 환원"으로 귀결되었다(Fine and Milonakis, 2009b, p 3). 첫째, 분석의 기본단위는 개인으로 환원되며, 이에 따라 경제는 개인들의 집합으로 간주된다. 둘째, 경제 분석은 시장에서의 공급과 수요의 문제로 환원되며, 비경제적 혹은 사회적 요소는 분석에서 제외된다. 셋째, 경제 분석은 기본적으로 초역사적 원칙들에 기반하며, 구체적 분석은 이를 특수한 시대나 환경에 적용하는 방식으로 이루어진다.

경제학의 탄생을 추적해 나가는 과정은 저자들에게 매우 "흥미로운"(Fine and Milonakis, 2009a, p 9) 작업이면서도 동시에 "의기소침하게 하는" 작업이기도 하였는데, 이는 정치경제학의 전통에 속하는 저자들에게 있어 경제학의 탄생이 정치경제학의 주변화를 의미하기 때문이다. 이러한 맥락에서, 파인과 밀로나키스는 스미스, 마르크스, 독일 역사학파, 영국 역사학파, 베버(Max Weber), 슘페터(Joseph Schumpeter)와 오스트리아 학파, 미국의 구제도주의 등 (신고전파)

경제학과 그 방법의 측면에서 대척점에 있는 이론과 학자들에 대한 심도 있는 분석을 제시하며, 이들을 분석의 대상과 방법의 측면에서 상당히 왜소화된 경제학과 대비시킨다.

《정치경제학에서 경제학으로》의 후속편에 해당하는 《경제학 제국주의에서 괴짜 경제학으로 : 경제학과 여타 사회과학 사이의 경계의 변화(From Economics Imperialism to Freakonomics : The Shifting Boundaries between Economics and other Social Sciences)》에서 파인과 밀로나키스는 정치경제학으로부터 탄생하였지만, 이와는 무관한 학문으로 탈바꿈한 경제학의 지난 50년간의 발전 과정을 다룬다.[31] 《정치경제학에서 경제학으로》가 경제학의 연구 및 적용 대상이 이전의 정치경제학에 비해 현격히 축소되는 과정을 보여 주었다면, 《경제학 제국주의에서 괴짜 경제학으로》에서는 이것이 (이전과는 다른 방식으로) 다시 확대되는 과정을 보여 준다. 경제학은 초기에는 시장에서의 공급과 수요에 대한 분석, 즉 경제적인 것에 국한된 이론이었지만, 점점 방법(method)과 수학적 기법의 학문으로 탈바꿈한다. 이제 분석 대상은 경제의 영역을 넘어서 경제적 원리와 수학적 기법을 비경제적 영역에 적용하는 방식으로 확장되는데, 경제적 원리를 활용한 비경제적 영역의 분석, 이것이 바로 경제학 제국주의(economics imperialism)이다.[32] 이러한 방식으로 사회적, 역사적인

---

31) 애초에 이 두 권의 책은 《정치경제학에서 괴짜 경제학으로》라는 제목의 한 권의 책으로 출판될 예정이었다. 원래의 구상에서는 두 개의 장에서 《경제학 제국주의에서 괴짜 경제학으로》의 내용을 다룰 계획이었다.

32) Fine(2002)의 2장과 Fine(2004)는 경제학 제국주의를 지구화, 신자유주의,

것을 다루는 것은 사회적, 역사적인 것을 경제학에 반영하는 것이 아니라, 경제학의 원리를 이용해 사회적, 역사적인 것을 해명하려 한다는 점에서 이전의 정치경제학의 방법과는 확연히 구분된다.

경제학 제국주의는 구경제학 제국주의와 신경제학 제국주의로 구분된다. 구경제학 제국주의는 모든 현상 ― 특히 인적 자본(Fine, 2004) ― 을 경제적 합리성으로 환원할 수 있다고 보는 베커(Gary Becker)류의 관점이며, 신경제학 제국주의는 정보경제학과 신제도주의 경제학에서 주로 사용하는 정보의 비대칭, 거래비용 그리고 불완전 시장 개념에 기반을 두고 있다. 제도와 같은 사회의 단위들을 시장의 불완전성, 특히 정보의 불완전성의 결과이거나 이에 대한 대응으로 간주하는 것이다. 신경제학 제국주의에서는 "사회경제적 구조, 제도, 관습, 습관, 문화, 그리고 명백히 비합리적인 행동을 시장의 불완전성에 대한 합리적이고, 아마도 집단적이고, 때로는 전략적이며, 또한 종종 경로 의존적이라 주장되는 대응으로서 설명한다"(Fine and Milonakis, 2009b, p 9). 분명히 이러한 접근은 구경제학 제국주의에 비해 매력적이지만, 여전히 사회적, 역사적인 것들을 정보와 시장의 불완전성의 결과로 환원한다는 문제점을 갖고 있다.

이 두 권의 책은 상당한 호평을 받았고, 저자들에게 정치경제학계의 권위 있는 상을 안겨 주었다. 파인과 밀로나키스는 ≪정치경제학에서 경제학으로≫를 통해 2009년 유럽진화정치경제학회(European Association for Evolutionary Political Economy : EAEPE)의 뮈르달 상

포스트모더니즘과 관련된 쟁점의 맥락에서 다룬다. 특히 후자는 한글로 번역되었다.

(Gunnar Myrdal Prize)을, ≪경제학 제국주의에서 과짜 경제학으로≫를 통해 2009년 도이처 상(The Isaac and Tamara Deutscher Memorial Prize)을 수상하였다.[33]

3. 현대 자본주의에 대한 가치론의 구체적 적용

지금까지의 논의를 간단히 요약해 보자. 생산영역에 대한 분석은 자본주의의 본질적이고 근본적인 측면, 즉 생산에서의 자본-노동 관계를 드러낸다. 따라서 마르크스 정치경제학의 일차적 과제는 착취 관계에 근거한 생산영역의 개념들, 사회적 과정들, 경향적 법칙들에 대한 연구이다. 이 과정에서 현상들 사이의 관계의 분석에 함몰되어 있는 경제학에 대한 비판은 필수적인데, 이것은 경제학의 분석이 (현상을 그 본질과 무관하게 분석한다는 측면에서) 그 자체로 옳지 않을뿐더러, 착취 관계라는 본질을 체계적으로 은폐한다는 점에서 그러하다. 여기에 더해 본질은 현상과 무관하게 존재하는 것이 아니라 현상 배후에서, 그리고 오직 현상을 통해서만 존재한다. 따라서 마르크스 정치경제학의 이론적 과제는 자본주의의 본질 — 즉, 착취 관계에 입각한 상품경제 — 을 밝히는 것(구체에서 추상으로의 하강)에만 국한되지 않으며, 반드시 본질로부터의 현상의 재구성(추상에서 구체로의

---

33) 파인과 밀로나키스는 후속작으로 ≪경제적 과거의 재창조 : 경제사의 변천에 있어 방법과 이론(Reinventing the Economic Past : Method and Theory in the Evolution of Economic History)≫이라는 제목의 책을 출판할 예정이다.

상승)을 포함해야 한다.

이러한 추상적 선언은 실제의 연구를 통해 확인되어야 하는데, 앞에서 언급했듯이 마르크스 정치경제학, 특히 가치론은 이론의 내적 정합성과 관련된 매우 추상적인 논의를 중심으로 발전해 왔으며, 가치론에 입각한 체계적 현실 분석은 상대적으로 소홀히 다루어져 왔다.

다행히 마르크스 스스로 가치론의 훌륭한 적용 사례를 보여 준다. 그의 지대론은 자본주의적 토지 소유라는 자본 투자의 제약 그리고 이 배후의 토지 소유자들의 사회적 영향력을 반영하는 구체적인 분석 수준에서 생산영역의 법칙들이 어떻게 재구성되는지를 보여 준다. 이는 근본적으로 리카도의 지대론에 대한 비판을 포함하며, 동시에 오늘날의 지대의 일반화 경향에 대한 비판이기도 하다. 이를 위해 마르크스는 분배영역의 개념으로서의 차액지대 I, 차액지대 II, 절대지대 등의 개념을 도입하고, 이를 통해 현실적으로 존재하는 현상을 체계적으로 해명한다. 다시 말하여 마르크스의 지대론은 자본주의의 농업, 광업에 대한 가치론의 구체적 적용의 사례이다. 이와 같이 마르크스의 지대론이 가치론에 근거하기 때문에, 파인은 마르크스의 지대론에 대한 해석 역시 가치론에 대한 해석에 의존한다고 주장한다. 마르크스의 지대론을 신고전파 경제학 등 여타의 이론과 접합하는 것은 불가능하며, 자본주의적 토지 소유 이외의 영역에 무차별적으로 적용하는 것은 옳지 않다는 것이다.

지대론, 공급시스템, 노동시장 이론

가치론의 구체적 적용에 있어 파인의 기여는 독보적이다. 앞서 언급하였듯이 파인은 1986년 ≪가치의 차원≫ 출판 이후 10년 이상 마르크스 정치경제학 체계 자체에 대한 논쟁에서 비켜나, 자본주의의 구체적 현상에 대한 연구에 몰두하였다.[34] 물론 이러한 연구는 그 자체로 복잡다단하고 구체성을 띠는 자본주의에 대한 총체적 이해를 위한 것이다. 정치경제학의 연구 대상은 구체의 총체로서의 자본주의이기 때문이다. 그는 가치론을 "민영화, 영국의 광업, 영국 경제, 여성의 고용, 노동시장의 구조와 동학, 소비 일반, 식품의 소비, 남아프리카공화국 경제, 사회적 자본 등"(Fine, 2003, p 20)에 적용해 왔다. 그러한 측면에서 파인은 자신의 마르크스 정치경제학에 대한 해석 — 마르크스 정치경제학 체계에 대한 공헌, 경제학 비판, 가치론의 구체적 적용 — 이 제시하는 과제를 전 영역에 걸쳐 충실히 수행해 왔다고 할 수 있다.

파인의 가치론의 구체적 적용은 크게 다음의 세 가지 측면으로 나누어 볼 수 있다.[35]

첫째, 파인은 마르크스의 지대론을 영국의 광업(Fine, 1990), 영국의 석탄, 남아프리카공화국의 다이아몬드, 미국의 석유(Fine, 1994)에

---

34) 많은 이들이 여기에 의구심을 가졌던 것으로 보인다. 사드-필류 역시 이 기간 동안의 파인의 연구를 평가한 논문에서 파인이 가치론에 대한 소모적 논쟁에 절망하여 연구 주제를 변경한 것은 아닌가 하는 생각을 가졌었다고 언급한다(Saad-Filho, 2000).

35) 사드-필류의 자본주의의 구체적 현상, 특히 현대 자본주의에 대한 가치론의 적용은 주로 화폐론과 인플레이션 이론에 집중되어 있으며, 이러한 연구 성과는 ≪마르크스의 가치론≫에 반영되어 있다. 따라서 이에 대한 소개는 생략한다.

관한 연구에 적용한다. 지대론에 대해서는 위에서 살펴보았으므로 여기에서 다시 상세히 다루지 않는다.

둘째, 파인은 공급시스템(systems of provision : SOP) 접근을 통해 수평적(horizontal) 경제 이론에 대응하는 산업별 수직적(vertical) 이론의 틀을 제시한다. 최적화, 효용의 극대화, 소비함수 등을 모든 산업(혹은 부문)에 무차별적으로 적용될 수 있는 수평적 경제 이론의 예로 들 수 있는데, 이러한 수평적 경제 이론의 단점은 상품 및 부문 간의 질적 차이를 포착해 내지 못한다는 것에 있다. 물론, 일정 수준의 일반화는 문제가 되지 않지만, 질적 차이의 완전한 추상은 현실의 구체적 현상의 해명에 제약을 가한다는 문제를 갖고 있다. 파인은 이러한 약점에 대한 대안으로 공급시스템 접근을 제시하였다. 공급시스템 접근에서는 상품 및 부문 사이의 질적 차이, 특히 상품의 생산, 유통, 분배, 소비와 관련된 경제적, 사회적 구조들, 과정들, 관계들의 차이에 주목한다. 특히 개별 상품의 생산, 분배, 판매 과정에는 차이가 있으며, 상품이 소비되는 방식 역시 상품마다 다르다고 주장한다. 이과정들은 물론 구조적으로 분리되어 있지만 서로 연관되어 있으며, 앞서 우리가 생산, 교환, 분배영역의 구분에서 살펴보았듯이, 이 구분 자체가 고정적인 것도 아니다. 파인은 이러한 접근이 소비 행태의 동적 변화, 즉, 새로운 상품의 등장과 기존 상품의 소멸, 특정 시점의 소비재 바스켓의 변화 등을 분석적으로 포착하고 해명하는 데 유용하다고 주장한다. 또한 이는 소비 행태의 역사적, 사회적 규정을 분석할 수 있게 해 주는데, 소비를 모방이나 개인의 선택의 결과로서 분석하는 것이 아니라, 소비 행태가 특히 생산방식의 규정을 받으며, 또한 시간이 흐름에 따라 변화할 수 있다고 본다. 이러한 접근은 정치경제학에 바탕한 소비 이론(Fine, 2002), 그리고 식품, 패션, 설탕, 육류 및 유제품과 같은 구체적 상품의 공급시스템 분석(Fine et al, 1996), 그리고 위에서 언급한 탄광업, 다이아몬드 산업, 석유산업 등에 적용되었다.36)

셋째, ≪노동시장 이론 : 건설적 재평가(Labour Market Theory : A Constructive Reassessment)≫에서 파인은 마르크스 정치경제학 체계에 기반한 대안적 노동시장 이론을 제시한다(가치론의 구체적 적용). 이것은 또한 광범위한 주류 경제학과 정치경제학 전통의 노동시장 이론들에 대한 비판적 검토를 포함하며(경제학 비판), 노동력 가치의 정교화에 기여한다는 점에서(마르크스 정치경제학 체계에 대한 공헌), 우리가 이 글에서 제시하는 마르크스 정치경제학에 대한 해석의 한 전범을 보여 준다. 여기서 비판적으로 다루는 내용은 급진적 요소를 가지고 있는 노동시장분절이론(segmented labour market theory), 특히 실업 문제를 다루는 거시경제학, 인적자본이론(human capital theory), 유연적 전문화(flexible specialisation), 포스트포디즘(post-fordism) 등이다.

마르크스 정치경제학에 입각한 파인의 대안적 노동시장 이론은 다음을 포함한다. 첫째, 근본적으로 분절된 노동시장들이 단일한 하나의 노동시장으로 환원될 수 없다. 개별 노동시장의 임금형태나 노동조건에 차이가 있으며, 노동시장들이 재생산되고 구조화되는 방식

---

36) 공급시스템 접근에 대한 상세한 내용은 Fine(1992, 1998a, 1998b, 2002), Fine et al(1996)을 참조하라.

에 질적 차이가 있기 때문이다. 따라서 모든 노동시장에 무차별적으로 적용 가능한 노동시장 이론은 있을 수 없다. 물론 노동시장들 사이에는 유사성이 있고, 따라서 어떤 노동시장의 분석에 사용되는 추상적 개념들이 다른 노동시장의 분석에도 사용될 수 있겠지만, 적어도 개념들의 적용 방식은 노동시장마다 질적으로 달라야 한다. 둘째, 생산영역에서 정의되는 다소 추상적인 자본-노동 관계는 노동시장마다 상이한 형태로 나타날 수 있으며, 반드시 자본-노동 관계에 근거하는 것은 아닌 노동시장(예컨대 자영업, 공무원, 저임금 노동, 전문가 그룹)에도 영향을 미칠 수 있다. 그러나 이 구체적 노동시장들이 추상적 자본-노동 관계로 환원될 수는 없다. 오히려 이러한 노동시장들 그리고 자본-노동 관계가 경제 내에서, 그리고 광범위하게는 사회 내에서 어떻게 재생산될 수 있는지를 해명하는 것이 중요하다.

마지막으로, 이러한 맥락에서 파인은 마르크스의 노동력 가치 개념에 대한 좀 더 엄격한 분석을 시도한다. ≪마르크스의 가치론≫의 4장에서 사드-필류가 기술하는 바와 같이 파인은 이른바 번들 접근(혹은 사용가치 접근)과 몫 접근(혹은 가치 접근)을 모두 부정한다. 노동력 가치가 특수한 소비 번들에 의해서 규정된다는 소비 번들 접근은 다음과 같은 문제점을 갖고 있다. 첫째, 소비 번들은 질적으로 다른 상품들을 포함하는데, 질적으로 상이한 상품들의 소비의 표준이 결정되는 방식은 각각 다르다. 다시 말하여 소비 번들은 다수의 공급 시스템으로 구성된다. 둘째, 각각의 공급시스템에 있어 소비의 표준이 결정되는 방식은 사회의 여러 그룹에 따라 다르다. 수치적으로 평균을 계산해 내는 것은 가능하지만, 이 평균을 하나의 공통의 표준으로 간주할 수는 없다. 따라서 구체적 수준에서 규정되는 소비 번들이 이보다는 추상적 수준에서 규정되는 노동력 가치를 대표할 수 없다. 몫 접근의 경우 노동력 가치를 순생산물 중 임금의 몫으로 보는데, 모든 이의 임금이 동일한 방식으로 결정되지 않는다는 문제가 있다. 질적으로 서로 다른 다수의 노동시장이 존재할 뿐더러, 직업, 소득, 성, 나이, 가계 구성 등의 차이가 임금의 결정에 영향을 미치기 때문이다. 따라서 이러한 질적 차이의 단순한 수치적 평균을 노동력 가치로 볼 수 없다. 사드-필류가 요약하는 바와 같이 "노동력 가치를 자본축적과 연관된 모순적 경향들과 별도로 개념화하는 것은 적절하지 않다. 이러한 모순적 경향들을 이해하기 위해서는 먼저 동적인 (그리고 각각 분절되어 있는) 소비, 고용, 분배 투쟁의 구조들을 복합적으로 분석해야 한다"(≪마르크스의 가치론≫ 106쪽).

이러한 맥락에서 파인은 레보위츠의 노동력 가치에 대한 해석을 비판한다. 레보위츠는 노동생산성 향상의 과실이 자본과 노동 사이에 배분됨에 있어 계급투쟁의 결과로서의 분리의 정도(degree of separation)가 규정적 역할을 한다고 주장한다.[37] 파인의 비판의 핵심은 '분리의 정도' 개념이 관념적이며, 이를 노동력 가치 결정의 역사적, 무형적 요소라고 볼 수 없다는 것이다. 그는 잉여가치율과 같은 개념은 현실적 착취율의 균등화라는 자본축적의 실재적 과정에 근거하지만, '분리의 정도' 개념을 생산해 내는 자본축적의 실재적 과정이

---

[37] '분리의 정도'는 계급투쟁의 사후적 결과이다. 생산성 상승의 폭이 주어졌을 때, 분리의 정도가 클수록 임금이 더 많이 상승한다. 다시 말해, 분리의 정도가 클수록 노동계급이 차지하는 생산성 상승의 몫이 크다.

존재하는지에 대한 의문을 제기한다. 이는 근본적으로 마르크스가 언급한 역사적, 도덕적 요소를 생산성 향상의 과실에 대한 분배적 계급투쟁으로 환원할 수 있는지에 대한 문제 제기이다. 파인에 따르면, 역사적, 도덕적 요소는 좀 더 정교하고 구체적인 분석을 필요로 한다. 이것은 특히 노동력이 자본주의적 생산에 의해 (재)생산되는 상품이 아니라, 자본의 축적과 유통 바깥의 경제적, 사회적 관계들에 의해 생산되기 때문이다.

맺음말

지금까지 살펴본 바와 같이 파인과 사드-필류의 연구 성과는 이들의 마르크스 정치경제학에 대한 고유한 해석에 근거한 것이다. 이 해석은 마르크스 정치경제학, 특히 가치론의 내적 정합성에 근거하며, 마르크스 정치경제학이 생산영역, 교환영역, 분배영역의 총체로서의 자본주의를 분석의 대상으로 삼는다는 측면을 강조한다. 생산영역은 구체적 자본주의의 본질을 드러낸다는 측면에서 중요하며, 동시에 생산영역의 분석은 자본주의의 현상으로서의 교환영역과 분배영역의 분석의 근거가 된다. 자본주의의 현상, 특히 현대 자본주의의 현상에 대한 해명은 중요한데, 분석의 근본적 목적이 자본주의의 본질뿐만 아니라 구체로서의 자본주의의 이론화이기 때문이다. 따라서 가치론의 구체적 주제에 대한 적용은 필수적이다. 주류 경제학에 대한 비판적 개입은 주류 경제학이 현상 너머의 본질을 은폐한다는 점에서 중요하다. 마르크스 정치경제학이 현상의 본질을 해명하고 이를 바탕으로 현상을 재구성하는 것을 목적으로 한다는 점에서, 현상에 대한 비판, 현상에 국한된 이론에 대한 비판은 본질로 나아가기 위한 출발점이다. 주류 경제학에서 고도의 수학적 도구를 사용하는 것은 주류 경제학에 개입하는 데 장애물로 작용하지만, 적어도 특수한 주제의 연구에 있어 관련된 주류 경제학의 연구 성과를 검토하는 것이 필요하고, 가능한 이에 대한 대안을 제시할 수 있어야 할 것이다.

필자는 운이 좋아 파인의 지도를 받고 있으며, 사드-필류와는 학회 활동 등을 통해 교류하고 있다. 따라서 이들의 연구 성과와 마르크스 정치경제학에 대한 해석에 손쉽게 접근할 수 있었으며, 의문이 나는 점에 대해서는 직접 묻고 토론할 수 있었다. 이러한 과정을 통해 필자는 이들의 관점과 연구 성과가 마르크스 정치경제학에 크게 기여했으며, 정치경제학의 앞으로의 발전 방향을 제시한다는 결론에 도달했다. 물론 이러한 개인적 관계가 이들의 해석을 무비판적으로 수용하게 되는 결과를 가져왔을지도 모르겠다. 다만 적어도 마르크스 정치경제학이 그 내부에서만 이해할 수 있는 쟁점들에 대한 논쟁보다는, 현대 자본주의의 구체적 쟁점들에 적극적으로 개입하는 방향으로 발전해야 한다는 것에는 많은 사람들이 동의할 것이라고 생각한다.[38]

---

38) 이러한 관점에서 필자는 현대 자본주의의 주요한 현상 중 하나로 간주되는 지식경제에 마르크스의 가치론을 적용하는 연구를 수행하고 있다. 마르크스 정치경제학 체계에 기여한다는 측면에서 지식노동을 가치론에 편입시키는 방식으로 가치론을 재구성하며, 주류 경제학 비판이라는 측면에서 내생적 성장이론과 지식경제론 및 인지자본주의론을 비판하고, 마르크스 정치경제학의 관점에서 지식경제론의 재구성을 시도한다. 이에 대해서는 Jeon(2008, 2010), 전희상(2009, 2010), Fine, Gimm and Jeon(2010)을

다소 길지만, 다음과 같은 파인의 언급을 인용하는 것으로 이 글을 마무리하려고 한다.

나는 영국의 경제학자들과 경제학의 획일성, 대안을 제공하는 이들의 주변화와 고립화, 그리고 최고의 수준을 가진 이들이 대안을 찾고자 할 때 겪어야 하는 모욕과 멸시에 절망한다. 기묘하게도, 진정으로 경제에 관심이 있는 이들은 더 이상 경제학을 공부해서는 안 된다. 그리고 직업이라는 관점에서 경제학을 바라보는 이들은 이미 오래전부터 급속도로 발전한 회계학이나, 금융 혹은 경영과 관련된 과목들에 관심을 가져왔다. 경제학의 인기가 떨어지는 것은 놀랍지 않다.

특히 경제학과 관련된 논쟁이 다른 사회과학의 분야에서 늘어나고 있음을 감안할 때, 정치경제학자들은 경제학과의 투쟁을 그만두어야 할까? 경제학의 지극히 기술적인 내용을 가르치고, 남는 적은 시간에 주류 경제학의 극단적 한계를 드러내는 정치경제학의 대안들로 넘어가는 것은 너무나 어렵고 또 곤혹스러운 것이다. 어쩌면, 경제학은 그 자신의 난해한 [현실과의] 비관련성 때문에 붕괴할지도 모르겠다. 그러나 당

참조하라. 마지막 논문은 파인, 같은 학교에서 공부하는 김공회와 함께 작성한 것이다. 김공회는 비슷한 맥락에서 가치론에 세계시장 범주를 편입하는 방식으로 이를 확장하는 연구를 수행 중이다(Gimm, 2009). 파인과 사드-필류는 마르크스 정치경제학과 비주류 경제학의 발전을 목표로 2007년 '정치경제학의 진흥을 위한 국제 발의(International Initiative to Promote Political Economy : IIPPE)'라는 학회를 설립하였다. 이에 대한 상세한 내용은 김공회(2008, 2010)와 IIPPE 홈페이지(http://www.iippe.org)를 참조하라.

분간은, 주류 경제학과 어깨를 나란히 하고 이를 비판하며, 주류 경제학과 논쟁할 수 있는 방식으로 대안을 제시하는 것이 필요하다. 우리가 주류 경제학을 공부해야 하는 반면, 주류 경제학자들은 정치경제학을 공부할 필요가 없다는 점에서, 이것은 불공평할지 모른다. 그러나 우리에게는 다른 선택이 없다. 정치경제학의 발전(prom- otion of political economy)과 주류 경제학의 비판적 수용은 긴밀히 연관되어 있다.

이러한 측면에서 나는 정치경제학 연구의 근거가 될 다음과 같은 원칙들을 제시한다. 정치경제학 연구는 가치분석에 바탕을 두어야 하는데, 가치분석에 있어 생산자들 사이의 관계는 생산, 분배, 교환 그리고 사회경제적인 것, 문화적인 것을 편입시키기 위해 더욱 복잡한 수준에서 계속해서 재구성된다. 이러한 가치분석은 그 자체가 동적이어야 하며 근본 개념(organizing concept)으로서의 균형을 부정해야 한다. 경향들 혹은 내재적 힘들을 식별해야 하며, 이들 사이의 관계를 단순한 균형이 아니라 복잡한 결과들을 야기하는 방식으로 분석해야 한다. 자본주의에서 자본과 노동 사이의 관계는 근본적이지만, 어떻게 여타의 사회경제적 구조들과 활동들이 재구성되며 변형되는지를 다루어야만 한다. 마지막으로, 추상적 분석의 한계를 인식하고, 역사적, 구체적 내용을 적절히 반영해야 한다. 이것은 자본주의의 단계들과 같이 광범위한 것일 수도, 특정 국가에서의 산업과 금융 사이의 관계와 같은 구체적 사항일 수도 있다. 또한 좀 더 일반적으로는 계급이나 여타 [집단] 사이의 힘의 균형(balance)일 수도 있다(Fine, 2000b, p 178).

전희상(hidarang@gmail.com)

Fine, B(1973) "A Note on Productive and Unproductive Labour", *CSEB* II.6(autumn).

Fine, B(1979) "On Marx's theory of agricultural rent", *Economy and Society*, vol 9, no 3.

Fine, B(1980) *Economic Theory and Ideology*, London: Edward Arnold.

Fine, B(1982) *Theories of the Capitalist Economy*, London: Edward Arnold.

Fine, B(1983a) "On the Economics of Sraffa and Ricardo", *Economy and Society*, vol 12, no 2.

Fine, B(1983b) "A Dissenting Note on the Transformation Problem", *Economy and Society*, vol 12, no 4.

Fine, B(ed)(1986) *The Value Dimension: Marx versus Ricardo and Sraffa*, London: Routledge and Kegan Paul.

Fine, B(1990) *The Coal Question: Political Economy and Industrial Change from the Nineteenth Century to the Present Day*, London: Routledge.

Fine, B(1992) *Women's Employment and the Capitalist Family*, London: Routledge.

Fine, B(1994) "Coal, Diamonds and Oil: Towards a Comparative Theory of Mining", *Review of Political Economy*, vol 6, no 3, pp 279~302.

Fine, B(1998a) *Labour Market Theory: A Constructive Reassessment*, London: Routledge.

Fine, B(1998b) *The Political Economy of Diet, Health and Food Policy*, London: Routledge.

Fine, B(2000a) "Endogenous Growth Theory: A Critical Assessment", *Cambridge Journal of Economics*, vol 24, no 2, pp 245~265.

Fine, B(2000b) "Ben FINE", in Arestis, P and M Sawyer(eds), *A Biogra phical Dictionary of Dissenting Economists*, Cheltenham: Edward Elgar, pp 172~179.

Fine, B(2001) *Social Capital versus Social Theory: Political Economy and Social Science at the Turn of the Millennium*, London: Routledge.

Fine, B(2002) *The World of Consumption: The Material and Cultural Revisited*, London: Routledge.

Fine, B(2003) "Capital Theory" in King, J(ed), *The Elgar Companion to Post Keynesian Economics*, Cheltenham: Edward Elgar, pp 51~57.

Fine, B(2004) "Examining the Ideas of Globalisation and Development Critically: What Role for Political Economy?", *New Political Economy*, vol 9, no 2, June 2004, pp 213~231[국역 : "지구화와 발전 개념의 비판적 검토 : 정치경제학의 역할은 무엇인가?", ≪사회경제평론≫ 제26호].

Fine, B(2006) "New Growth Theory: More Problem than Solution" in Fine, B and K S Jomo(eds), *The New Development Economics: After the Washington Consensus*, New Delhi: Tulika, pp 68~86.

Fine, B(2008) "Debating Lebowitz: Is Class Conflict the Moral and Historical Element in the Value of Labour Power", *Historical Materialism*, 16(3), pp 105~114.

Fine, B(2009a) "Financialisation, the Value of Labour Power, the Degree of Separation, and Exploitation by Banking", mimeo.

Fine, B(2009b) "Looking at the Crisis through Marx", *International Socialist Review*(64).

Fine, B(2010) *Theories of Social Capital: Researchers Behaving Badly*,

IIPPE, Pluto.

Fine, B and M Dimitris(2009a) *From Political Economy to Economics: Method, the Social and the Historical in the Evolution of Economic Theory*, Routledge.

Fine, B and M Dimitris(2009b) *From Economics Imperialism to Freakonomics: The Shifting Boundaries Between Economics and Other Social Sciences*, London; New York: Routledge.

Fine, B and L Harris(1976) "Controversial Issues in Marxist Economic Theory", in R Miliband and J Saville, *Socialist Register* 1976, London: Merlin Press.

Fine, B and L Harris(1977) "Surveying the Foundations", in R Miliband and J Saville, *Socialist Register* 1977, London: Merlin Press.

Fine, B and L Harris(1979) *Rereading Capital*, London: MacMillan[국역 : ≪현대 정치경제학 입문≫, 한울, 1985].

Fine, B and K S Jomo(eds)(2006) *The New Development Economics: After the Washington Consensus*, Delhi: Tulika; London: Zed Press.

Fine, B and A Saad-Filho(2004) *Marx's Capital*, London: Pluto Press, fourth edition[국역 : ≪마르크스의 자본론≫, 책갈피, 2006].

Fine, B and A Saad-Filho(2008) "Production vs Realisation in Marx's Theory of Value: A Reply to Kincaid", *Historical Materialism*, 16(4), pp 167~180.

Fine, B and A Saad-Filho(2009) "Twixt Ricardo and Rubin: Debating Kincaid Once More", *Historical Materialism*, 17(3), pp 192~207.

Fine, B and C Lapavitsas(2000) "Markets and Money in Social Theory: What Role for Economics?", *Economic and Society*, vol 29, no 3, pp 357~382.

Fine, B, M Heasman and J Wright(1996) *Consumption in the Age of Affluence: The World of Food*, London: Routledge.

Fine B, C Lapavitsas and D Milonakis(1999) "Addressing the World

Economy: Tow Steps Back", Capital and Class, 67, pp 21~47.

Fine, B, C Lapavitsas and D Milonakis(2000) "Dialectics and Crisis
Theory: A Response to Tony Smith", Historical Materialism, 6(1).
pp 133~137.

Fine, B, A Saad-Filho and C Lapavitsas(2004) "Transforming the
Transformation Problem: Why the 'New Solution' Is a Wrong
Turning", Review of Radical Political Economics, 36(1), pp.3~19.

Fine, B, G Gimm and H Jeon(2010) "Value is as Value Does: Twixt
Knowledge and the World Economy", *Capital and Class,* 100, pp
69~83.

Gimm, G(2009) "Marx as Global Thinker?: The Evolution of the
Concept of the World Market and Its Place in Broader Intellectual
Context", presented in the 3rd IIPPE international research
workshop,

http://www.iippe.org/wiki/Third_IIPPE_International_Research_Worksh
op.

Jeon, H(2008) "Korean Debate on the Value of Software and
Knowledge Labour", presented in the 2nd IIPPE international
research workshop,

http://www.iippe.org/wiki/Second_IIPPE_International_Research_
Workshop.

Jeon, H(2010) "Cognitive Capitalism or Cognition in Capitalism?: A
Critique of Cognitive Capitalism Theory", *Spectrum: Journal of
Global Studies*, vol 2, no 1, pp. 90~117.

Kincaid, J(2007) "Production versus Realisation: A Critique of Fine and
Saad-Filho on Value Theory", *Historical Materialism*, vol 15, no 4,
pp 137~164.

Kincaid, J(2008) "Production versus Capital in Motion: A Reply to Fine
and Saad-Filho", *Historical Materialism*, vol 16, no 4, pp 205~227.

Kincaid, J(2009) "The Logical Construction of Value Theory: More on Fine and Saad-Filho", *Historical Materialism*, 17(3), pp 208~220.

Lebowitz, M(2003) *Beyond 'Capital': Marx's Political Economy of the Working Class*, Basingstoke: Palgrave Macmillan, second edition.

Lebowitz, M(2006), "The Politics of Assumption, the Assumption of Politics", *Historical Materialism*, 17(4), pp 29~47.

Lebowitz, M(2010), "Trapped inside the Box?: Five Questions for Ben Fine", *Historical Materialism*, 18(1), pp 131~149.

Marx, K(1867)[국역 : ≪자본론≫ 1권, 비봉출판사, 제2개역판, 2002].

Saad-Filho, A(1993) "A Note on Marx's Analysis of the Composition of Capital", *Capital & Class*, 50, pp 127~146.

Saad-Filho, A(1996) "The Value of Money, the Value of Labour Power and the Net Product: An Appraisal of the 'New Solution' to the Transformation Problem" in Freeman, A and Carch, G(eds), *Marx and non-Equilibrium Economics*, Aldershot: Edward Elgar, pp 116~135.

Saad-Filho, A(1997a) "Concrete and Abstract Labour in Marx's Theory of Value", *Review of Political Economy*, vol 9, no 4, pp 457~477.

Saad-Filho, A(1997b) "An Alternative Reading of the Transformation of Values into Prices of Production", *Capital and Class*, 63, pp 115~136.

Saad Filho, A and L Morais(2005a) "Lula and the Continuity of Neoliberalism in Brazil: Strategic Choice, Economic Imperative or Political Schizophrenia?", *Historical Materialism*, 13(1), pp 3~32.

Saad Filho, A and L Morais(2005b) "The Dream Broken into Pieces: Lula, Neoliberalism, and the Twilight of the Brazilian Workers' Party", *The Radical Review*, 24, pp 266~295.

Saad Filho, A and D Johnston(eds)(2005) *Neoliberalism: A Critical Reader*, London: Pluto Press[국역 : ≪네오리버럴리즘 : 신자유주의

는 어떻게 세계를 지배하게 되었는가?≫, 그린비, 2009].

김공회(2008) "마르크스 연구의 새로운 장, 그리고 비판적 사회과학의 재
　　구성 : 2007년 ≪역사유물론≫ 연례 학술대회 보고", ≪마르크스주의
　　연구≫ 제5권 제3호, 한울, 2008, 228~252쪽.

김공회(2010) "정치경제학 진흥을 위한 국제 발의(IIPPE)", ≪사회경제평
　　론≫ 제34호, 한울, 2010, 245~275쪽.

김성구(2007) "이윤율의 경향적 저하법칙과 주기적 공황에 관한 파인과 해
　　리스의 재구성에 대하여", ≪사회경제평론≫ 제29(3)호, 133~159쪽.

전희상(2009) "지식노동과 정보재 가치논쟁", ≪마르크스주의 연구≫ 제6
　　권 제1호, 한울, 2009, 230~271쪽.

전희상(2010) "정보상품 독점가격론 비판", ≪마르크스주의 연구≫ 제7권
　　제3호, 한울, 2010, 308-327쪽.

찾아보기

생산성 : 노동— 17~18, 69, 112, 117
~118, 127, 142~144, 148, 151
~153, 169, 203, 205, 243, 245,
248, 253, 257, 260, — 증가 178,
189
생산수단 : —의 가치 69, 113, 126,
137, 143~144, 146~147, 152, 159
~160, 163, 167~168, 171, 264, —
의 자본주의적 독점 19, 66
생산양식 : 전자본주의적 — 95, 112
생활 수단 96, 98~99
생활수준 17~18, 65, 94, 101, 205
생활필수품 22, 68, 93, 97, 241
샤이크, 안와르(Shaikh, Anwar) 141
셔먼, 하워드(Sherman, Howard) 141
소비 : — 수단 69
소외 122, 232
수요와 공급(공급과 수요) 23, 71~72,
109, 132, 137, 182, 254
수익성 113, 117, 119, 128, 134, 183,
202, 248, 259~260
숙련도 13, 59, 96, 106, 108, 149,
224
순환학파 197
스라파, 피에로(Sraffa, Piero) 56, 60,
223
스라파적 분석 20, 24, 51~52, 56~60,

66, 70~71, 223
스미스, 머레이(Smith, Murray) 141
스미스, 애덤(Smith, Adam) 124, 169
스미스, 토니(Smith, Tony) 26
스위지, 폴 M(Sweezy, Paul M) 139~
140, 292
스콧, 시메온(Scott, Simeon) 9, 50
스튜어트, 제임스(Steuart, James) 188
스티드먼, 이언(Steedman, Ian) 56
스펜서, 데이비드(Spencer, David) 9
시턴, 프랜시스(Seton, Francis) 56,
140
신고전파 18, 21, 23, 73, 86, 128,
174, 201, 209, 235
신구조주의 188
신리카도주의 56
신용 : — 시스템 70~72, 93, 180,
269
실업 121, 177, 187, 189, 192, 194,
202~203, 206, 271

ㅇ
아글리에타, 마이클(Aglietta, Michel)
66
아서, 크리스(Arthur, Chris) 9, 26~
27, 40
알튀세, 루이(Althusser, Louis) 61,